GRIT

The Power of Passion and Perseverance

Angela Duckworth

やり抜く力

人生のあらゆる成功を決める
「究極の能力」を身につける

アンジェラ・ダックワース＝著
神崎朗子＝訳

ダイヤモンド社

GRIT

The Power of Passion and Perseverance

by

Angela Duckworth

はじめに——「生まれつきの才能」は重要ではなかった！

子どものころから、「天才」という言葉を耳にタコができるほど聞いた。

まるで口癖のように、父はいつも突然こう言った。

「いいか、おまえは天才じゃないんだぞ！」

夕食の最中でも、家族でテレビを観ていても、CMになったとたんに、いきなりそんなことを言う。あるいは、ソファーにどかっと腰を下ろして、「ウォール・ストリート・ジャーナル」を広げながら、ぴしゃりとひと言。

そんなとき自分がどういう態度を取ったのか、よく覚えていない。たぶん、聞こえないふりでもしたのだろう。

父は「非凡な才能」や「生まれ持った能力」にやたらとこだわる人で、つねに他人の能力を品定めしていた。そして、自分の知性がどれだけ優れているか、わが子の頭脳がどれだけ優れているかについても、並々ならぬ関心を抱いていた。

そんな父の頭痛の種は、私だけではなかった。弟も、妹も、天才児とは思えなかったからだ。三人のうちひとりとして、父のお眼鏡にかなうようなアインシュタイン並みの頭脳に恵まれた子はいなかった。父はそのことにひどく失望していた。そして、凡庸《ぼんよう》なわが子はいずれも大成しないのではないか、と悩んでいた。

2年前、私は幸運にも「マッカーサー賞」を受賞した。別名、「天才賞」。マッカーサー賞には自分で応募したり、友人や同僚の推薦を依頼したりすることはできない。匿名《とくめい》の選考委員会が、各分野の第一人者らの意見をもとに、きわめて有意義で創造的な活動を行っている、将来有望な人物を選考する。

ある日、突然の電話で受賞を知った私は、驚きに打たれ、感謝の気持ちで胸がいっぱいになった。やがて、ふと頭に浮かんだのは父のことだった——おまえは天才じゃない、と頭から決めつけられたことも。

とはいえ、父はまちがっていたわけではなかった。私がマッカーサー賞を受賞したのは、ほかの心理学者にくらべてずば抜けて頭脳明晰《めいせき》だからではない。

そういう意味ではたしかに、父の考えは正しかった。しかしそもそも、「あの子は天才と言えるか?」などと気に病んでいたことじたいが、まちがっていたのだ。

マッカーサー賞の受賞の通知から公式発表までには、1カ月ほどあった。受賞のことは、夫以外には口外してはならないことになっていた。そのおかげで、何とも皮肉なりゆきについて、考える時間がたっぷりあった。

「おまえは天才じゃない」と親に言われ続けて育った少女が、おとなになって「天才賞」を受賞するとは。しかも受賞の理由は、人生でなにを成し遂げられるかは、「生まれ持った才能」よりも、「情熱」と「粘り強さ」によって決まる可能性が高い、と突きとめたことなのだ。

少女は世界最難関の名門大学に次々と進学し、やがて博士号を取得したが、小学3年生のときには、優等生のための「特別進学クラス」の選抜試験に受からなかった。両親は中国からの移民なのに、「努力しだいで道は開ける」と子どもに諭《さと》すことはなかった。そんな家庭だったから、中国系移民の子どもにはめずらしく、ピアノもヴァイオリンもまともに弾けなかった。

マッカーサー賞の受賞者が公式発表された日の朝、私は両親の家まで歩いて行った。父も母もすでにニュースを聞いており、同じく朗報を聞きつけた親戚のおばたちから次々に祝福の電話がかかってきた。

ようやく電話が鳴りやむと、父は私のほうを向いて言った。

「おまえを誇りに思うよ」

それを聞いて、言いたいことは山ほどあったが、ぐっとこらえて言った。

「ありがとう、お父さん」

過去のことを蒸し返したところで、どうにもならない。それに、父が私を誇りに思うというのは、本心だとわかっていた。

けれども、もし時を遡《さかのぼ》れるものならば、子どものころに戻りたいと思わずにはいられなかった。いまならわかっていることを、あのころの父に言ってやりたかった。

「お父さん。お父さんはいつも私に、おまえは天才じゃないんだ、って言うよね。べつに、それに反論するつもりはないよ。私より頭のいい人なんて、いくらでもいるだろうから」

真顔でうなずく父の顔が目に浮かぶようだ。

「でも、これだけは言わせて。私だっておとなになったら、お父さんに負けないくらい、自分の仕事に打ちこんでみせる。ただ就職すればいいなんて思ってないよ。私は天職に就きたいの。

だから、自分を高める努力を怠《おこた》らない。打ちのめされても、絶対に立ち直ってみせる。たしかに、私はクラスでいちばん頭がいいとは言えないかもしれない。でもきっと誰よりも、粘り強くやり抜いてみせる」

それでもまだ父が聞いていたら、最後にこうつけ加えよう。

「お父さん、長い目で見れば才能よりも重要なのは、グリット（やり抜く力）なのよ」

いまの私には、自分の主張を裏付ける科学的根拠がある。さらに、「やり抜く力《グリット》」は固定したものではなく、変化することもわかっている。科学の知見によって、「やり抜く力」を育むための方法もわかってきているのだ。

本書は、私が「やり抜く力」について学んできたことの集大成である。

原稿を書き上げたあと、私は父のもとを訪ねた。

何日もかけて、最初から最後まで一行も飛ばさずに、すべての章を父に読んで聞かせた。父は10年ほど前からパーキンソン病を患《わずら》っており、内容をどこまで理解しているのか、正直、わかりかねる部分もあった。でも父は、熱心に耳を傾けているように見えた。

そしてとうとう読み終えたとき、父は私を見た。永遠と思えるような時間が流れたあと、父はそっとうなずいた。そして、ほほえんだ。

やり抜く力
目次
Grit

はじめに――「生まれつきの才能」は重要ではなかった！　1

PART 1 「やり抜く力《グリット》」とは何か？ なぜそれが重要なのか？

第1章 「やり抜く力」の秘密――なぜ、彼らはそこまでがんばれるのか？　14

「肉体的、精神的にもっとも過酷」な環境／最後まで耐え抜くのは「どんな人」か？／もっとも「有望」なはずの人が次々と辞めていく／挫折した後の「継続」がきわめて重要／「情熱」と「粘り強さ」を持つ人が結果を出す／「やり抜く力」はこうして測る／才能があるのになぜ踏ん張れないのか？／「学力、体力、適性」のちがいは問題にならない／「やり抜く力」が強い人ほど進学する／グリーンベレーとの共同研究の結果／どんどん勝ち進んだ子どもたちの共通点

第2章 「才能」では成功できない――「成功する者」と「失敗する者」を分けるもの　34

「呑み込みが悪い」のによい成績を取る子どもたち／粘り強く取り組めば「理解」できる／才能、熱意、努力……なにが「成功する者」の秘密か？／ひたすら「同じこと」を考え続ける／人は「本来の能力」をほ

とんど生かしていない／同じ能力なら「努力家」より「天才」を評価してしまう／バイアスが生む「4年と4万ドル」の差／「マッキンゼーの面接官」を喜ばせる単純な方法／なぜ「もっとも革新的な企業」が悲惨な末路を迎えたのか？／才能を「えこひいき」することの悪影響／「やってみなければわからない」という考え方／「知能テスト」はまったく信頼できない

第3章
努力と才能の「達成の方程式」
――一流の人がしている当たり前のこと ―― 58

一流の人は「当たり前のこと」ばかりしている／圧倒されると「才能がすごい」と思ってしまう／自分が「ラク」だから人を神格化する／「才能」「努力」「スキル」「達成」はどう結びつくのか？／努力は「二重」に影響する／「偉大な達成」を導く方程式／「何分間走れるか」で、その後の人生が予測できる／「今日、必死にやる」より「明日、またトライする」／「2倍の才能」があっても「1／2の努力」では負ける

第4章
あなたには「やり抜く力」がどれだけあるか？
――「情熱」と「粘り強さ」がわかるテスト ―― 79

「ものすごくがんばる」のは「やり抜く力」とはちがう／あなたの「やり抜く力」はどれくらいか？／「情熱」とは、ひとつのことに専念すること／「哲学」がなければ失敗する／「究極的関心」が目標に方向を与える／「やり抜く力がない」とはどのような状態か？／「最上位の目標」が存在しない／バフェットがパイロットに伝授した「目標達成法」／「同じ目的」につながる目標を生かす／「なんでも必死にがんばる」のは意味がない／「グリーンベレー式」機転で目標に向かう／どうしたら「自分に合った仕事」ができるか？／世界で「トップレベル」になるにはなにが必要か？／「究極の目標」は絶対に変わらない／IQと「功績の

大きさ」は関係があるか？／偉大な人とふつうの人の決定的なちがいは「動機の持続性」

第5章 「やり抜く力」は伸ばせる ― 115

——自分をつくる「遺伝子と経験のミックス」

自分はどのようにして「こんな自分」になるのか？／「やり抜く力」をつくる遺伝子とは？／この100年で人の「IQ」は異常に上がった／ひとりが賢くなると、まわりも賢くなっていく／年上ほど「やり抜く力が強い」というデータ／どんな経験が人の「性格」を変えるのか？／「環境」が変わると、一瞬で自分が変わる／現実が作用する「成熟の原則」／「あきらめる」ことがいいとき、悪いとき／「やり抜く力」を強くする4ステップ

PART 2 「やり抜く力《グリット》」を内側から伸ばす

第6章 「興味」を結びつける ― 136

——情熱を抱き、没頭する技術

メガ成功者たちは必ず「同じこと」を言う／「堅実がいちばん」という考え方を説く人／「好きなことを仕事にする」は本当にいいのか？／金メダリストはどう「興味」を育むのか？／「情熱」は一発では人生に入ってこない／自分ではっきりとは気づかずに「関心」を抱いている／「好き」にならないと、努力できない

／スキルは「数年ごと」に「3段階」で進歩する／最初に厳しくしすぎると「取り返し」がつかなくなる／興味を観察する親が、子どもの「情熱」を伸ばす／親がジェフ・ベゾスに与えた独特の環境／人は「見慣れたもの」からは目をそらす／エキスパートは「ニュアンス」に興味を覚える／取り組むべきことを「発見」する簡単な質問

第7章 成功する「練習」の法則 ——やってもムダな方法、やっただけ成果の出る方法 —— 164

メガ成功者は「カイゼン」を行い続ける／「1万時間の法則」は本当か？／「意図的な練習」をしなければ上達しない／エキスパートはこの「3つの流れ」で練習する／「意図的な練習」の原則は誰にでもあてはまる／スペリングが強くなる「3つの秘密」／時間の長さより「どう練習するか」がカギ／「意図的な練習」は1日に3〜5時間が限界／「フロー」に入れば、努力はいらない／優れたパフォーマンスは「必死の努力」が生み出すのか？／「フロー」と「やり抜く力」は密接に関連している／「目標設定→クリア」を繰り返し続ける／なぜ彼らはつらいことを「楽しく」感じるのか？／困難な目標に挑戦するのを好んでいる／ラクな「練習」はいくら続けても意味がない／「優秀な人」の姿勢を知る／毎日、同じ時間、同じ場所での「習慣」をつくる／「いま、この瞬間」の自分を見ながらチャレンジする

第8章 「目的」を見出す ——鉄人は必ず「他者」を目的にする —— 202

「これは人の役に立っている」と考える／幸福になる方法は「快楽を追うこと」と「目的を追うこと」／彼らはどれだけ「快楽」と「目的」を追っているか？／3番目の答えの人は「やり抜く力」が強い／「意義を感じない仕事」を続けることは耐えられない／どの職業でも「天職」と感じている人の割合は変わらない／

「ひと夏の経験」で人生のすべてが変わる／「大きな目的」のためなら、粘り強くがんばれる／「役に立ちたい」プラス「興味」が大きな力を生む／「手本の人物」に出会うことが重要な体験になる／それは「社会」のどんな役に立つのか？／もっと「意義」を感じられるように変化を起こす／「この人のようになりたい」と具体的に考える

第9章 この「希望」が背中を押す ——「もう一度立ち上がれる」考え方をつくる —— 226

「成績全体を下げる授業」をやめるべきか？／手応えがないと「学習性無力感」にハマってしまう／「楽観主義者」は無力感を乗り越えられる／「楽観主義者」か「悲観主義者」かがわかるテスト／「鉄人」は楽観的に考える／失敗への「解釈」のちがいが粘り強さを生む／マインドセットが「努力できるかどうか」を決める／子どものころの「ほめられ方」が一生を左右する／成績のいい子を特別扱いすると「固定思考」になる／言葉と行動が「裏腹」になっていないか観察する／「つらい体験」で冒険心が旺盛になる／心を「強くする」経験、「弱くする」経験／この仕組みが「逆境に強い脳」をつくる／脳は「筋肉」のように鍛えられる／「悲観的な考え方」をやめる／「他人の力」を使って立ち直る

PART 3 「やり抜く力《グリット》」を外側から伸ばす

第10章 「やり抜く力」を伸ばす効果的な方法——科学では「賢明な子育て」の答えは出ている —— 260

「やさしい育て方」と「厳しい育て方」はどっちがいいか？／育て方の優劣を決める「エビデンス」／「やめられなかった」から成功した／「能力」があるんだから続けなさい／「最後までやる習慣」を身につける／厳しくしつつも温かく支える／「自分で決められる」感覚を持たせる／親が愛情深くて「どっしり」と構えている／自尊心が「自分ならできる」という自信につながる／自由を与えると同時に「限度」を示す／膨大な研究の「パターン」と一致した見解／どんな子育てがいいか「一目瞭然」の研究結果／「賢明な育て方」診断テスト／「親をまねる」という強力な本能／「やり抜く力」の鉄人の多くは、親を手本にしている／「高い期待」と「惜しみない支援」を組み合わせる／この「フィードバック」で意欲が激変する／「無理」という思い込みがなくなる体験を持つ／「支えてくれる人」との出会いが成功をもたらす／「しっかりと見る」ことで変化を起こす

第11章 「課外活動」を絶対にすべし——「1年以上継続」と「進歩経験」の衝撃的な効果 —— 299

「大変」なのに「楽しめる」唯一の行動／「2年以上」「頻繁な活動」をした子は将来の収入が高い／「成績」では成功はまったく予想できない／「最後までやり通す力」が決定的要因だった／「1年以上継続」「進歩」を経験した人が成功する／ビル・ゲイツが考案した「マイクロソフトの採用基準」／「複数の活動」を最後までやり通す／やり通すことで「やり抜く力」を鍛えられる／研究結果に合致する「ハーバード大の合格基準」／「最後までやり通す経験」から人格が形成される／課外活動をしなければ「やり抜く力」は下がるのか？／「難しいこと」を続けると、貪欲に取り組めるようになる／「勤勉さ」は練習によって身につけられる／「つい子どもをほめてしまう」という問題／おとなも子どもも「やり抜く力」が身につく4つのルール

第12章 まわりに「やり抜く力」を伸ばしてもらう
——人が大きく変わる「もっとも確実な条件」 —— 328
「やり抜く力」の強い集団の一員になる／「偉大な選手」になるには「偉大なチーム」に入るしかない／まわりの価値観が「自分の信念」に変わる／フィンランド人の傑出した力「シス」の秘密／肚のなかに「エネルギーの源」があると考える／「徹底的なコミュニケーション」が人を変える／何でも試して「うまくいったこと」を続ける／「強靭な精神力」の有無がわかるビープ・テスト／暗唱で「言葉の力」を自分のものにする／失敗しても「やり抜く力」を持ち続けられるか？／「言葉遣い」を変えて、価値観を変える／ささいなことでも「最善」を尽くす／「ごほうび」だけではうまくいかない

第13章 最後に
——人生のマラソンで真に成功する —— 356
「やり抜く力」が強いほど「幸福感」も高い／「やり抜く力」が強すぎて「困る」ことはない／「履歴書」に書く長所、「追悼文」に書く長所／能力があるのに「ムリ」と思い込んでしまう／誰でも「天才」になれる

訳者あとがき 371

PART 1

「やり抜く力《グリット》」とは何か？ なぜそれが重要なのか？

Grit

第1章 「やり抜く力」の秘密

——なぜ、彼らはそこまでがんばれるのか？

米国陸軍士官学校《ウエストポイント》への入学を許可されるのは、並外れた努力のたまものにほかならない。その入学審査の厳格さは、最難関大学にひけを取らず、大学進学適性試験で高得点を獲得し、なおかつ高校の成績も抜群に優秀でなければならない。

しかも、ウェストポイントを目指すには、高校2年生のうちから志願する必要があり、連邦議会議員や上院議員、もしくは米国副大統領の推薦状が不可欠だ。もちろん、ランニングや腕立て伏せ、腹筋、懸垂《けんすい》など、体力測定の各項目で高得点を上げる必要があるのは言うまでもない。これならハーバード大学に入るほうがラクにさえ思えるほどだ。

毎年、全米の1万4000名以上もの高校2年生が、ウェストポイントへの入学を志願する。この大勢の志願者が、まずは入学要件である推薦状を獲得できたかどうかで、4000

名に絞られる。その後、学力、体力ともにウェストポイントの厳格な審査基準をクリアできるのは、半数をやや上回る2500名。そのうち、最終的に入学を許可されるのは1200名だ。こうしてみごとに入学を果たす生徒たちは、男女ともにほぼ例外なく、各高校を代表するスポーツ選手であり、大半はチームのキャプテンを務めている。

「肉体的、精神的にもっとも過酷」な環境

ところが士官候補生の5人に1人は、卒業を待たずに中退してしまう。さらに注目すべき点は、昔から中途退学者の大半は、夏の入学直後に行われる7週間の厳しい基礎訓練に耐え切れずに辞めてしまうということ。この訓練は「ビースト・バラックス」(獣舎)というすさまじい名称で、略して「ビースト」と呼ばれている。

入学を目指して2年間も必死に努力を重ねてきたのに、最初の2カ月で辞めてしまうとは、どういうことなのだろうか？

とはいえ言っておくが、ただの2カ月ではない。ウェストポイントに入学した士官候補生に配布されるハンドブックには、「ビースト」についてこう書かれている。

「ウェストポイントでの4年間で、肉体的、精神的にもっとも過酷な訓練であり、諸君が士官候補生から兵士へと変身を遂げるためにおおいに役立つ」

毎朝、午前5時に起床。5時30分、星条旗が掲揚《けいよう》されるなか、士官候補生は直立不動で整

「ビースト・バラックス」の1日のスケジュール

5:00	起床
5:30	整列
5:30～ 6:55	体力トレーニング
6:55～ 7:25	着替え、身支度など
7:30～ 8:15	朝食
8:30～12:45	訓練／授業
13:00～13:45	昼食
14:00～15:45	訓練／授業
16:00～17:30	団体競技
17:30～17:55	着替え、身支度など
18:00～18:45	夕食
19:00～21:00	訓練／授業
21:00～22:00	司令官による終礼
22:00	消灯

列。ただちにランニングや柔軟体操などのワークアウトを開始。その後も、整列行進、武器訓練、運動競技、授業と、訓練は一日じゅう続く。

やがて消灯ラッパの哀愁ただようメロディが鳴り響き、22時に消灯。

翌朝もまた同じ一日が始まる。週末の休みもなければ、食事時間以外の休憩もなし。家族や友人を含め、外部との接触はいっさい許されない。

ある士官候補生は「ビースト」についてこう語っている。

「とにかくありとあらゆる面で、これでもかというほど試練が与えられます。訓練は想像を絶する過酷さで、家族とすら連絡は取れません。そんななかで精神的にも肉体的にも、ギリギリの状態に追い込まれます。そうすると弱点がさらけだされる。そこがポイントです。ウェストポイントは鍛錬《たんれん》の場なのです」

最後まで耐え抜くのは「どんな人」か？

では、どんな人なら「ビースト」の過酷な訓練を耐え抜けるのか？

私がその問いをテーマに研究を始めたのは、２００４年、ペンシルベニア大学の大学院博士課程（心理学）2年目のことだった。しかし、米国陸軍はすでに何十年も前からその答えを探し続けていた。

１９５５年――私が研究を開始する半世紀も前に、ジェローム・カガンという若手の心理学者が陸軍に招集され、研究を命じられた。その課題とは、ウェストポイントの新入生を対象に試問を行い、誰が厳しい訓練を耐え抜けるか、あるいは脱落するかを予想し、その結果をウェストポイントの上層部に報告することだった。

カガンはこの研究に最初に取り組んだ心理学者であるだけでなく、奇しくも私がハーバード大学で最初に教えを受けた心理学者でもあった（その縁で、私は彼の研究室で2年間、パートタイムの助手を務めた）。

カガンの話によれば、厳しい訓練を耐え抜ける士官候補生を見きわめるべく、さっそく現地で研究を開始したが、当初の試みはどれもひどい失敗に終わったという。そのひとつに、何百時間もかけて実施したテストがあった。士官候補生に写真がプリントされた数枚のカードを見せ、自分を主人公にしたストーリーを即興で語らせるというものだ。

このテストの目的は、士官候補生が心のうちに無意識に抱いている動機を探り当てることにあった。つまり、即興でつくったストーリーのなかで立派な行いをした者や、勇敢に務めを果たした者は、士官学校を中退せずに卒業するはずだという想定にもとづいている。

ところが、理論的にはいかにも正しそうな考えが、実際にはそのとおりに行かないのはよくあることで、この考え方も、実際のケースにはほとんど当てはまらなかった。士官候補生たちのストーリーは、どれも意欲的で面白かったが、彼らが重要な場面で実際にどのような決断を下すかとは、無関係だったのだ。

以来、数十年にわたって、何人もの心理学者がウェストポイントの中退問題の研究に取り組んできたが、なぜもっとも有望な士官候補生に限って、訓練が始まったとたんに辞めてしまうのか、その理由を確実に突きとめた者はいなかった。

もっとも「有望」なはずの人が次々と辞めていく

「ビースト」のことを知った私は、軍事心理学者のマイケル・マシューズのもとを訪ねた。長年、ウェストポイントの教授陣に名を連ねる人物だ。マシューズの話を聞いたところ、入学審査では、男女を問わずウェストポイントでたくましくやっていける資質を持つ人物を選定していた。そのために、入学事務局では各志願者について「志願者総合評価スコア」を算出する。すなわち、SATもしくはACT〔ともに大学進学適性試験〕のスコア、高校での成績順位（各志願者の学年の生徒数に応じて調整したもの）、リーダーとしての資質の評価、体力測定のスコアの加重平均だ。

この志願者総合評価スコアは、士官学校の4年間で経験するさまざまな試練を乗り切るための能力を、各志願者がどれだけ持っているかを判断するための好材料と言えるだろう。言い換えれば、軍隊の指導者に求められる数多くのスキルを、どれだけ容易に習得できるかを推定したものだ。

このようにウェストポイントの入学審査では、志願者総合評価スコアがもっとも重要な決め手となっていたが、「ビースト」の厳しい訓練に耐え抜けるかどうかを予想するには、残念ながらあまり役に立たなかった。それどころか、志願者総合評価スコアで最高評価を獲得した士官候補生たちは、なぜか最低スコアの候補生たちと同じくらい、中退する確率が高かった。マシューズが私に会ってくれた裏には、そんな事情があったのだ。

しかし、マシューズ自身も若いころ空軍に入隊した経験から、彼はこの謎を解くカギを握っていた。ウェストポイントほど過酷ではなかったが、入隊時の経験には顕著な共通点があったのだ。最大の試練は、自分たちの手に負えない難題を次々に突きつけられたこと。それこそ1時間ごとに、できないことばかりやらされたのは、彼にとっても、同期の入隊者たちにとっても、生まれて初めての経験だった。当時を振り返って、マシューズは言った。

「2週間もしないうちに疲労困憊《ひろうこんぱい》して、孤独でどうにかなりそうだったよ。もうすぐにでも辞めたいと思った。クラスのみんなもそうだった」

そして実際に、何人かは辞めていった。だが、彼は辞めなかった。

マシューズが驚いたのは、困難に対処する力は才能とはほとんど関係ないということだった。訓練の途中で辞めていった者たちは、才能がなくて辞めたわけではない。それよりも重要なのは、マシューズの言葉を借りれば、「絶対にあきらめない《ネバー・ギブ・アップ》」という態度だった。

挫折した後の「継続」がきわめて重要

困難に負けずに立ち向かう姿勢が大事だ、と言っていたのはマシューズだけではなかった。そのころ大学院で「成功の心理学」の研究を始めたばかりだった私は、業界でも屈指のビジネスパーソンや、アーティスト、アスリート、ジャーナリスト、学者、医師、弁護士などを対象に、インタビュー調査を行っていた。

「業界でトップの人びとのお名前を挙げてください」

「どんな人たちですか？」

「その人たちには、どんな特徴があると思いますか？」

調査のなかで浮かび上がってきた特徴には、各分野に特有のものもあった。たとえばビジネスパーソンの場合、重要なのは「金銭的なリスクを積極的に取れること」だと答えた人が何人もいた。「周到に考え抜いて、何億ものカネを動かす決断を下しながらも、夜はぐっすり眠れるようでないとね」

だがそれは、アーティストとはまったく関係がなさそうだった。アーティストの場合、もっとも重要なのは「創造する意欲」だと答えた。「ものづくりが好きなんです。なぜかわかりませんが、とにかく好きなんです」

いっぽうアスリートたちは、「勝利のスリル」が最高の刺激になると答えた。「勝負に強い選手は、他人との真っ向勝負が大好きですね。ものすごく負けず嫌いなんですよ」

そのような各分野ならではの特徴があるいっぽうで、どの分野にも当てはまる共通点も見えてきた。私がとくに興味を持ったのもまさにその点だった。どの分野でも、もっとも成功している人びとは、幸運と才能に恵まれていた。それは以前から聞いていたことでもあり、疑う余地はなかった。

だが、成功の要因はそれだけではなかったのだ。インタビューで多くの人が語ったのは、ずば抜けた才能に恵まれながらも、能力をじゅうぶんに発揮しないうちに、挫折《ざせつ》したり、興味をなくしたりして辞めてしまい、周囲を驚かせた人たちの話だった。

失敗しても挫《くじ》けずに努力を続けるのは――どう考えてもたやすいことではないが――きわめて重要らしかった。「調子のいいときは、やたらと意気込んでがんばる人もいますが、そういう人はちょっとつまずいただけで、とたんに挫けてしまうんです」

「情熱」と「粘り強さ」を持つ人が結果を出す

しかしいっぽうで、驚異的な粘り強さでがんばって、みごとに結果を出した人たちの話も聞いた。

「その作家は、駆け出しのころはとくに優秀ではありませんでした。社内では彼の原稿を読んで笑ったりしていましたよ。文章が何とも野暮《やぼ》ったくて、メロドラマ風だったんです。でも彼はその後、めきめきと腕を上げて、去年はとうとうグッゲンハイム奨励金を獲得したんです」

また、そういう人たちはつねに貪欲《どんよく》に進歩を目指していた。

「彼女は絶対に満足しません。あそこまで登りつめたら満足してもよさそうなのに。あの人は、自分自身のもっとも手厳しい批評家なんです」

つまり顕著な功績を収めた人たちはみな、粘り強さの鑑《かがみ》のような人だったのだ。

なぜそこまで一心不乱に、仕事に打ち込むことができたのだろうか？　そもそも彼らは、自分の目指している大きな目標に、簡単にたどり着けるとは思っていなかった。いつまでたっても、「自分などまだまだだ」と思っていた。まさに自己満足とは正反対だった。

しかしそのじつ、彼らは満足しない自分に満足していた。どの人も、自分にとってもっとも重要で最大の興味のあることをひたすら探究していた。そして、そんな探究の道のりに

——その暁《あかつき》に待ち受けているものと同じくらい——大きな満足をおぼえていた。つまらないことや、イライラすることや、つらいことがあっても、あきらめようとは夢にも思わなかった。彼らは変わらぬ情熱を持ち続けていた。

要するに、どんな分野であれ、大きな成功を収めた人たちには断固たる強い決意があり、それがふたつの形となって表れていた。第一に、このような模範となる人たちは、並外れて粘り強く、努力家だった。第二に、自分がなにを求めているのかをよく理解していた。決意だけでなく、方向性も定まっていたということだ。

このように、みごとに結果を出した人たちの特徴は、「情熱」と「粘り強さ」をあわせ持っていることだった。つまり、「グリット」（やり抜く力）が強かったのだ。

「やり抜く力」はこうして測る

そうなると、次なる問題が浮かんだ。

「そんな目に見えないものを、どうやって測定すればよいのか？」

軍事心理学者らが何十年かかっても定量化できなかったものを、どうすれば測定できるのだろう？　インタビューで話を聞いた成功者たちも、「やり抜く力《グリット》」が強いかどうかは、その人の仕事ぶりを見てこそわかるものであり、テストで測定する方法など思いつかないと言っていた。

私はデスクに座って、取材メモをじっくりと見直してみた。そして、取材した人びとの話のなかに出てきた言葉を、ときには一言一句そのまま用いて、「やり抜く力」が強いとはどういうことか、その特徴がよくわかるコメントを作成した。

そのうち半分は「粘り強さ」について、次のような表現にどの程度賛成するかをたずねる。

「重要な課題を克服するために、挫折を乗り越えた経験がある」

「いちど始めたことは、必ずやり遂げる」

残りの半分は「情熱」に関するコメントで、どの程度賛成するかをたずねる。

「興味の対象が毎年のように変わる」

「アイデアやプロジェクトに夢中になっても、すぐに興味を失ってしまったことがある」

こうして完成したのが「やり抜く力」の測定テスト、「グリット・スケール」(83ページ参照)だ。このテストに率直に回答すれば、その人がどれくらいの「やり抜く力」をもって、人生に取り組んでいるかがわかる。

才能があるのになぜ踏ん張れないのか?

2004年7月、「ビースト」の2日目、ウェストポイントの1218名の士官候補生たちがグリット・スケールのテストを受けた。

その前日、士官候補生たちは見送りにきた両親に別れを告げ（きっかり90秒しか与えられなかった）、男子は頭を丸刈りにし、私服を脱ぎ捨て、あの有名なグレーと白の制服に身を包み、小型トランクやヘルメットなど備品の支給を受けた。

そして、「そんなことはわかり切っている」という思い上がりを正すため、正しい整列のしかたを4年生にみっちりと叩き込まれた（「線に沿って整列！　線を踏んだり、越したり、手前すぎるのはダメだ。線にきっちり沿って並べ！」）。

私は当初、グリット・スケールのテスト結果（＝グリット・スコア、「やり抜く力」の強さを示す数値）は、成績評価と一致するのではないかと予想していた。ところがふたを開けてみると、グリット・スコアは、入学審査であれほど入念に算出した志願者総合評価スコアとは、何の関係も見られなかった。言い換えれば、優秀な士官候補生でも「やり抜く力」が強いとは限らず、逆もまたしかりだった。

「やり抜く力」は才能とは関係ないというのは、空軍での経験によるマシューズの考察とも一致していたが、実際にこのような結果を目の当たりにすると、あっと驚かずにはいられなかった。せっかく才能があるのに、なぜ最後まで踏ん張れないのだろう？

ふつうに考えれば、才能のある者が努力すれば素晴らしい結果を出せるのだから、あきらめずにがんばろうとするはずだ。ということは、「ビースト」の厳しい訓練を最後まで耐え抜ける者を予想するには、志願者総合評価スコアは最適の判断材料となるはずだ。なぜなら、志願者総合評価スコアの高さは、学力、体力、軍隊への適性など、ウェストポイントが重視するすべての基準において優れていることを意味するからだ。

だからこそ「才能があっても、やり抜く力が強いとは限らない」というのは、本当に驚くべきことなのだ。本書では、その理由を探っていく。

「学力、体力、適性」のちがいは問題にならない

「ビースト」の最終日までに、71名が脱落した。

その結果を受け、士官候補生たちのグリット・スコアをチェックしてみると、訓練を耐え抜いた者たちと、脱落した者たちでは、スコアの差が如実《にょじつ》に表れていたことがわかった。

その翌年も、私はウェストポイントで同じようにグリット・スケールのテストを実施した。こんどは「ビースト」の途中で62名の脱落者が出たが、やはり今回も、訓練を耐え抜いた者たちは、グリット・スコアの数値が総じて高いことがわかった。

それとは対照的に、志願者総合評価スコアについては、訓練を耐え抜いた者と脱落した者のあいだに、スコアの差異はほとんど見られなかった。念のため、総合評価スコアを算出するための各要素の評価点も調べたが、やはり差異は見られなかった。

それでは、「ビースト」の厳しい訓練を耐え抜くには、なにがいちばん重要なのだろうか。

SATスコアや出身高校のランキングでもなければ、リーダーシップの高さでも、運動能力でもない。つまり、志願者総合評価スコアは関係ない。重要なのは、「やり抜く力」だ。

では、「やり抜く力」はウェストポイント以外の場所でも重要なのだろうか?

それを調べるには、やはり多くの脱落者が出るような状況で調査を行う必要があった。「ビースト」のようなきわめて過酷な状況でなければ、「やり抜く力」は必要ないのか、それとも「やり抜く力」はもっと一般的に、やるべきことを成し遂げるために役に立つのかを、知りたかったのだ。

そこで、「やり抜く力」の重要性を調査するために、私がつぎに選んだ分野は「営業職」だった。むげに断られることも日常茶飯事の職種だ。私はあるリゾート会員権販売会社で、営業職の数百名の男女を対象に、グリット・スケールを含むアンケート形式の性格テストを実施した。半年後にその企業を訪ねると、すでに営業職の55%の人が辞めていた。ここでもやはり、グリット・スコアの高かった人は辞めずに残っており、低かった人は辞めていたことがわかった。

また、仕事への定着度を予測するにあたって、「外交性」「情緒の安定」「誠実性」など、性格テストで調査したそのほかの特徴は、いずれも「やり抜く力」ほど的確な判断材料にはならないことがわかった。

「やり抜く力」が強い人ほど進学する

ちょうどそのころ、私はシカゴ・パブリック・スクールズ〔公立学校協会〕から電話で連絡を受けた。ウェストポイントの心理学者らと同じように、シカゴの公立学校の研究者たちも、どんな生徒なら中途退学せずに高校を卒業できるのか、詳しく知りたいと思っていたのだ。

その年の春、数千名の高校2年生を対象に、簡略版のグリット・スケールを含む、アンケート形式の性格テストが実施された。約1年後、そのうち12％の生徒は高校を中退していた。無事に卒業した生徒たちは、やはり「やり抜く力」が強かったことがわかった。

また、卒業できるかどうかを予想するには、「どれだけ学校が好きか」「どれだけまじめに勉強に取り組んでいるか」「学校をどれだけ安全な場所だと思うか」などほかの要素よりも、「やり抜く力」のほうがはるかに重要な判断材料となることがわかった。

さらに、アメリカ人を対象としたふたつの大規模調査でも、同様の結果が出た。「やり抜く力」の高い成人ほど、正規の学校教育において高等教育の上のレベルに進学していることがわかったのだ。修士、博士、医学士、法学士など大学院の学位を取得した人びとは、4年制の大学を卒業した人びとよりも、「やり抜く力」が強かった。いっぽう4年制の大学を卒業した人びとは、大学の単位を取得しても学位は取得していない人びとにくらべて、「やり抜く力」が強かった。

興味深いことに、コミュニティ・カレッジ〔地域短期大学〕で短期大学士を取得した人びとは、4年制大学を卒業した人びとよりも、グリット・スコアがわずかに高いことがわかった。最初は私も不思議に思ったが、まもなくコミュニティ・カレッジの中退率は80％にもおよぶと知って、納得がいった。そのような状況にもめげずにみごとに卒業した人びとは、「やり抜く力」がずば抜けて強かったのだ。

グリーンベレーとの共同研究の結果

また私は同時に、アメリカ陸軍特殊部隊「グリーンベレー」との共同研究を開始した。グリーンベレーは陸軍の精鋭部隊で、もっとも困難かつ危険なミッションを担当する。その訓練の厳しさは苛烈をきわめ、何段階にもおよぶ。研究対象となったのはかなりハイレベルの「選抜コース」で、そこへ到達するためには、ブート・キャンプ〔新兵訓練プログラム〕（9週間）、歩兵訓練（4週間）、陸軍空挺学校における訓練（3週間）、ランド・ナビゲーション〔地上航法〕の予備訓練コース（3週間）をこなす必要があった。これらの予備訓練はいずれも過酷で、どの段階でも脱落者が出る。しかし「選抜コース」はさらに過酷だ。司令官ジェイムズ・パーカーによれば、この選抜コースによって、最終段階の訓練に誰を送り込み、誰を落とすかを決定する。

選抜コースにくらべたら、あの「ビースト・バラックス」さえ、夏休みのようにのんびりして見えるほどだ。夜明け前から午後9時まで、訓練生たちは全力で訓練に打ち込む。昼夜を問わずに行う地上航法訓練に加えて、約6キロの走行と約10キロの行進（30キロのウェイトを背負って行う場合もある）を行う。さらに、「ナスティ・ニック」と呼ばれる障害物コースが待ち受けている。泥水のなかを這いつくばって有刺鉄線をくぐり抜け、丸太の上を歩いて渡り、カーゴネットをよじのぼり、雲梯《うんてい》にぶらさがって渡るなど、とてつもなくきつい。

この選抜コースにたどり着くだけでもすごいことだが、せっかくここまでがんばってきたのに、42%の訓練生が途中で辞めていった。最後まで訓練に耐え抜いた者たちは、いったいどんな点が際立っていたのだろうか？　やはり、「やり抜く力」だった。

では、「やり抜く力」以外には、どのような特徴や条件を備えていれば、軍隊や、学校や、ビジネスでの成功を予想できるだろうか？

営業職の場合は、職務経験がものを言うらしく、経験者のほうが未経験者よりも離職率が低かった。シカゴの公立高校では、面倒見のよい教師がいる場合は、生徒たちが中退せずに卒業する確率が高かった。そして、グリーンベレーでは、訓練開始時の基礎体力がきわめて重要と言える。

しかし各分野において、以上の特徴や条件に該当する人びとを比較した場合は、「やり抜く力」の強い人のほうが成功する確率が高い。それぞれの分野ならではの特徴や条件もたしかに存在するが、「やり抜く力」はあらゆる分野において重要なのだ。

どんどん勝ち進んだ子どもたちの共通点

２００２年、私がペンシルベニア大学の大学院で研究を始めた年に、「チャレンジ・キッズ――未来に架ける子どもたち」というドキュメンタリー番組が放映された。英単語のスペルの正確さを競う大会「スペリング・ビー」の決勝戦（全国大会）に挑む、3人の少年と5人の少女が奮闘する姿を描いた作品だ。

決勝戦は毎年ワシントンDCで開催される。3日間の手に汗にぎる激戦は、白熱の試合中継が得意なスポーツ専門チャンネル、ESPNで生中継される。この決勝戦に出場するには、まず全米の何百もの学校から集まってくる何千人もの生徒に、スペリングで打ち勝たなければならない。まずはクラスで一番になり、つぎに学年、学校、地域、地方で一番を目指して勝ち進んでいく。単語はどんどん抽象的で難しくなっていくが、ひとつのミスも許されない。

番組を観て、私の頭に疑問が浮かんだ。あれくらいの年齢で、shottische（2拍子の輪舞）やcymotrichous（縮れ髪の）といった、複雑で難しい単語のスペルを完璧に綴《つづ》れるというのは、どの程度、語学の才能の問題と言えるのだろうか？　そしてこの場合、「やり抜く力」はどの程度、重要なのだろうか？

そこで私は、「スペリング・ビー」の事務局長、ペイジ・キンブルに電話で連絡を取った。バイタリティにあふれた女性で、本人もかつてスペリング・コンテストで優勝した経歴の持ち主だ。コンテストを勝ち抜く子どもたちの心理的な特徴を詳しく調査したいと話すと、キンブルも強い興味を示し、賛同してくれた。

ただちに決勝戦への出場が決まった273名の生徒に、アンケート調査票が送られることになった。決勝戦が行われるのは、まだ数カ月先のことだ。謝礼を奮発したせいか（25ドルのギフトカード）、およそ3分の2の生徒が、私の研究室宛てに調査票を返送してくれた。回答者のうち最年長は、コンテストの年齢制限ぎりぎりの15歳。いっぽう最年少はわずか7歳だった。

生徒たちはグリット・スケールのアンケートに回答し、さらにスペリングの練習時間を報告した。平均的な練習時間は、平日は1時間以上、週末は2時間以上という結果が出た。しかしこれはあくまでも平均であり、生徒によって大きな差があった。ほとんど練習していない子もいれば、土曜日には9時間も練習している子もいた。

またそれとはべつに、副標本として何人かの生徒たちに連絡を取って、言語知能テストを実施した。その結果、その生徒たちの言語能力は全体的にずば抜けて高いことがわかった。それでもなお、各生徒の点数には著しい開きがあり、天才児レベルの語学能力を持つ生徒もいれば、年齢的に見てごく平均レベルの生徒もいた。

決勝戦の日、私はESPNの生放送を観た。固唾《かたず》を呑んで見守った最後の瞬間、13歳のアヌラーグ・カシャプが、appoggiatura（前打音）を完璧に綴り、みごと優勝を果たした。

こうして最終順位が決定したので、私はさっそく研究データの分析に取りかかった。

その結果、つぎのことが明らかになった。決勝戦の何カ月もまえに測定した生徒たちのグリット・スコアを見れば、最終的に誰がどの程度の結果を出すかを予想することができた。つまり「やり抜く力」の強い生徒たちは、どんどん勝ち進んで行ったのだ。彼らはいったいどうやって結果を出したのか？　人より何時間も多く練習し、たくさんのスペリング・コンテストに出て場数を踏んだのだ。

では、才能はどうか？　言語知能のレベルも、コンテストを勝ち進む者を予想する判断材料になることがわかった。ところが「言語知能指数」と「やり抜く力」には、相関関係はまったく見られなかった。それどころか、言語能力の高い生徒たちは、言語能力の劣る生徒たちよりも練習時間が少なく、コンテストへの出場歴も短いことがわかった。

このように「やり抜く力」と「才能」は別物であることは、私がアイビーリーグの名門大学の学生たちを対象に行った研究でも明らかになった。しかもこの研究では、ＳＡＴのスコアと「やり抜く力」は逆相関の関係にあることがわかった。つまり、無作為に選ばれた学生たちのなかで、ＳＡＴのスコアが高い学生たちは、ほかの学生たちにくらべて平均的に「やり抜く力」が弱かったのだ。

この結果とそれまでに蓄積したデータを照合したところ、今後の研究の方向性を決定づける重要な洞察が得られた。すなわち、才能があっても、その才能を生かせるかどうかは別の問題だということだ。

第2章

「才能」ではは成功できない

——「成功する者」と「失敗する者」を分けるもの

心理学者になるまえ、私は教師だった。当時はまだ「ビースト」のことなど知らなかったが、私は教育の現場であることに気づき始めた。それは、才能だけでは結果は出せないということだ。

教師になったのは27歳のときだった。その前月、私はマッキンゼーを辞めた。世界有数のコンサルティングファームで、マンハッタンのミッドタウンに構えるニューヨークオフィスは、青いガラス張りの超高層ビルの数フロアを占めていた。

同僚たちは私の決断を知って、呆気《あっけ》にとられた。誰もがうらやむような超一流企業をなぜ辞めるのか。世界でもっとも卓越した影響力を持つ企業として必ず名前が挙がるほどなのに。知り合いなどは、私が週80時間労働にうんざりして、もっとゆったりとした生活を始めるつもりだと思ったらしい。だが、それは誤解もいいところで、教職の経験者なら誰でも知っているとおり、教師ほどきつい職業はない。だったらなおさら、なぜ辞めるのか？

ある意味、私にとっては、むしろコンサルタントになったことのほうが回り道だったのだ。私は学生時代、地元の公立学校の生徒たちに学習指導を行っていた。卒業後は授業料免除の補習プログラムを立ち上げ、2年間運営を続けた。

その後、オックスフォード大学に留学して読字障害《ディスレクシア》の神経構造を研究し、神経科学の学位を取得した。そのあと少し回り道をしたものの、ついに教職に就いた私は、ようやく自分の進むべき道に舞い戻った気がした。

「呑み込みが悪い」のによい成績を取る子どもたち

受け持ちの生徒は12歳と13歳。ほとんどの生徒はマンハッタンのアベニューAとアベニューDのあいだの公営住宅に住んでいた。いまでこそ、この地区にはおしゃれなカフェがあちこちにあるが、当時の街並みはまったくちがっていた。私が着任した秋には、勤務先の学校が「都会の貧困地区にある、校内暴力で荒れ果てた学校」という設定で、映画のセットに選ばれたくらいだ。私はその学校で、中学1年生の数学（分数、小数、代数と幾何の基礎）を担当することになった。

最初の週からすぐにわかったことは、生徒のなかには数学的概念の呑み込みがずば抜けて速い子が何人かいることだった。クラスでも抜群によくできる生徒たちに教えるのは、とても楽しかった。文字どおり、頭の回転が速いのだ。たいしてヒントを与えられなくても、すぐに問題のパターンをつかんでしまう。私が黒板で例題を解くのを見ただけで、「わかった！」と言って、つぎの問題をさっさと解いてしまうのだ。

いっぽう、それほど能力のない生徒たちは、なかなかパターンがつかめずに苦労する。

ところが最初の学期の成績評価を行ったところ、驚いたことに、能力の高い生徒たちの成績は思っていたほどよくなかった。もちろん、よい成績の生徒もいたが、クラスでもとくに能力の高い生徒たちに限って、なぜかぱっとせず、なかには成績の悪い生徒もいた。

それとは逆に、最初はなかなか問題が解けずに苦労していた生徒たちのなかには、予想以上によい成績を取った生徒が何人もいた。このようによく伸びた生徒たちは、決まって欠席もせず、忘れ物もしなかった。授業中にふざけたり、よそ見をしたりもせず、ノートをしっかり取って、よく質問をした。最初からすぐに問題を理解できなくても、あきらめずに何度も挑戦した。昼休みや午後の選択科目の時間に、「先生、教えてください」と頼んでくることもあった。そうやってこつこつと努力をしたことが、成績に表れたのだ。

粘り強く取り組めば「理解」できる

どうやら、ただ数学に向いているだけではよい成績は取れないらしい。数学の才能があるからといって、数学の成績がよいとは限らないのだ。

これは私にとって驚きだった。一般的に数学は、数学的な才能のある生徒ほどよくできて、数学の苦手な生徒との差が著しいと考えられている。正直なところ、私も最初はそう思っていた。呑み込みの速い生徒は、つねにほかの生徒たちよりもよくできるはずだと思っていた。それどころか、もともと数学の得意な生徒とほかの生徒たちの成績の差は、大きくなるいっぽうだと思っていた。

つまり、私は「才能」に目を奪われていたのだ。

私はしだいに突き詰めて考えていった。授業で新しい章に入っても、生徒たちが問題の考え方をなかなか理解できないことがある。しかし、すぐには理解できない生徒たちも、もう少し粘り強く取り組めば、ちゃんと理解できるのではないだろうか。説明がうまく伝わらない場合は、もっと工夫して、ほかの説明のしかたを考える必要があるのでは？

「才能には生まれつき差がある」などと決めつけずに、努力の重要性をもっと考慮すべきなのでは？　生徒たちも教える側も、もう少し粘り強くがんばれるように、努力を続ける方法を考えるのは、教師である私の責任なのではないだろうか。

それと同時に思い出したのは、数学が苦手な生徒たちも、自分が本当に興味を持っていることを話すときは、びっくりするほど頭の回転が速くて、生き生きとしていることだった。こちらはほとんどついて行けないような会話だ。たとえば、バスケットボールの統計に関する詳しい解説や、大好きな曲の歌詞や、交友関係のややこしい問題（誰が誰を無視するようになって、それにはどんなワケがあるか）など。

生徒たちのことを深く知るほど、誰もが複雑な日常生活のなかで、さまざまな複雑な事柄を理解していることがわかった。はっきり言って、それにくらべれば方程式のxの値を求めるほうがよっぽど簡単ではないだろうか。

生徒たちの能力には、たしかにばらつきがあった。それでも中学1年生の数学に関しては、教師が生徒たちと一緒にじっくり取り組んで、十分な努力を積み重ねれば、きちんと習得できるのではないだろうか。きっとそうにちがいない、と私は思った。みんなあれだけ賢いのだから。

才能、熱意、努力……なにが「成功する者」の秘密か？

その後の数年間の教師生活のなかで、私はますます、才能によって運命が決まるとは思わなくなり、努力のもたらす成果に強い興味を抱くようになった。その謎を徹底的に探るため、ついに私は教師を辞めて心理学者になった。

大学院で研究を始めると、「成功する者と失敗する者を分けるのはなにか」というテーマについては、昔から多くの心理学者が研究をしてきたことがわかった。もっとも初期の研究者にフランシス・ゴルトンがいる。ゴルトンはこのテーマについて、いとこのチャールズ・ダーウィンと論じ合っている。

ゴルトンは正真正銘の神童だった。4歳ですでに読み書きができ、6歳でラテン語と長除法〔割り算の筆算〕を習得し、シェイクスピアを暗唱した。何でもすぐに覚えてしまった。

1869年、ゴルトンは遺伝的性質と才能に関する自身初の研究論文をまとめた著書、『遺伝的天才』を上梓した。科学者、運動選手、音楽家、詩人、法律家など、多岐にわたる分野の著名人を選び、その生涯や人物像に迫る情報をできるかぎり収集した。ゴルトンは結論として、偉業を成し遂げた人物には3つの顕著な特徴があると述べた。すなわち、稀有《けう》な「才能」と、並外れた「熱意」と、「努力を継続する力」をあわせ持っていることだ。

その本の最初の50ページを読んだダーウィンは、ゴルトンに手紙を書き、不可欠な特徴のなかに「才能」が含まれていることに驚きを示した。

「ある意味、君のおかげで考えを改めたと言えるだろう。私はつねづね、愚か者でもないかぎり、人間の知的能力にたいした差はない、差があるのは熱意と努力だけだ、と主張してきたのだから。だがやはり、もっとも重要なのはそのふたつだと私は考えている」

当然ながらダーウィン本人も、ゴルトンの研究対象である「偉業を成し遂げた人物」にほかならなかった。

史上もっとも重要な科学者のひとりとしてその名を轟かせたダーウィンは、「動植物の種の多様性は、自然選択の結果として生じたものである」という学説を初めて発表した。そして、ダーウィンが鋭い観察の目を向けた対象には、植物や動物だけでなく、人間も含まれていた。ある意味、彼の天職は、生存につながるわずかな差異を観察することだった。したがって、偉業を達成するための決定要因に関するダーウィンの意見、すなわち、知的能力よりも熱意と努力のほうがはるかに重要だという信念は、一考に値するだろう。

ひたすら「同じこと」を考え続ける

伝記作家たちは総じて、ダーウィンが人間離れした知能の持ち主だったとは言っていない。たしかに知能は高かったが、なにごとも瞬時に洞察を得るような鋭いタイプではなく、むしろ、こつこつとじっくり取り組むタイプだったようだ。

ダーウィンの自伝に、その裏付けとなるくだりがある。

「頭のいい人のなかには、直感的な理解力が卓越している人がいるが、私にはそうした能力はない」

「私の場合、純粋に抽象的な概念について延々と思索する力に乏しい」

そして、自分は優秀な数学者や哲学者にはなれなかっただろうと述べている。さらには、記憶力も平均以下だったという。

「記憶力があまりにも低いせいで、ほんの数日でも、詩の一行はおろか日付さえ覚えていられないほどだ」

おそらくは、謙遜も含まれているにちがいない。ところが、自然の法則の探究において発揮した観察力の鋭さと根気強さについては、自画自賛している。

「私がふつうの人より優れている点は、ふつうなら見逃してしまうようなことに気づき、それを注意深く観察することだろう。観察にかけても、事実の集積にかけても、私は非常に熱心にやってきた。さらに、それにも増して重要なことは、自然科学に対して尽きせぬ情熱を持ち続けていることだ」

ある伝記作家はダーウィンのことを、こんなふうに描いている。ずっと答えが見つからない難問にぶつかり、ふつうの人ならとっくにあきらめて、もう少し平易な問題に取り組むような場合でも、ダーウィンはあきらめずに同じ問題をひたすら考え続けたという。

「難問にぶつかると、ふつうの人は『またあとで考えよう』などと言って、たいていはそのまま忘れてしまう。ところがダーウィンには、そういういい加減さを自分に許さないようなところがあった。彼は突きとめたいと思っている問題は、すべて頭の片すみにとめておき、少しでも関連のありそうなデータが表れたら、いつでもすぐにその問題と突き合わせることができた」

人は「本来の能力」をほとんど生かしていない

その40年後、こんどは大西洋の反対側のアメリカで、ハーバード大学教授のウィリアム・ジェイムズが、「目標の追求において、人びとにどれだけの差が見られるか」という問題を採り上げた。アメリカを代表する著名な心理学者であるジェイムズは、この問題に関して

「サイエンス」（当時から世界的な権威をもつ科学雑誌。心理学のみならず、自然科学、社会科学など科学全般を扱う）に「人間のエネルギー」と題する論文を発表した。

親しい友人や同僚たちの目標達成と失敗について考察し、さらに自分自身についても、調子のよい日と悪い日では、努力の質にどの程度の差があるかを考察したうえで、ジェイムズはつぎのように述べている。

「我々の潜在能力は、半分しか目覚めていない。薪《まき》は湿って燃えず、通気は妨げられている。我々は精神的にも肉体的にも、持っている能力のごく一部しか利用していない」

このように、人間の潜在能力と実際に使っている能力の差はきわめて大きい、とジェイムズは断言した。どのような才能を持っているかは、人によって異なることは認めたうえで（たとえば、運動よりも音楽が得意な人もいれば、芸術的な感性よりも起業家精神に優れた人もいる）、こう主張した。

「人間は自分の持っている能力をほとんど使わずに暮らしている。さまざまな潜在能力があるにもかかわらず、ことごとく生かせていない。自分の能力の限界に挑戦することもなく、適当なところで満足してしまう」

そして「限界」については、ひとこと付け足している。「当然ながら、能力にも限界はある。木が空まで伸びたりはしないように」

しかし、能力が伸び続け、やがて限界に達するなどということは、ほとんどの人にとっては、そもそも関係のないことのようだ。

「人間は誰でもはかり知れない能力を持っているが、その能力を存分に生かし切ることができるのは、ごくひとにぎりの並外れた人びとにすぎない」

1907年に書かれたこれらの言葉は、いまも昔も変わらぬ真実だ。それなのになぜ私たちは、これほど「才能」を重要視するのだろうか？　私たちはさまざまな能力を持っており、いくらでも伸ばす余地があるのに、なぜすぐに「能力の限界」だと思ってしまうのだろうか？　将来なにを成し遂げられるかは、努力ではなく才能で決まると考えてしまうのはなぜだろう？

同じ能力なら「努力家」より「天才」を評価してしまう

長年にわたって、いくつかの全国調査でつぎの質問が行われた。

「成功するためには、才能と努力のどちらがより重要だと思いますか？」

アメリカ人の場合、「努力」と答える人は「才能」と答える人のおよそ2倍だ。運動能力に関する質問でも、同じような結果が出る。では、つぎの質問はどうだろう？

「新しい従業員を雇うとします。知的能力が高いことと、勤勉であることでは、どちらのほうが重要だと思いますか？」

この場合、「勤勉であること」と答える人は、「知的能力が高いこと」と答える人の5倍近くにものぼる。

こうした調査結果は、心理学者のチアユン・ツァイがプロの音楽家を対象に実施したアンケート調査の結果とも一致している。音楽家たちも、同様の質問に対してほぼ例外なく、「生まれながらの才能」よりも「熱心に練習すること」のほうが重要だと回答した。

しかし、ツァイがある実験でもっと間接的な方法によって人びとの心理的傾向を調査したところ、正反対の結果が表れた。その実験では、参加者（やはりプロの音楽家たち）に対し、同等の実績をもつ2名のピアニストのプロフィールが紹介された。つぎに参加者たちは、その2名のピアノ演奏を収録した短い録音を聴きくらべた。しかし実際には、あるひとりのピアニストが、同じ曲のべつの部分を演奏している。

参加者にとって明らかな唯一の相違点は、2名のピアニストの紹介のしかたにあった。ひとりは「才能豊かで、幼少時から天賦《てんぷ》の才を示した」とあるいっぽう、もうひとりは「努力家で、幼少時から熱心に練習し、粘り強さを示した」とあった。

するとこの実験では、先ほど紹介したアンケート調査の結果（才能よりも努力が重要）とは矛盾する結果が出た。音楽家らは、「天賦の才」に恵まれたピアニストのほうが、プロの演奏家として成功する確率が高いと評価したのだ。

バイアスが生む「4年と4万ドル」の差

さらに、まったくべつの分野においても、このような矛盾が見られるかどうかを確かめるため、ツァイは起業家を対象に追跡研究を行った。起業家は勤勉な努力が求められる職種だ。ツァイは新米からベテランまで数百名の起業家たちを集め、無作為にふたつのグループに分けた。

第1グループの参加者には、「努力家タイプ」の起業家のプロフィールが紹介された（勤勉さと努力と経験の積み重ねによって、成功を収めた）。いっぽう第2グループの参加者には、「天才タイプ」の起業家のプロフィールが紹介された（天賦の才によって成功を収めた）。

つぎに参加者たちは、その起業家による事業計画のプレゼンテーションの録音を聴いた。実際には、どちらのグループが聴いたのも同一の録音なのだが、第1グループは「努力家タイプ」の起業家のプレゼンを、第2グループは「天才タイプ」の起業家のプレゼンを聴いたことになっている。

すると、音楽家を対象に行った実験と同様に、今回もやはり天才型、つまり「生まれつき才能のある人」のほうが、起業家として成功する確率が高いと評価され、事業計画の内容についても高い評価を獲得した。

さらにべつの関連研究では、参加者に対し、「努力家タイプ」と「天才タイプ」の2名の起業家のうち、どちらを支援したいかとたずねた場合、参加者は「天才タイプ」を選ぶ確率が高いことがわかった。「努力家タイプ」と「天才タイプ」でそのような差が生じなくなるのは、「努力家タイプ」の起業家のほうが、起業してからの年数が4年長く、さらに開業資金が4万ドル多い、という好条件が重なった場合のみだった。

このようにツァイの研究によって、私たちは「才能」と「努力」に関しては、二面性を持っていることが明らかになった。私たちが重要だと言っていることと、心の底でもっと重要だと思っていることは、実際には異なっている。これではまるで、「恋人の外見なんて気にしない」などと言っておきながら、実際にデートの相手を選ぶとなったら、「いい人」よりも「かっこいい人」を選んでしまうのと同じだ。

天賦の才に対するえこひいきは、私たちのなかに潜んでいる偏見のひとつで、努力によって成功を収めた人のことも、「生まれつき才能があったから」と決めつけたり、華々しく活躍している人を見ては、ずば抜けた才能に憧れたりする。とはいえ、「私はつい、才能のある人をえこひいきしてしまうんです」などと認める人はいないだろう。それどころか、自分の心のなかですら認めないかもしれない。しかし私たちの選択を見れば、そのような偏見を持っているのは明らかだ。

「マッキンゼーの面接官」を喜ばせる単純な方法

私がマッキンゼーを辞めて教師になった年に、マッキンゼーの3人のパートナー〔役員〕が「ウォー・フォー・タレント」という論文を発表し、話題になった。その後書籍として出版されるとベストセラーとなったが、その論旨は、現代経済における企業の盛衰は、「Aクラス人材」を引きつけ、引きとめておけるかどうかにかかっている、というものだった。

同書のはじめに、こんなくだりがある。

「『タレント』とはどういう意味なのだろうか。一般的には、ある人が持つ技量——もともと持っている才能、スキル、知識、経験、知性、判断力、意識、性格、意欲——を総合したものと言える。また、学んで成長する力も含まれる」

ずいぶんと長い説明だが、タレントという言葉の意味を言い尽くすのは難しいことがよくわかる。しかし、「もともと持っている才能」が筆頭に挙げられているのは、いかにもマッキンゼーらしい。「フォーチュン」誌の表紙をマッキンゼーが飾ったとき、トップ記事の冒頭はこんな一文だった。

「マッキンゼーの若手のパートナーと向かい合っていると、こんな印象を抱かずにはいられない——カクテルの1杯や2杯でも傾けたら、テーブルに身を乗り出すようにして、『ところで、君のSATスコアは?』なんて、突拍子もないことを言い出すにちがいない」

そして記者は、マッキンゼーのカルチャーでは分析能力、あるいはマッキンゼー流に言うならば「聡明さ」が、この上なく評価されると述べている。

またマッキンゼーはきわめて優秀な人材を採用し、高い報酬を与えることで知られている。ハーバード大学やスタンフォード大学出身のMBA取得者もいるが、それ以外もみな何らかの顕著な実績や資格を有する人材ばかりだ(私は後者)。

マッキンゼーの採用面接では、私の場合も例にもれず、分析能力を試すための難問が次々に与えられた。ある面接官は私に座るようにうながし、自己紹介をすると、いきなりこんな質問をした。

「アメリカでは年間、何個のテニスボールが製造されていますか?」

それに対し、わたしはこう答えた。

「その質問に対しては、ふたとおりの答え方があると思います。まずひとつは、答えを知っていそうな人を探すか、業界団体に問い合わせることです」

面接官はうなずきつつ、「聞きたいのはそんな答えじゃない」と言わんばかりの表情で私を見た。

「もうひとつは、何らかの基本的前提にもとづいて、掛け算で割り出します」

こんどは面接官が満面の笑みを浮かべたので、もっと喜ばせることにした。

「アメリカの人口は約2億5000万人です。そのうち活発にテニスをしているのは、10歳から30歳だとします。そうすると、ざっと見積もって人口の4分の1です。つまりテニス人口は6000万人あまりと推定できます」

面接官は大喜びのようすだった。私はそのまま理論を展開し、テニス人口に加えて、その人たちが週に何回テニスをするか、ひと試合で何個のボールを使用するか、どれくらいの頻度でボールをダメにしたり失くしたりして新しいボールを買うか、などを勝手に推測したうえで、掛け算や割り算を繰り返した。

最終的に私がはじき出した数字は、かなりいい加減だったはずだ。というのも、そこに至るまでに推測した数字が、それぞれ不正確だったからだ。最後に私は言った。

「こういう計算は、わりと得意なんです。いま勉強を見ている女の子に分数を教えているので、暗算はしょっちゅう一緒にやっていますから。でもいまの質問に対する答えを正確に出そうと思ったら、もちろん、実際に知っている人に電話します」

　面接官はますます笑顔になり、面接で知りたかったことはすべてわかった、と請け合った。そして、私の応募書類にも納得したようだった。そこにはもちろん、マッキンゼーが初期の選考段階において重視するSATのスコアも含まれていた。言い換えれば、マッキンゼーはまさに、「アメリカのビジネス界はなによりも才能を重視するカルチャーを創造すべきだ」という『ウォー・フォー・タレント』のアドバイスどおりのことを実践しているのだ。

なぜ「もっとも革新的な企業」が悲惨な末路を迎えたのか？

『ウォー・フォー・タレント』では、競争を勝ち残る企業は、もっとも能力の高い人材を積極的に昇進させるいっぽうで、能力の低い人材は容赦なく切り捨てるべきだと言っている。そのような企業では給与の格差は正当化されるどころか、望ましいこととされる。なぜか？　熾烈な競争を勝ち抜いた者がことごとく優遇される環境をつくることで、能力の高い人材にとっては居心地をよくして引きとめ、能力の低い人材にとっては居心地を悪くして、他社へ移るように仕向けたいからだ。

　そのようなマッキンゼーのビジネス哲学を「人材育成競争《ウォー・フォー・タレント》」と呼んだわけだが、マッキンゼーをもっとも徹底的に研究したジャーナリスト、ダフ・マクドナルドは、そんなのはとんだまやかしで、「良識撲滅運動《ウォー・オン・コモンセンス》」とでも呼ぶのがふさわしいと主張している。さらに、『ウォー・フォー・タレント』の中で、マッキンゼーの推奨どおりに人材を扱った実例として登場した企業は、同書の刊行後、いずれも業績が低迷したと指摘した。

ジャーナリストのマルコム・グラッドウェルも、『ウォー・フォー・タレント』を批判している。グラッドウェルが指摘したとおり、マッキンゼーが提唱した「精鋭主義」を実践した代表例がエンロンだ。

周知のとおり、エンロンの成功物語は思わぬ事件で幕引きを迎えた。かつて世界最大級の総合エネルギー取引企業だった同社は、「フォーチュン」誌の「アメリカでもっとも革新的な企業」に6年連続で選ばれたほどだった。ところが、巨額の不正な経理・取引による粉飾決算が明るみに出た結果、2001年末に破綻《はたん》に追い込まれた。それにより、不正にはまったく関与していない2万人以上もの従業員が失業し、健康保険も退職金も失ってしまった。アメリカ史上、当時最大の企業破綻である。

巨大企業エンロンの崩壊は、従業員のIQが高すぎたせいでも、「やり抜く力」が弱かったせいでもない。グラッドウェルは確信をもってつぎのように主張している。

「誰よりも優秀だと証明してみせろ」と従業員たちを煽《あお》り立てることで、ナルシストの温床ができあがり、信じがたいほどうぬぼれが強いと同時に、つねに「自分の能力を見せつけなければ」という強い不安と衝動に駆られる従業員が増え過ぎたのだ。短期間で結果を出すことをなによりも重視し、長期的な学習や成長を妨《さまた》げる企業文化だった。

事件後のドキュメンタリー映画「エンロン——巨大企業はいかにして崩壊したのか?」においても、やはり同じことが指摘されている。エンロンの隆盛期にCEOとして君臨していたのは、元マッキンゼーきっての超辣腕《らつわん》コンサルタント、ジェフリー・スキリングだった。スキリングはエンロンで新しい業績評価制度を立ち上げた。その制度では毎年、従業員の等級付けを実施し、下位15%の従業員をクビにする。言い換えれば、どれだけよい業績を上げたとしても、従業員全体で見た場合に相対的な評価が低ければ、クビになってしまうのだ。

エンロンの社内では、この評価制度は「ランク・アンド・ヤンク」〔昇進と処罰〕と呼ばれていた。スキリングはこれを、エンロンでもっとも重要な経営戦略のひとつと考えていた。しかしこれこそが、狡猾《こうかつ》な者ばかりが得をして、正直者はバカを見るような職場環境をつくりだしたとも言える。

才能を「えこひいき」することの悪影響

才能は悪いものなのだろうか? 人間は誰でも同じように才能があるのだろうか? 答えはいずれも「ノー」だ。どんなスキルであれ、学習曲線を上昇するのが速いのはよいことだ。そして、そのスピードがとりわけ速い人たちがいるのも事実だ。

では、生まれつき才能のある人を努力家より優遇してはいけないのだろうか? オーディション番組の「アメリカズ・ゴット・タレント」や「Xファクター」、天才児コンテストの「チャイルド・ジーニアス」などのテレビ番組には、どんな悪影響があるのだろうか？

7、8歳の子どもたちを、ほんのひとにぎりの「天賦の才に恵まれた優秀な子ども」と「その他大勢」に分けるべきではない、というのはなぜだろうか？ コンテスト番組を「タレントショー」と呼ぶことに、実際どんな弊害があるのだろうか？

私の意見では、「才能」に対するえこひいきが弊害をもたらす可能性がある最大の理由は単純で、「才能」だけにスポットライトを当てることで、ほかのすべてが影に覆われてしまう危険性があるからだ。「やり抜く力」を含め、実際には重要なほかの要素がすべて、どうでもいいように思えてしまう。

「やってみなければわからない」という考え方

ではここで、私と同じペンシルベニア大学の心理学者、スコット・バリー・カウフマンの例を紹介しよう。スコットのオフィスは私の隣の隣で、いっけん、ほかの心理学者たちとくらべてとくに変わったところはない。朝起きてから夜寝るまで、本や資料を読んだり、考えたり、データ収集や、分析や、執筆に追われる生活だ。スコットはよく研究論文を科学雑誌で発表している。多音節語を山ほど知っているのが、ちょっとした自慢らしい。カーネギーメロン大学、ケンブリッジ大学、イェール大学で学位を取得した。趣味はチェロの演奏だ。

ところが子どものころ、スコットは学習遅滞児だと思われていた。そして実際、そのとおりだったのだ。

「子どものとき、しょっちゅう耳の感染症にかかっていたんだ。そのせいで、音を聞いた瞬間に情報を処理するのが難しかった。だからいつもクラスのほかの子たちより、一歩も二歩も遅れを取っていたよ」

勉強の進み具合が著しく遅かったため、やがて特別支援学級に入れられた。小学3年生のときに留年し、1年間遅れを取った。ちょうどそのころ、スコットは学校の心理学者と面談して、知能テストを受けさせられた。本人がいま思い出すだけでも「つらい」と言っているとおり、スコットは不安と緊張でガチガチになり、テストは惨憺《さんたん》たる結果だった。その結果、学習障害のある児童のための特別支援学校に転校することになった。

ところが14歳のとき、生徒たちのことを注意深く見守っていた支援学級の教師が、スコットをわきに呼んでたずねた。

「君はもっとよくできるはずなのに、どうしてこのクラスにいるの？」

え、どういうこと？　それまでスコットはずっと、自分は知能が低いと思い込んでいた。そのせいで、おそらく将来もたいした仕事はできないだろうと思っていた。

しかし、自分の可能性を見出してくれたひとりの教師との出会いが、決定的なターニングポイントとなった。「君にはせいぜいこの程度しかできない」と決めつけられてきたが、「何だってやってみなければわからない」という考え方に出会ったのだ。

その瞬間、生まれて初めてスコットの頭にこんな疑問が浮かんだ。

「ぼくはいったい何者なの？　なんの将来もない学習障害の子どもじゃないの？　それともひょっとして、ぼくにも可能性があるの？」

それを確かめるために、スコットは学校でありとあらゆることに挑戦を始めた。

ラテン語の授業や、学芸会のミュージカルや、聖歌隊など、どれも器用にこなしたとは言いがたいが、すべてのことから学んだ。スコットが学んだこと、それは「ぼくだって、捨てたもんじゃない」ということだ。

「知能テスト」はまったく信頼できない

いろんなことに挑戦していくうちに、自分でも筋がいいとわかったのが、チェロだった。

スコットの祖父はチェリストで、フィラデルフィア交響楽団で50年近く演奏しているベテランだった。

「そうだ、おじいちゃんに教えてもらおう」と思いついたスコットは、さっそく実行に移した。チェロを習い始めたその夏、スコットは毎日8時間も9時間も猛練習を行った。「なにが何でも絶対にうまくなってみせる」と固く決心していたのは、チェロを弾くのが楽しかったからだけではなかった。

「僕だってやれば何だってできるってことを、誰かに、いやみんなに証明したかったんだ。

だからあのころは、何でも手当たりしだいに挑戦した」

　チェロの腕をめきめきと上げたスコットは、秋には高校のオーケストラ部に入部することができた。ここで話が終わってしまったら「やり抜く力」のストーリーとは言えないが、この話にはまだ続きがある。スコットはさらに猛練習を続けたのだ。昼休みは食事もとらずに練習し、ときには授業もさぼって練習した。

　そんな猛練習の甲斐《かい》あって、高3になると第2チェロに選ばれた——オーケストラ部で2番目に上手なチェリストになったのだ。さらに聖歌隊も続けながら、スコットは音楽関連の賞を総なめにしていった。

　勉強においても芽が出始め、多くの科目で「上級クラス」の授業を受けるようになった。スコットの友人たちはほとんどがその上の「特別進学クラス」にいたので、やがて自分も同じクラスに入りたいと思うようになった。みんなと一緒にプラトンについて語り、難しいクイズに挑戦したかった。もっともっといろいろなことを学びたかった。

　しかし、子どものころの知能指数を考えれば、どう考えても無理な話だった。スコットはいまでも覚えているが、高校の心理学者は紙ナプキンの裏にベル型曲線を描いて、頂点の部分を指して言った。「ここが平均」。そしてカーブの右下の部分を指して言った。「特別進学クラスに入るには、ここにいないといけない」。それから、カーブの左下の部分を指して言った。「しかし、君がいるのはここだ」

「じゃあ」スコットは食い下がった。「どれくらい結果を出せば、能力の低さを挽回できますか？」

心理学者はなにも答えずに首を振り、人差し指でドアを示した。

その年の秋、スコットは決心した。よし、僕はこの「知能」というものを研究しよう。そして自分で進路を決め、カーネギーメロン大学の認知科学プログラムに願書を提出した。

結果は、不合格だった。不合格通知には、当然ながら具体的な理由は書かれていなかったが、素晴らしい成績と課外活動の実績を考えれば、不合格になった理由はSATのスコアが低いこと以外には考えられなかった。

「でも、僕にはやり抜く力があった」当時のことを振り返って、スコットは語った。「自分に向かって言ったんだ。おれは絶対にあきらめないぞ。こんなことで負けるものか。どうにかして心理学を勉強する方法を見つけるんだ」

そしてスコットは、カーネギーメロン大学芸術学校音楽学部の入学試験を受けた。なぜなら音楽学部の入学審査では、SATのスコアで振り落とされたりはせず、音楽適性と表現力が重視されるからだ。

こうしてカーネギーメロン大学に入学したスコットは、1年生のとき、選択科目として心理学を履修した。その後まもなく、副専攻として心理学を選んだ。そしてついに、音楽学部から心理学部に転部した。そして卒業時には、栄誉ある「ファイ・ベータ・カッパ」（全米優等学生友愛会）の会員に選ばれた。

スコットと同じように、私も小学校の低学年で受けた知能テストの結果、優等生向けの「特別進学クラス」には入れなかった。その後、どういう理由かわからないが（もういちどテストを受けさせてはどうか、と言ってくれた先生がいたのかもしれない）、翌年、もういちど挑戦した結果、こんどは合格したのだった。どうにかぎりぎりの才能はあったと言えるかもしれない。

このような体験談から得られる教訓は、才能じたいは素晴らしいものだとしても、才能を測定するテストはどれもうさん臭いということ。才能だけでなく「やり抜く力」を含めて、心理学研究の対象となるものは、いずれもテストで測定しようとしたところで、はなはだ不完全な結果しか得られない。そのことについては、しっかりとした議論がなされるべきだ。

しかしもうひとつの教訓は、「才能」に目を奪われてしまうと、同じかそれ以上に重要なもの、すなわち「努力」に目が行かなくなるということだ。つぎの章では、「才能」が重要ならば、「努力」はその2倍も重要であることを説明する。

第3章

努力と才能の「達成の方程式」

――一流の人がしている当たり前のこと

「才能」という言葉を見聞きしない日はない。新聞を読めば、スポーツからビジネスまでどの欄でも「才能」という言葉を見かける。政界期待の新星を採り上げた一面記事にしても、日曜版に載っている俳優や音楽家のプロフィールにしても、「才能」についての言及は数え切れないほどだ。

誰かが新聞に載るほどの偉業を成し遂げると、世間はたちまちその人を「並外れた才能の持ち主」としてあがめてしまう。

しかし才能を過大評価すると、ほかのすべてを過小評価してしまうことになる。極端な場合には、才能と達成の関係は次ページの図のようになっていると思いかねない。

たとえば、先日ラジオを聴いていたら、あるコメンテーターがヒラリー・クリントンとビ

「才能」が「達成」に直結していると考えてしまう

ル・クリントンを比較してこう言っていた。

ふたりともコミュニケーション能力が抜群に高い。しかし、夫のビルが生まれながらの政治家であるのに対し、妻のヒラリーは無理やり政治家になったようなところがある。ビルには天賦《てんぷ》の才があるが、ヒラリーは努力家だ。

遠回しな表現だが、要は「ヒラリー（努力家）はけっしてビル（天才）にはかなわない」と言っているのだ。

私自身も、気がつけば同じようなことをしている。あっと驚くようなすごい人を見るとつい「天才だ！」と思ってしまうのだ。

まったく情けない——その裏にどれほどの努力があるか、わかっているはずなのに。

私たちの頭のなかは、いったいどうなっているのだろうか？「才能」に対する無意識の先入観は、どうしてこうも根深いのだろう？

一流の人は「当たり前のこと」ばかりしている

数年前、私は競泳の選手を対象とした研究論文を読んだ。題して「一流の人たちが行っている当たり前のこと」。その題名にこそ、この研究の重要な結論が凝縮されている。すなわち、人間のどんなにとてつもない偉業も、実際は小さなことをたくさん積み重ねた結果であり、その一つひとつは、ある意味、「当たり前のこと」ばかりだということ。

この研究を行ったハミルトン・カレッジの社会学者、ダニエル・F・チャンブリスは、論文でこう述べている。

「最高のパフォーマンスは、無数の小さなスキルや行動を積み重ねた結果として生み出される。それは本人が意識的に習得する数々のスキルや、試行錯誤するなかで見出した方法などが、周到な訓練によって叩き込まれ、習慣となり、やがて一体化したものなのだ。やっていることの一つひとつには、特別なことや超人的なところはなにもないが、それらを継続的に正しく積み重ねていくことで生じる相乗効果によって、卓越したレベルに到達できる」

しかし、人は「当たり前のこと」では納得しない。論文を書き上げたチャンブリスが、いくつかの章を同僚に読んでもらったところ、こんな感想が返ってきた。

「なんか地味だよね。もうちょっと面白味がないと……」

その論文について詳しく訊きたいことがあり、私はチャンブリスに電話で連絡を取った。

すると、いくつかのことがわかった。そもそもチャンブリス自身が、以前は水泳の選手だった経験があり、そのあと数年間はコーチのアルバイトもしていたこと。そのなかで「才能」とはなにか、また、「才能」について人びとがどのような観念を抱いているかに、強い興味を持つようになったこと。

当時、若手の准教授だったチャンブリスは、競泳の選手たちを対象に、徹底的な定性的研究を行うことにした。6年間にわたってインタビュー調査と観察を行い、ときには選手やコーチらに同行し、合宿や遠征に参加した。そして、地元の水泳教室からオリンピック選手育成のエリートチームまで、さまざまなレベルの選手たちを調査した。チャンブリスはこう述べている。

「私たちは優秀なアスリートを見ると、すぐに才能があると決めつけてしまう。それこそが一流のアスリートの証しだとでもいうように」

そして、一流のアスリートには「生まれつき特別な才能が、まるで体の一部のように備わっているのに対し、ほとんどの人間はそれを享受できず、肉体的にも、遺伝的にも、心理的にも、生理学的にも、決定的なちがいがあると思っている。才能はある人にはあるが、ない人にはない。生まれながらのアスリートもいれば、そうでない者もいる。私たちはそう信じている」

まさにそのとおりだと思う。アスリートであれ、音楽家であれ、わけのわからないほど素晴らしいパフォーマンスを目にすると、私たちはお手上げだと言わんばかりに、「あれは天性の才能だよ！　教わってできるようなことじゃない」などと言ってしまう。言い換えれば、常人の域をはるかに超えたパフォーマンスに圧倒され、それがすさまじい訓練と経験の積み重ねの成果であることが想像できないと、なにも考えずにただ「生まれつき才能がある人」と決めつけてしまうのだ。

圧倒されると「才能がすごい」と思ってしまう

チャンブリスは、一流の競泳選手たちの生い立ちや略歴を調べると、最終的な成功をもたらした数多くの要素が見えてくると指摘する。たとえば、偉業を達成した選手たちは、ほぼ例外なく、親が水泳に対して強い興味を持っており、子どもにコーチをつけ、水泳大会に参加させる経済的な余裕があった。それに、プールの近くに住んでいるのも重要な条件だ。

そしてもっとも重要なのは、何千時間もの厳しい練習を何年間も積み重ねてきたことだ。そうやって個々のスキルを徹底的に磨き上げてきたことが、完璧なパフォーマンスとなって実を結んだのだ。やはり、輝かしいパフォーマンスはすべて「才能」のおかげだと思うのはまちがっているようだが、ある意味、しかたのない部分もある。

「トップアスリートを見る機会が、4年に1度のオリンピックのテレビ中継くらいしかない人たちは、そう思っても無理はないでしょうね。毎日の練習を見る機会もなく、晴れ舞台しか見ていないのだから」

もうひとつ、チャンブリスが指摘しているのは、水泳で成功するには、多くの人が思っているほど、大きな才能は必要ではないということだ。

「でもまさか、誰でもマイケル・フェルプスになれるという意味じゃないですよね？」私は訊いた。

「もちろん、ちがいますよ」チャンブリスは答えた。「そもそも身体構造上の優位性は、トレーニングでは補えない部分もありますからね」

私は質問を続けた。

「それに同じコーチについて、同じくらい練習に励んでいても、選手たちの成長には差が出るのではありませんか？」

「たしかに。だが肝心なのは、偉業は達成可能ということです。偉業というのは、小さなことを一つずつ達成して、それを無数に積み重ねた成果だから。一つひとつのことは、やればできることなんです」

チャンブリスが言っているのは、選手が一流になるまでの過程を、毎時間、毎日、毎週、毎年、途切れなく撮影した映像を見ることができたら、卓越したパフォーマンスは日々の積み重ねの結果だと、あなたもきっと納得するだろうということだ。

「でもそれにしても、小さなことの積み重ねだけで説明がつくものでしょうか？　本当にそれだけなんでしょうか？」私は思わず訊いた。

「まあ、人は誰でも、神秘的なものや驚異的なものに魅力を感じますからね。私だってそうです」

そして以前、ローディ・ゲインズとマーク・スピッツが、プールで競い合うのを目撃したときのことを話してくれた。

「スピッツは1972年のミュンヘンオリンピックで、競泳の7種目で金メダルを獲得した選手です。北京オリンピックでマイケル・フェルプスに記録を抜かれるまでは、金メダルの生涯獲得数で世界最多タイ記録の保持者でした。

そのスピッツが引退後12年たって、ひょっこり顔を出したんです。彼は30代半ばになっていました。それで、当時100メートル自由形の世界記録保持者のローディ・ゲインズと、ちょっと手合わせしようということになったんです。ふたりは50メートルを何本かやりました。ゲインズがほとんど勝ちましたが、半ばを過ぎたあたりから、チームの全員がプールサイドに集まって、スピッツの泳ぎに注目しました。

チームメイトはみんな、ずっとゲインズと一緒に練習していたから、ゲインズがどれだけ優秀な選手かはよくわかっていました。金メダル最有力候補と見なされていましたし。でも、世代のちがうスピッツとは、誰も一緒に泳いだことがなかったんです」

選手のひとりがチャンブリスのほうを向き、スピッツを指差して言った。

「すごすぎる。彼は魚だ！」

チャンブリスの話を聞いただけでも、その選手の驚きがまざまざと伝わってきた。日ごろから地道な厳しい練習を積み重ねている選手でさえ圧倒され、「天賦の才」のなせる業《わざ》と思ってしまうとは。やはり驚異的なパフォーマンスというのは、天性のものなのだろうか？

すると、チャンブリスが言った。「ニーチェを読むといいですよ」

ニーチェ？　あの哲学者の？　19世紀ドイツの哲学者が、マーク・スピッツの偉業の秘密を解き明かしてくれるというのだろうか。さっそく調べてみると、ニーチェもこの問題について、突き詰めて考え抜いていたことがわかった。

自分が「ラク」だから人を神格化する

「あまりに完璧なものを見たとき、我々は『どうしたらあんなふうになれるのか』とは考えない」。その代わりに「魔法によって目の前で奇跡が起こったかのごとく熱狂してしまう」。

ニーチェのこの言葉を読んだとき、私の頭に浮かんだのは、スピッツの超人的な泳ぎを見て興奮にかられた若手選手たちのことだった。ニーチェはこうも言っている。

「芸術家の素晴らしい作品を見ても、それがどれほどの努力と鍛錬に裏打ちされているかを見抜ける人はいない。そのほうがむしろ好都合と言っていい。気の遠くなるような努力のたまものだと知ったら、感動が薄れるかもしれないから」

つまり、私たちはこう思いたいのだ。「マーク・スピッツは、生まれながらの水泳の天才なんだ。あんな才能は誰にもないし、あんな技術は誰にもまねできない」

スピッツがアマチュアからトップに上りつめるまでの道のりを、プールサイドでじっくりと見守りたい、などと思う人はいない。私たちは完璧な王者に憧れる。当たり前のものよりも、驚異的なものが好きなのだ。

でもなぜだろう？　私たちはいったいなぜ、スピッツの超人技は努力のたまものではないと思いたがるのだろうか？　ニーチェはこう言っている。

「我々の虚栄心や利己心によって、天才崇拝にはますます拍車がかかる。天才というのは神がかった存在だと思えば、それにくらべて引け目を感じる必要がないからだ。『あの人は超人的だ』というのは、『張り合ってもしかたない』という意味なのだ」

言い換えれば、「天賦の才を持つ人」を神格化してしまったほうがラクなのだ。そうすれば、やすやすと現状に甘んじていられる。私自身、教師生活の初めのころを振り返ってみると、まさにそうだった。「才能」のある生徒しかよい成績は取れないと思い込み、そのように指導したせいで、生徒たちも、私も、「努力」の大切さを深く考えることがなかった。

では実際、偉業はどのように達成されるのだろうか？　ニーチェが到達した結論もチャンブリスと同じだった。偉業を達成する人びとは、「一つのことをひたすら考え続け、ありとあらゆるものを活用し、自分の内面に観察の目を向けるだけでなく、ほかの人びとの精神生活も熱心に観察し、いたるところに見習うべき人物を見つけては奮起し、あくなき探究心をもってありとあらゆる手段を利用する」。

では、才能についてはどうか？　ニーチェは偉業を達成した人びとのことを、なによりも「職人」と考えるべきだと訴えている。

「天分だの、天賦の才だのと言って片付けないでほしい！　才能に恵まれていない人びとも、偉大な達人になるのだから。達人たちは努力によって偉業を成し遂げ、（世間の言う）〝天才〟になったのだ。……彼らはみな、腕の立つ熟練工のごとき真剣さで、まずは一つひとつの部品を正確に組み立てる技術を身につける。そのうえでようやく思い切って、最後には壮大なものを創りあげる。それ以前の段階にじっくりと時間をかけるのは、輝かしい完成の瞬間よりも、むしろ細部をおろそかにせず丁寧な仕事をすることに喜びを覚えるからだ」

「才能」「努力」「スキル」「達成」はどう結びつくのか？

大学院2年目のある日、私は指導教員のマーティン・セリグマン教授と週1回のミーティングに臨んでいた。じつは、かなり緊張していた。セリグマン教授の前に出ると誰でも畏《かしこ》まってしまうが、学生たちはとくにそうだった。

当時60代だったセリグマン教授は、心理学の世界的権威として数多くの栄誉に輝いていた。初期の研究の成果により、やがてうつ病の原因解明に画期的な進歩をもたらした。近年ではアメリカ心理学会（ＡＰＡ）の会長として、科学的方法を個人や社会の繁栄に役立てるための研究分野を「ポジティブ心理学」と命名したことでも知られる。

セリグマン教授はがっしりとして胸板が厚く、声がよく響く。幸福と健康を研究しているが、あまり朗らかな感じはしない。

私が話をしていた最中に（たぶん前週の研究内容についての報告か、調査研究のつぎの段階についての話だったと思う）、突然、セリグマン教授が私の話をさえぎった。

「もう2年もたつのに、君はまともなアイデアひとつ出していないじゃないか」

私は口をぽかんと開けて教授の顔を見つめ、言われたことを理解しようとした。目をしばたたいて考えた。2年？　だけど、大学院に入ってまだ2年もたってないのに！

沈黙が流れた。セリグマン教授は腕組みをして顔をしかめ、やがて言った。

「君は分析ならお手のものだ。教師だったら全校生徒の親を説得して、同意書を取り付けるだろう。洞察力に富んだ所見も何度かは聞いたことがある。だが、君には理論がない。達成の心理学について、理論を打ち立てていないじゃないか」

沈黙。

「理論って何ですか？」

私はやっとの思いで訊いた。教授がなにを言っているのか、さっぱりわからなかった。

沈黙。

「読んでばかりいないで、ちゃんと考えるんだな」

私は教授のオフィスを出て、自分の研究室に戻り、声を上げて泣いた。家に帰って夫にわけを話すと、また激しく泣きじゃくった。私は小声で教授をののしった（いや、思わず大声も出た）。何て意地悪なの。どうしてダメなところばかり指摘するの？　どうしていいところをほめてくれないんだろう？

君には理論がない……。その言葉が頭から離れず、何日も悶々《もんもん》と過ごした。そしてようやく、私は涙をぬぐい、悪態をつくのをやめ、パソコンのまえに座った。ワープロを立ち上げて、カーソルが点滅するのをじっと見つめているうちに、はっと気づいた。

そうか。私がやってきたことは、「才能だけでは成功できない」という基礎観察の域を出ていなかったのだ。「才能」と「努力」と「スキル」と「達成」が、具体的にどのように結びつけば成功できるのか、それを解明していなかったのだ。

努力は「二重」に影響する

理論とは説明だ。理論を打ち立てるには、膨大な量の事実と観察結果が必要であり、なにがどうなっているかを、もっとも平易な言葉で説明しなければならない。だから理論というのは必然的に、複雑なものごとを極度に簡略化・単純化したものだ。だがそうすることで、見えてくるものがある。

「才能」だけでは「達成」の仕組みを説明できないとすれば、なにが欠けているのだろう。

セリグマン教授に「君には理論がない」と叱責されて以来、私は「達成の心理学」の理論について考え続けた。研究ノートに書きためた略図は10冊分以上にもおよんだ。自分で研究を重ね、ときには親しい同僚たちとの共同研究も行いながら、この問題について10年以上も考え続けた結果、私はついに論文を発表した。そこには「才能」から「達成」に至るまでの

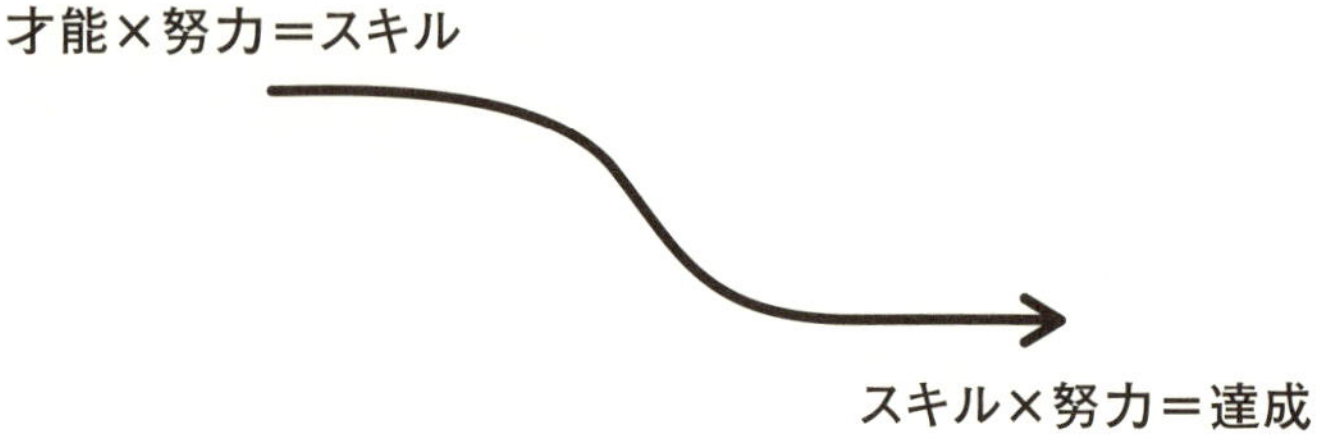

「達成」を得るには「努力」が2回影響する

過程を説明する、ふたつの単純な方程式（上の図）が示されている。「才能」とは、努力によってスキルが上達する速さのこと。いっぽう「達成」は、習得したスキルを活用することによって表れる成果のことだ。

もちろん、優れたコーチや教師との出会いなどの「機会」に恵まれることも非常に重要だ。むしろ個人的などの要素よりも、そちらのほうが重要かもしれない。

しかし私の理論では、そのような外的要因や「幸運」は考慮しない。私の理論はあくまでも「達成の心理学」に関する理論であり、成功要因は心理学的なものだけではない以上、不完全なものだ。

だが、それでも役に立つと考えている。この理論が示しているのは、複数の人びとが同じ状況に置かれた場合、各人がどれだけのことを達成できるかは、「才能」と「努力」のふたつにかかっているということだ。

「才能」すなわち「スキルが上達する速さ」は、まちがいなく重要だ。しかし両方の式を見ればわかるとおり、「努力」はひとつではなくふたつ入っている。

「スキル」は「努力」によって培われる。それと同時に、「スキル」は「努力」によって生産的になるのだ。例を紹介しよう。

「偉大な達成」を導く方程式

ミネソタ州にウォーレン・マッケンジーという著名な陶芸家がいる。御年92歳のマッケンジーは成人して以来、その生涯を陶芸に捧げてきた。マッケンジーは語る。

「腕のいい陶芸家なら、1日に40個から50個の壺をつくれる。そのなかには出来のよいのもあれば、まあまあなのもあるし、ダメなのもある」

売り物になるのは、ほんの数個。そのなかでも「毎日使い続けても、魅力が色あせない」作品は、ごくわずかだという。もちろん、マッケンジーが芸術の世界にその名を馳せた理由は、素晴らしい壺を数多く制作しているからだけではない。作品の美しさも大きな理由だ。

「私は自分にできる限り、最高に心が躍るものをつくろう、人びとの家によく似合うものをつくろうと、努力しているんです」

単純に言えば、「いつまでも美しくきわめて使いやすい壺を、どれだけ制作できるか」ということが、マッケンジーの芸術家としての功績を物語るのかもしれない。いくら名匠と言われようと、その生涯にひとつかふたつの作品を遺すだけでは彼は満足しないにちがいない。

「この窯元《かまもと》を開いたころにつくった壺をいくつも覚えているけど、いま思えばほんとに下手だった。当時の作品には、いまの私が作品に求めている味わいがない」とマッケンジーは言う。「最初の1万個は難しいんだよ。それを超えると、少しわかってくる」

仕事がわかってきて、どんどん腕を上げるにつれ、マッケンジーが一日につくる出来のよい壺の数も増えていった。

〈才能×努力＝スキル〉

それと同時に、出来のよい壺の出荷数も増えていった。

〈スキル×努力＝達成〉

マッケンジーはひたすら努力を重ね、めきめきと腕を上げ、目指すとおり「自分にできる限り、最高に心が躍るもの」「人びとの家によく似合うもの」を創っていった。同時に、同じ努力によって、より偉大な名匠になっていった。

また、「現代アメリカ文学における偉大な語り手《ストーリーテラー》」と称されている作家、ジョン・アーヴィングはこう語る。「ほとんどの作品は、最初から最後まで書き直した。自分の才能のなさを骨身にしみて感じた」

アーヴィングは重度の読字障害《ディスレクシア》で、高校のときSATの言語分野のスコアは800満点中475点だった。彼は息子が読字障害と診断されて初めて、自分も子どものころに勉強ができなかった理由がわかった。同級生たちにくらべて息子は明らかに読むのが遅かった。

「文字を指でたどりながら読むんだ。僕もそうだったし、じつはいまでもそうなんだ。自分で書いた文章でない限り、僕も読むのが遅いんだよ」

昔から読み書きが苦手だったアーヴィングが、身をもって学んだことがある。

「なにかを本当にうまくなりたいと思ったら、自分の能力以上に背伸びをする必要がある。僕の場合は、人の倍の注意力が必要だとわかった。でも、そのうちわかってきたんだ。同じことを何度も繰り返すうちに、以前はできそうになかったことが、当たり前のようにできるようになる。だがそれは、一朝一夕にはいかない」

ふつうの人よりも読み書きの能力が劣っていることも、アーヴィングは「むしろ強みになった」と言っている。

「小説を書く場合、執筆のペースが遅くても、べつに誰にも迷惑はかからないからね。いくらしつこく書き直したってかまわない」

日々の努力の積み重ねによって、アーヴィングは文学の大家となった。努力と熟練の技によって彼が生み出した物語は、何百万もの人びとを感動させた。私もそのひとりだ。

「何分間走れるか」で、その後の人生が予測できる

1940年、ハーバード大学の研究者たちは、「健康な若年男性の特徴」を探り、「人びとがより幸福になり、人生で成功を収める秘訣を探るための研究」を行った。130名の大学

2年生に対し、トレッドミル〔ランニングマシン〕で5分間走るように指示をした。トレッドミルはかなりの急傾斜と速度に設定されていたため、学生たちが持ちこたえた平均時間は4分で、なかには1分半しか持たなかった学生もいた。

この「トレッドミル実験」では、参加者に対して意図的に極度の疲労を与えた――肉体面だけでなく、精神面でもだ。トレッドミル実験のねらいは、体格や基礎体力のちがいを考慮したうえで、参加者の「スタミナと意志力の強さ」を測定することにあった。というのも、ハーバードの研究者たちは、ハードなランニングに耐えられるかどうかは、有酸素容量や筋肉の強さだけでなく、「なにが何でもがんばろうとするか、苦痛に耐え切れなくなるまえにやめてしまうか」にかかっていることを承知していたからだ。

その数十年後、精神科医のジョージ・ヴァイラントが、トレッドミル実験の追跡調査を引き継いだ。実験の参加者たちはすでに60代になっていたが、大学卒業後も2年ごとに追跡調査を受けていた。

ハーバード大学の研究室には各参加者のファイルが保管され、アンケート調査への回答や、通信の記録、詳細な面接メモなどがぎっしりと詰まっていた。そこには、各参加者の年収、昇進、疾病《しっぺい》休暇の取得日数、社会的活動、仕事や結婚生活に対する満足度、精神科医の受診、鎮静剤など精神安定剤の服用など、さまざまな情報が含まれている。それらの情報を勘案することによって、参加者たちの成人後の心理学的適応〔一般的な社会生活を問題なく送れること〕に関する総合評価が行われた。

その結果、参加者たちが20歳のときにトレッドミル実験で走った分数を見れば、その後の人生における心理学的な適応状態を、驚くほど正確に予想できることがわかった。

またヴァイラントの研究チームは、走った分数の長さは、参加者の体力を示す要素でもあると考えていた。したがって、「若いころの体力を見れば、後年の心理学的適応を予想できる」ことが、この実験結果によって明らかになるはずだと考えていた。

ところが、体格や基礎体力のちがいは「走った分数にも、成人後の心理学的適応にも、ほとんど影響をおよぼさなかった」ことがわかったのだ。

簡単に言えば、人生の長いマラソンでどこまでがんばれるかは、体格や基礎体力のちがいによるものではなく、圧倒的に「努力」にかかっているということだ。

「今日、必死にやる」より「明日、またトライする」

多作な作家であり映画監督でもあるウディ・アレンは、若いアーティストたちへのアドバスを求められてこう言っている。

「私が見たところ、脚本や小説をひとつきっちりと書き上げた人は、着実に興行や出版にこぎつけるが、ほとんどの人は『書きたいんです！』なんて言ってくるわりには、すぐに挫折してしまって、結局、ひとつもまともに書き上げない」

さらに、アレンには痛快な名言もある。

「人生で成功する秘訣の80％は、めげずに顔を出すこと」

1980年代、ジョージ・H・W・ブッシュと当時のニューヨーク州知事マリオ・クオモがスピーチでたびたび引用したことから、すっかり有名になった言葉だ。このふたりは共和党と民主党のリーダーとして、無数の点で反目し合っていたが、いったん始めたことは最後までやり遂げることの大切さについては、意見が完全に一致していたようだ。

先日、私はジョージ・ヴァイラントに会って話した。

「もし私が1940年代にハーバード大学の研究チームに所属していたら、つぎのように提案したでしょう」

トレッドミル実験の参加者は、本人が希望する場合は、翌日にもう一度挑戦してもよいことにするのだ。最初の結果に満足する人もいるかもしれないが、「もう少しがんばれるのではないか」と二度目に挑戦する人もいるはずだ。

なかには、「少しでも持久力を高めるために、肉体面や精神面でなにかコツはありませんか？」と研究者たちにアドバイスを求める人もいるかもしれない。そういう人たちは、おそらく三度、四度と挑戦したくなるはずだ……。私なら、参加者が少しでもタイムを伸ばすために何度挑戦したかによって、「やり抜く力」の強さを測るグリット・スコアを作成したい。

トレッドミル実験で長く走る人は、つらいときでも「やるべきことをやろう」とがんばる人だと言えるだろう。しかし、翌日もう一度トレッドミルに乗り、「今度こそもっとがんばろう」と挑戦する人のほうが、「やり抜く力」があると言えるのではないか、と私は思う。

なぜなら、もう一度挑戦しなければ——目標をあきらめてしまったら——せっかくの努力も水の泡になってしまうからだ。結果的にスキルの上達もそこで終わり、持っているスキルを生かして、なにかを生み出すこともできなくなってしまう。

それにしても、トレッドミルはじつに適切な比喩だ。ある調査では、家庭用のエクササイズ器具を購入した人のおよそ40％は、「思っていたほど使わなかった」と回答するという調査結果が出ている。

肝心なときにどれだけがんばれるかは、もちろん重要なことだが、進歩の妨げとなるのは途中でやめてしまうことだ。コーチやアスリートたちも言っているとおり、長い目で見れば、「継続は力なり」の一語に尽きる。

私たちは、新しいことを始めても長続きしないことが多い。しかし「やり抜く力」のある人にとっては、一日にどれだけ努力するかより、くる日もくる日も、目が覚めたとたんに「きょうもがんばろう」と気合いを入れ、トレッドミルに乗り続けることが重要なのだ。

「2倍の才能」があっても「1／2の努力」では負ける

私の計算がほぼ正しければ、才能が人の2倍あっても人の半分しか努力しない人は、たとえスキルの面では互角であろうと、長期間の成果を比較した場合には、努力家タイプの人に圧倒的な差をつけられてしまうだろう。

なぜなら努力家は、スキルをどんどん磨くだけでなく、そのスキルを生かして精力的に壺をつくったり、本を書いたり、映画を監督したり、コンサートを開いたりするからだ。重要なのはスキルそのものではなく、壺や本や映画やコンサートの「質」や「量」だとすれば、努力家のほうが、努力しない天才よりも大きな成果を上げることになる。

「才能とスキルは別物だとはっきり認識する必要がある」と、俳優のウィル・スミスは言っている。

「だけど、一流になりたい、自分には夢がある、成し遂げたいことがあるんだ、なんて言っている人たちに限って、そのことをちゃんと理解していない。たしかに、才能は生まれつきのものだ。だがスキルは、ひたすら何百時間も何千時間もかけて身につけるしかない」

さらに、私は「スキル」と「成果」のちがいも付け加えたい。

努力をしなければ、たとえ才能があっても宝の持ち腐れ。

努力をしなければ、もっと上達するはずのスキルもそこで頭打ち。

努力によって初めて才能はスキルになり、努力によってスキルが生かされ、さまざまなものを生み出すことができる。

第4章

あなたには「やり抜く力」がどれだけあるか?

——「情熱」と「粘り強さ」がわかるテスト

先日、私はウォートン・スクールで、学部生を対象に「やり抜く力」について講演を行った。終了後、まだ演台の上の資料も片付け終わらないうちに、意欲的な男子学生が駆け寄ってきて、自己紹介を始めた。

とても魅力的な学生だった。情熱とエネルギーにあふれたようすを見ると、若い学生たちに教えるやりがいを実感する。学生は息を弾ませて、「やり抜く力」の強さを物語るような体験談を語ってくれた。その年の初めに、彼は大変な苦労を乗り越えて、連日の徹夜も辞さずにがんばった結果、数千ドルの資金を調達して起業したのだった。

「すごいわね」と私は言った。そしてすかさず付け加えた。「ただ、やり抜く力っていうのは、瞬発力じゃなくて持久力のことなのよ。だから1年後や2年後も、いまと同じくらい精力的にそのプロジェクトに取り組んでいたら、ぜひ私にメールを送って。そうしたら、あなたにやり抜く力があるかどうか、もっとはっきりわかるから」

「ものすごくがんばる」のは「やり抜く力」とはちがう

学生は戸惑った顔で言った。

「たぶん、何年もずっと同じことはしてないかもしれないですね」

問題はそこだ。最初は有望に見えたベンチャー企業の多くは、失敗に終わる。楽観的なビジネスプランの多くも、ゴミ箱行きになる。

「まあ、いまの会社をずっと続けてはいないかもね。でも業界から足を洗ったとか、まったく畑ちがいのビジネスを始めたとしたら、さっきのあなたの話は、やり抜く力のある証拠と言えるかどうかは疑問ね」

「じゃあ、同じ会社をずっと続けるべきだと?」学生はたずねた。

「いいえ、そうとは限らない。でも、目標が次々に変わるようでは――まったく別の分野にあれこれ手を出しているようでは、だめでしょうね。やり抜く力の強い人は、そういうことはしないものよ」

「でも、いろんなことに手を出したとしても、それぞれものすごくがんばったとしたら?」

「ものすごくがんばるだけでは、やり抜く力があるとは言えないの。それだけでは不十分だから」

　学生は一瞬、黙り込んだ。

「どうしてですか？」

「そうね、ひとつには、一流になるための近道はないから。専門知識をしっかりと身につけるのも、難しい問題の解決法を見つけるのも、ほとんどの人が思っている以上に、ものすごく時間がかかることなの。そして優れたスキルを身につけたら、それを生かして人びとの役に立つ製品やサービスを生み出さなければならない。ローマは一日にして成らず、よ」

　学生が黙って耳を傾けていたので、私は話を続けた。

「そして、これがいちばん重要なこと。やり抜く力は、自分にとってかけがえのないことに取り組んでこそ発揮されるの。だからこそ、ひたむきにがんばれるのよ」

「自分が本当に好きなことに打ち込む、ってことですね。わかりました」

「そう、自分が本当に好きなことに打ち込むの。でも、好きになるだけじゃだめなのよ。愛し続けないとね」

あなたの「やり抜く力」はどれくらいか？

　あなたには「やり抜く力」がどれだけあるだろうか？

　つぎにご紹介するのは、米国陸軍士官学校《ウエストポイント》での研究用に開発した「グリット・スケール」

で、本書に登場するほかのいくつかの研究でも使用したものだ。

左の表の1から10までの各文を読んで、右側の5つのボックスのうち、自分に当てはまると思った数字（1〜5）にマルをつけよう。あまり考え込まずに、同僚や友人や家族とくらべてどうか、または、たいていの人とくらべてどうか、と考えて回答してほしい。

グリット・スコアを計算するには、10項目で自分がマルをつけた点数を合計して、10で割る。最高スコアは5（やり抜く力がきわめて強い）で、最低スコアは1（やり抜く力がきわめて弱い）となる。

84ページの表を参照すれば、アメリカ人の成人の標本と比較して、自分がどのあたりに位置するのかがわかる。

ここで留意すべき点は、いま算出したグリット・スコアには、「現在のあなたが自分のことをどう思っているか」が反映されているということだ。また、もっと若いときと現在では、あなたの「やり抜く力」の強さは異なるかもしれない。同様に、何年かたってもう一度回答したら、ちがうスコアが出る場合もある。本書でも繰り返し示していくとおり、「やり抜く力」は変化するということは、信じるのに十分な根拠があるのだ。

「やり抜く力」は「情熱」と「粘り強さ」のふたつの要素でできている。このふたつのちがいを詳しく知りたければ、グリット・スケールを使って別々にスコアを出すことができる。「情熱」のスコアを出すには、10項目の質問のうち奇数の問題にだけ回答し、得点を合計して5で割ればよい。同様に、「粘り強さ」のスコアを出すには、偶数の問題にだけ回答し、

「やり抜く力」をはかるグリット・スケール

	まったく当てはまらない	あまり当てはまらない	いくらか当てはまる	かなり当てはまる	非常に当てはまる
1. 新しいアイデアやプロジェクトが出てくると、ついそちらに気を取られてしまう。	5	4	3	2	1
2. 私は挫折をしてもめげない。簡単にはあきらめない。	1	2	3	4	5
3. 目標を設定しても、すぐべつの目標に乗り換えることが多い。	5	4	3	2	1
4. 私は努力家だ。	1	2	3	4	5
5. 達成まで何カ月もかかることに、ずっと集中して取り組むことがなかなかできない。	5	4	3	2	1
6. いちど始めたことは、必ずやり遂げる。	1	2	3	4	5
7. 興味の対象が毎年のように変わる。	5	4	3	2	1
8. 私は勤勉だ。絶対にあきらめない。	1	2	3	4	5
9. アイデアやプロジェクトに夢中になっても、すぐに興味を失ってしまったことがある。	5	4	3	2	1
10. 重要な課題を克服するために、挫折を乗り越えた経験がある。	1	2	3	4	5

当てはまる箇所の数字にマルをつけていき、
合計して10で割った数値があなたのグリット・スコアとなる

アメリカ人の成人のグリット・スコア

パーセンタイル値	グリット・スコア
10%	2.5
20%	3.0
30%	3.3
40%	3.5
50%	3.8
60%	3.9
70%	4.1
80%	4.3
90%	4.5
95%	4.7
99%	4.9

たとえば、あなたのスコアが4.1ならば、標本であるアメリカ人の成人の70%よりも「やり抜く力」が強いことになる

得点を合計して5で割ればよい。

「情熱」のスコアが高い人は、「粘り強さ」のスコアも高いはずで、逆もしかりと言える。

だがおそらく、「粘り強さ」のスコアのほうが「情熱」のスコアをわずかに上回っているのではないだろうか。すべての人がそうとは限らないが、私がこれまで見てきた研究事例では、ほとんどの人がそうだった。

たとえば、私もこの章の執筆中にグリット・スケールに回答したところ、全体のスコアは4・6だった。「粘り強さ」のスコアは5・0なのに対し、「情熱」のスコアは4・2しかなかった。不思議な感じもするが、私にとっては

必死に努力したり、挫折から立ち直ったりすることよりも、長いあいだわき目もふらずに、同じ目標にずっと集中し続けるほうがはるかに大変なのだ。

このように「粘り強さ」のスコアのほうが「情熱」のスコアを上回るという、多くの人びとに共通するパターンは、「情熱」と「粘り強さ」は同じものではないことを示している。これから本章では、「情熱」と「粘り強さ」の相違点を明らかにするとともに、大きなひとつの中のふたつの部分としても理解していく。

「情熱」とは、ひとつのことに専念すること

あなたも実際にグリット・スケールに回答して、「情熱」に関する質問のなかで、目標に対してどれくらい「熱心に」取り組んでいるかをたずねる質問は、ひとつもなかったことに気づいただろうか？「情熱」という言葉は、激しい感情を表すのに使われることが多いので、不思議に思うかもしれない。多くの人は「情熱」を、「夢中」や「熱中」と同じような言葉だと思っている。

しかし、偉業を成し遂げた人たちに、「成功するために必要なものは何ですか？」とたずねると、「夢中でやること」や「熱中すること」と答える人はほとんどいない。多くの人が口にするのは「熱心さ」ではなく、「ひとつのことにじっくりと長いあいだ取り組む姿勢」なのだ。

たとえば、子どものころにテレビで料理研究家のジュリア・チャイルドの番組を観て以来、料理の魅力にずっととりつかれ、やがてシェフになった人がいる。初めてトレードを行った日から40年も50年もたってもなお、金融市場への飽くなき興味を持ち続けている投資家もいる。数学のひとつの問題を、寝てもさめても考え続け、何年たっても「こんな定理なんかもうどうだっていい！　ほかの問題に取り組もう」などとは夢にも思わない数学者もいる。

だからこそ、グリット・スケールの「情熱」に関する質問は、同じ目標にどれだけ継続的に取り組んでいるかを問うものばかりなのだ。

だがそもそも「情熱」という言葉は、「ひとつのことに倦《う》まずたゆまず専念すること」を表す言葉として、適切と言えるだろうか？　おそらく、もっと適切な言葉を探すべきだと思う人もいるだろう。たしかにそうかもしれない。しかし重要なのは、なにかに熱中するのは簡単でも、それを持続するのは難しいということだ。

「哲学」がなければ失敗する

アメリカン・フットボールのシアトル・シーホークスのコーチ、ピート・キャロルは、よくこんな質問をする。

「君には人生哲学がありますか？」

いきなりそんなことを訊かれても、意味がわからない人もいるだろう。思わず訊き返してしまうかもしれない。

「ええと、やりたいことならたくさんあります。いろいろ目標もあるし、計画もあるんですが、どういう意味ですか？」

いっぽうで、迷わずにはっきりと答える人もいる。「あなたが本当にやりたいことは何ですか？」と問われたのがわかるのだ。

ピートがどれくらいのレベルの目標についてたずねているのかを理解すれば、もう少し意味がはっきりするだろう。ピートがたずねているのは、「きょう、あるいは今年じゅうに、なにとなにをしたいか」といったことではない。「あなたは人生でなにをしたいのか」と訊いているのだ。「やり抜く力」の用語で言えば、あなたの「情熱」はなにか、ということ。

ピートの哲学はこうだ。

「つねにより良い方法を考えてものごとに取り組む」

ピートが人生でなにをしたいのかがわかるまでには、かなりの時間がかかった。重要な転機は、コーチとしてのキャリアのどん底で訪れた。ニューイングランド・ペイトリオッツのヘッドコーチをクビになったときだ。

長いキャリアのなかで、ピートが選手として、あるいはコーチとして、フィールドに立てなかったのは、後にも先にもこの年だけだ。そんな重大な岐路に立ったピートに、ある親しい友人が真剣に説いて聞かせた。つぎの仕事はどうするかなんて目先のことじゃなく、もっと重要なことを考えるべきじゃないのか?

「哲学を持たなければだめだ」

このとき、ピートははっきりと自覚した。そうか、おれには哲学がない。哲学を持たないといけない。

「もし、もう一度チームを率いるチャンスをものにすることができたら、そのときは、自分の行動のすべてを貫くような哲学を、しっかりと持っていなければと思ったんだ」

ピートはさまざまなことを振り返り、考え抜いた。

「それから何週間も何カ月も、一日じゅうメモを書いたり、資料を集めたりして過ごした」

同時にピートは、ジョン・ウッデンの著作を読みあさった。ウッデンはUCLA(カリフォルニア大学ロサンゼルス校)を率いて、全米選手権10回制覇の記録を打ち立てた伝説のバスケットボールコーチだ。

多くのコーチの例にもれず、ピートも以前からウッデンの本は読んでいた。だが、こんどは読み込み方がちがった。稀代の名将がなにを言わんとしているのか、以前よりも深く理解することができた。なかでも肝に銘じたのは、「チームが首尾よく成し遂げるべきことは山ほどあるが、その屋台骨となるビジョンを確立することこそ、もっとも重要である」という言葉だった。

そのとき、ピートははっきりと理解した。「この試合に勝つ」、「今シーズンの決勝戦で勝利する」、「攻撃のラインナップの構成を見直す」、「選手たちに効果的な声かけを行う」な

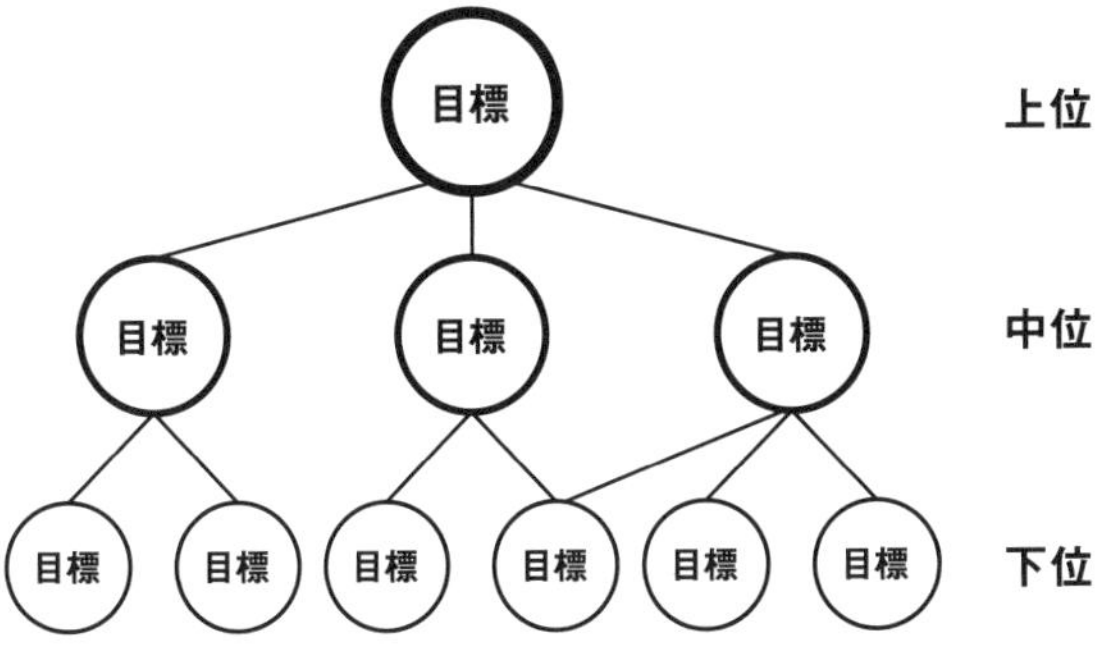

上に行くほど重要な目標になる

ど、具体的な個々の目標をひとつに束ねるもの、すべての目標を貫く目的が必要なのだ。ピートはこう語っている。

「明確に定義された哲学は、選手たちに指針や境界線を示して、みんなを正しい方向に導くことができる」

「究極的関心」が目標に方向を与える

ピートが言っていることをわかりやすくするために、目標をピラミッド形に描いてみよう（上の図）。

ピラミッドの一番下には、もっとも具体的な個別の目標が並んでいる。日々の「やることリスト」に書くような目先の目標だ。たとえば、「朝8時までに家を出る」「取引先に折り返しの電話をする」「きのう下書きしたメールを書き上げて送信する」など。

このような下位の目標は、どれも「目的を達成するための手段」だ。つまり、もっと重要な目標を達成するための手段にすぎない。

それに対し、ピラミッドの上に行くほど、もっと抽象的かつ全体的で重要な目標が並ぶ。上にある目標ほど、それじたいが目指すべき「目的」であり、たんなる「手段」ではなくなる。

この図のピラミッドには3階層しかないが、これはあくまでも簡略図であり、ふつうは下位と上位のあいだに中位の数階層が存在する。

たとえば、「朝8時までに家を出る」のは下位の目標で、「定時に出勤する」という中位の目標を達成するための手段にすぎない。

「なぜ定時に出勤するのか？」時間を厳守するため。

「なぜ時間を厳守するのか？」一緒に働く人たちに敬意を示すため。

「なぜそれが重要なのか？」よいリーダーになるため。

このように自分に対して「なぜ」を問いかけると、つねに「〜するため」という答えが見つかる。やがてピラミッドの頂点、すなわち最上位の目標にたどり着くだろう。最上位の目標は、ほかの目的の「手段」ではなく、それじたいが最終的な「目的」なのだ。

心理学では、これを「究極的関心」と言う。私はこの最上位目標を、その下に続くすべての目標に方向性と意義を与える「コンパス」だと考えている。

「やり抜く力がない」とはどのような状態か？

「やり抜く力」というのは、ひとつの重要な目標に向かって、長年の努力を続けることだ。

さらに、ピート・キャロル風に言えば「人生哲学」と呼ぶべきその目標ほど、興味深く重要なことはほかにないため、生活時間の大半の活動は、その目標達成に向けて行われる。「やり抜く力」が非常に強い人の場合、中位と下位の目標のほとんどは、何らかの形で最上位の目標と関連している。それとは逆に、各目標がバラバラで関連性が低い場合は、「やり抜く力」が弱いと言える。

では、「やり抜く力」の欠如はどのような形で表れるか、いくつかの例をご紹介しよう。

私はこれまで、将来の夢を持っているたくさんの若者に出会った。「医師になりたい」「NBAのバスケットボール選手になりたい」など、大きな夢を持っていて、その夢が実現したらどんなに素晴らしいことが待っているかと、あれこれ思い描いている。

ところが、夢を実現するための中位や下位の目標を具体的に設定することができない。そのため、目標がピラミッド形の構造になっていない。最上位の目標がぽつんと浮かんでいるだけで、それを支える中位や下位の目標がまったくないのだ。

私のよき友人であり、仲間でもある心理学者のガブリエル・エッティンゲンは、これを「ポジティブな空想」と呼んでいる。

エッティンゲンの研究結果が示しているのは、目標を達成するまでの道のり（とくに大事なのは、どんな障害が待ち受けているか）をしっかりと考えずに、ただバラ色の未来を想像しているだけでは、短期的にはプラスの面があったとしても、長期的にはマイナスになるとい

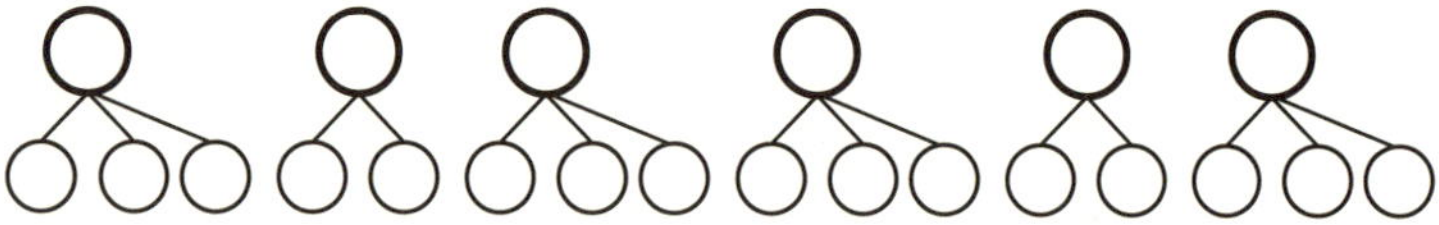

中位と下位の目標ばかりで「最上位の目標」がない

うことだ。
たとえば医師になるという高い目標を掲げることで、短期的にはよい気分になれる。しかし長期的には、目標を達成できなかった失望感に苛《さいな》まれることになる。

「最上位の目標」が存在しない

だが私が思うに、それよりもっと多いのは、中位の目標が乱立するばかりで、それをひとつに束ねる最上位の目標が存在しないケースだ（上の図）。

さらに、ピラミッド形の目標がいくつも対立し、関連性がないケースもある（次ページの図）。

目標の対立は、人間にとってある程度は避けられないものだ。たとえば私の場合、「職業人」としての目標のピラミッドと、「母親」としての目標のピラミッドがある。

「職業人」としての私の目標は、「心理科学を利用し

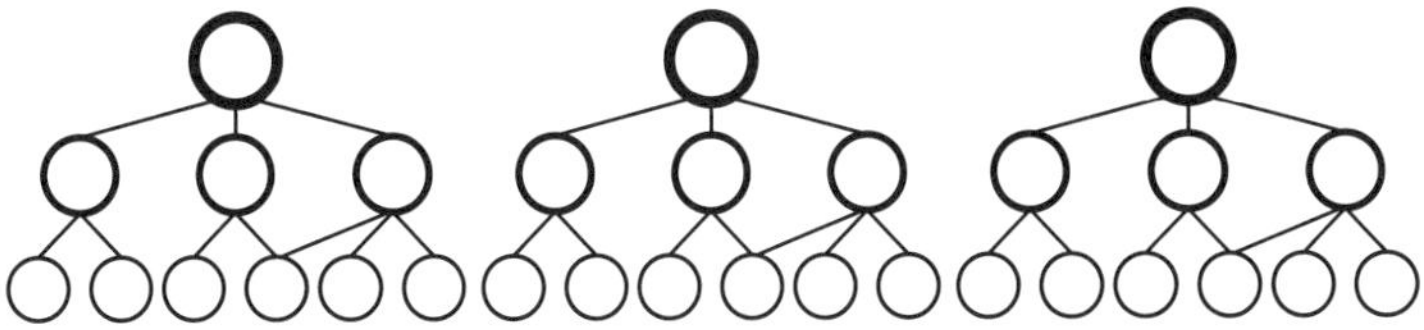

複数の「目標のピラミッド」が対立しあっている

て、子どもたちのしなやかな成長を助けること」だ。そして、「母親」としての目標は、ふたりの娘たちにとって、できるかぎり最高の母親になること。

働く親なら誰でも知っているとおり、ふたつの「究極的関心」を持ち続けるのはなまやさしいことではない。時間も、体力も、注意力も、いくらあっても足りないほどだ。

でも私はもう、そういうものだと思って生活することにした。若いときは、キャリアをあきらめるべきか、子どもを持つのをあきらめるべきかで迷ったこともあった。しかしやがて、道徳的に「正しい決断」などないことに気づいたのだ。自分にとっていちばんよいと思う道を選ぶしかない。

だから、「時間の使い方は、唯一の最上位目標に従って決めるべきだ」という考え方は、「やり抜く力」が非常に強い人びとにとっても、極端な理想にすぎず、望ましいとは言えない。

それでも、「仕事」の目標のピラミッドのなかで、

「最上位の目標にどれだけ貢献できるか」という視点から、延々と連なる中位と下位の目標を削減することは可能だと思う。そして、「仕事」のピラミッドの頂点には、複数ではなくひとつの目標を据えるのが望ましい。

要するに、目標のピラミッドが全体としてひとつにまとまり、各目標が関連性をもって、整然と並んでいる状態が望ましいのだ。

バフェットがパイロットに伝授した「目標達成法」

億万長者のウォーレン・バフェットは、一代で巨万の富を築いた。その財産たるや、世界中の篤志家《とくしか》や卒業生からハーバード大学に贈られた、莫大な寄付金総額のおよそ2倍にもおよぶ。そのバフェットが、お抱えのパイロットに伝授したという「優先順位を決めるための3段階方式」を紹介しよう。

あるとき、バフェットは仕事熱心なパイロットに向かって言った。

「君にはきっと、私のプライベート機のパイロットを務めるより、もっと大きな夢があるんじゃないのかね?」

パイロットは答えた。

「はい、じつはそうなんです」

「では、君に教えよう」

そう言ってバフェットは3つのステップを説明した。

1. 仕事の目標を25個、紙に書き出す。

2. 自分にとってなにが重要かをよく考え、もっとも重要な5つの目標にマルをつける（5個を超えてはならない）。

3. マルをつけなかった20個の目標を目に焼きつける。そしてそれらの目標には、今後は絶対に関わらないようにする。なぜなら、気が散るからだ。よけいなことに時間とエネルギーを取られてしまい、もっとも重要な目標に集中できなくなってしまう。

この話を聞いたとき、私は思った。仕事の目標が25個もある人なんているだろうか？　いくら何でも多すぎでは？

そこで実際に、自分のいまの目標（あるいは携わっているプロジェクト）を罫線入りのメモ用紙に書き出してみた。長々と続くリストは、気がつけば32行にもなっていた。それで納得したのだ。なるほど、これは役に立つかもしれない。

興味深いことに、次々と頭に浮かんだ目標の大半は、重要度が中位の目標だった。どうやら私たちは、ひとつではなく複数の目標を書こうとすると、中位の目標を書いてしまうらしい。

つぎに、優先順位を決めるために、縦線を引いて2列増やし、新しくつくった各列の一番上に見出しとして「面白さ」「重要度」と記入した。そして各プロジェクトの「面白さ」と「重要性」について、それぞれ1から10のスコアをつけていった（1が最低、10が最高）。

それから、各プロジェクトの横に並んだ「面白さのスコア」と「重要度のスコア」を掛け合わせて、点数を出した（最低1～最高100点）。その結果、「面白さのスコア×重要度のスコア」が100点に達した目標はひとつもなかったが、1点だったものもなかった。

それから、バフェットの示した手順どおりに、もっとも面白く重要な目標にマルをつけて5つに絞り込み、そのほかは思い切って「今後は絶対に関わらない」リストに入れようとした。でも、できなかった。なぜかどうしてもできなかった。

「同じ目的」につながる目標を生かす

翌日くらいまで、いったいどちらが正しいのだろう（私か、それともバフェットか）と考えてしまい、釈然としなかったのだが、やがてふとあることに気づいた。私の目標の大半は、相互に関連性があったのだ。つまりほとんどは、目的を達成するための「手段」であり、「子どもたちの『目標達成力』と『しなやかな強さ』を育む」という、最終的な目標の実現を目指すためのものだ。しかしいくつかは、この目標とは関係のないものがあった。それで渋々ながら、それらはすべて「今後は絶対に関わらない」リストに加えることにした。

もしバフェットに私のリストを一緒に見てもらえたら（彼の「目標のピラミッド」に入り込

めるような重要案件とは思えないからムリだろうが）、きっと、バフェットはこう言うにちがいない。このエクササイズのポイントは、「時間とエネルギーは限られている」という事実をしっかりと認識することなのだ、と。

成功するには「やるべきこと」を絞り込むとともに、「やらないこと」を決める必要がある。なるほど、そのとおりだ。「やらないこと」をもっとしっかりと決めなければ。

だが、もうひとつ付け加えておきたいのは、ふつうに優先順位を決めるだけではうまく行かない場合もあるということだ。仕事に関して、まったくちがう最重要の目標がいくつも存在すると、それぞれにしっかり対応するのは至難のわざであり、相乗効果が生まれるどころか、時間もエネルギーも分散され、消耗してしまう。だからこそ、たったひとつの「コンパス」が必要なのだ。いくつもあっても困るだけだから。

というわけで私は、バフェット流「優先順位を決めるための3段階方式」に、もう1段階追加したい。

4.「これらの目標は、共通の目的にどれくらい貢献するか」と考える。

目標が同じピラミッドにうまく収まっていればいるほど（各目標がひとつの「究極的関心」に資することになるので）、あなたの「情熱」は揺るぎないものになる。

このようにして目標の優先順位を決めれば、史上最高の大富豪になれるだろうか？　さすがにそれは無理かもしれないが、あなたが望む場所に少しでも近づけるチャンスが出てくるはずだ。

「なんでも必死にがんばる」のは意味がない

こうして目標を整理してピラミッド形にきちんと収めてみると、気づくことがある。「やり抜く力」というのは、重要性の低い目標にまでしがみついて、どれもこれも必死に追い続けることではない。それどころか、たとえ一生懸命に取り組んできたことでも、なかにはやめたほうがいいこともある。なにもかもうまく行くはずはないからだ。

もちろん、ひたむきな努力は必要だし、おそらくあなたが考えている以上に長い時間をかけるべきだ。しかし重要な目的を達成するための「手段」にすぎない目標にまで、「絶対にやり遂げなければ」と不毛な努力を続けても意味がない。

あるとき地元の図書館で、「ザ・ニューヨーカー」誌の漫画家として著名なロズ・チャーストの講演を聴いたときも、「目標のピラミッド」に重要性の低い目標がきちんと収まっていることがどれだけ大切かを、あらためて認識した。

長年のキャリアを持つベテランの彼女でさえ、作品の不採用率は90％だそうだ。しかも驚いたことに、以前はもっと高かったという。

そこで私は「ザ・ニューヨーカー」の漫画編集者、ボブ・マンコフに電話をして、不採用

目指す方向が複数あったら進まない

フランク・モデル画（「ザ・ニューヨーカー」1962年7月7日号、ザ・ニューヨーカー・コレクション／ザ・カートゥーン・バンク）

率90％というのはふつうなのか訊いてみた。私にはショッキングな数字に思えたからだ。マンコフは答えた。「ロズ・チャーストは、ちょっと例外でね」

ああ、よかった！　私はほっとした。世界じゅうの漫画家が、10作品のうち9つもボツにされるような目に遭っているなんて、考えただけでもぞっとした。ところがマンコフは続けて言った。

「ほとんどの漫画家の場合、ボツになる確率はもっと高いですよ」

「ザ・ニューヨーカー」の「契約漫画家」は、ほかの漫画家たちにくらべれば、作品が掲載される確率がはるかに高い。その契約漫画家たちから、毎週、合計約500

本の漫画が送られてくるが、各号の掲載枠はわずか平均17本。ざっと計算すれば、不採用率は96％以上だ。

「ウソでしょう！　そんなに確率が低くても、めげずに挑戦する人なんていいるんですか？」

すぐそばに、ひとりいた。電話の向こうのボブ・マンコフだ。

マンコフの話を聞けば、最重要の目標に向かって粘り強く努力を続けるには、ピラミッドの下位の目標に関しては、（矛盾するようだが）臨機応変に態度を切り替える必要があることがよくわかる。わかりやすく言えば、重要度の高い目標はよく考え抜いて納得したうえでインクで書くのに対し、重要度の低い目標は鉛筆書きにして、必要に応じて修正したり、削除したり、新しい目標を設定したりしていく、というイメージだ。

「グリーンベレー式」機転で目標に向かう

「ザ・ニューヨーカー」の漫画の足元にもおよばないが、図を使って説明しよう。次ページの図では下位の目標で、×印がついたものがある。これはたとえば、漫画の不採用や、挫折や、逆境や、失敗だとしよう。

「やり抜く力」の強い人でも、そんなことがあればがっかりするし、ときには胸が張り裂けそうな思いを味わうかもしれない。だが、それも長くは続かない。

「やり抜く力」の強い人は、すぐに新しい下位の目標を見つける（たとえば、またべつの漫

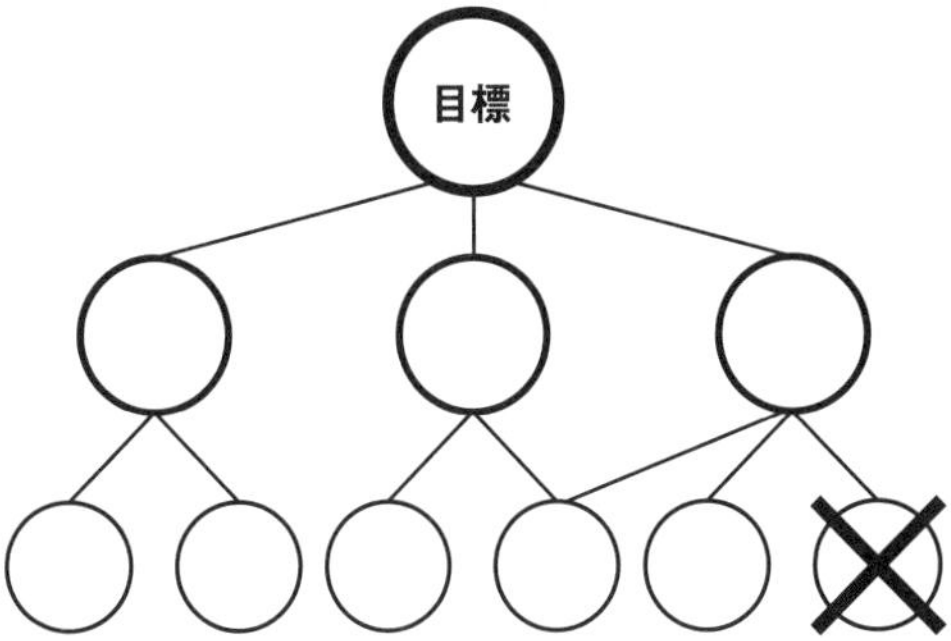

画を描くとか）。１０２ページの図のような、ピラミッドの頂点の最重要の目的にかなう目標だ。

そういえば、特殊部隊グリーンベレーのモットーのひとつは、「機転、対応、克服」だ。しかし、私たちは子どものころにこう言われて育つ。

「最初からうまくできなくても、何度も挑戦しなさい」

適切なアドバイスに聞こえるが、グリーンベレーではこう言っている。

「何度やってもだめだったら、ほかのやり方を試すこと」

ピラミッドの下位にある重要度の低い目標には、まさにそのような態度で取り組む必要がある。

ではここで、ボブ・マンコフの体験談を紹介しよう。ピート・キャロルと同じく、マンコフも、自分のやりたいことが最初から明確にわかっていたわけではなかった。

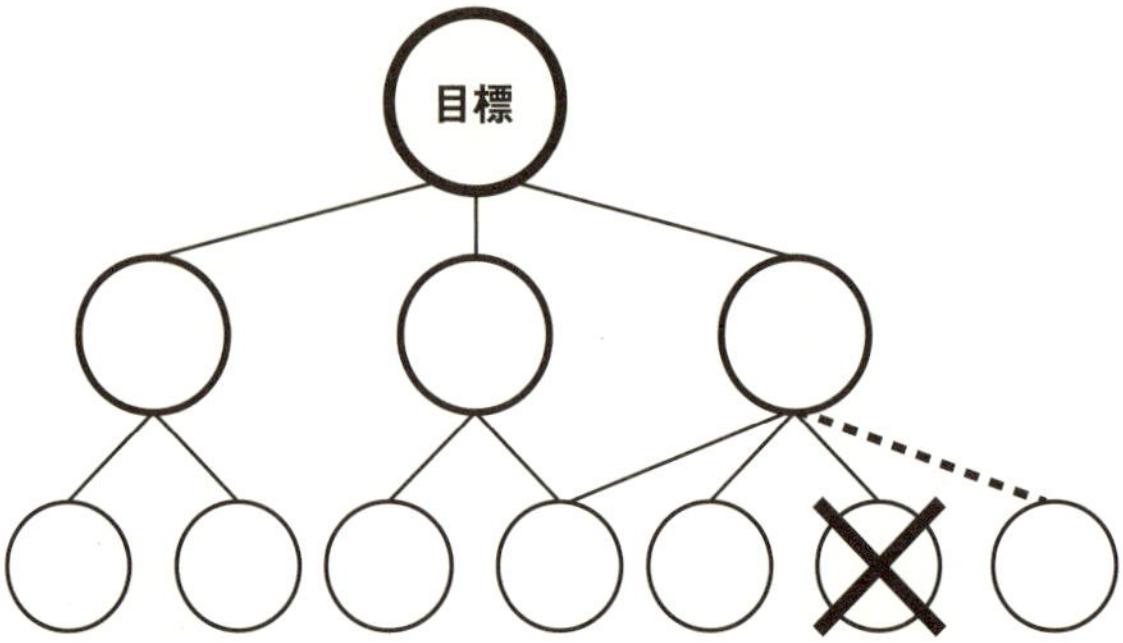

子どものころから絵を描くのが好きだったので、地元ニューヨーク市ブロンクスの高校には行かず、ラガーディア高校〔音楽、演劇、美術を専門とする有名校〕に入学した。のちにミュージカル映画「フェーム」の舞台にもなった学校だ。ところが入学したとたん、生徒たちの熾烈《しれつ》な競争を見て、マンコフは怖気《おじけ》づいてしまった。

「本物の画才を目の当たりにして、身のほどを知ったんです。高校を卒業してから3年間は、ペンにも鉛筆にも絵筆にも、指一本ふれなかった」

卒業後、マンコフはニューヨーク州のシラキュース大学に入学し、哲学と心理学を学ぶことにした。

4年生のとき、彼は伝説の漫画家シド・ホフの著書『漫画家になるには（Learning to Cartoon）』（未邦訳）を買った。ホフこそ、「努力は才能の2倍も重要」という金言を体現したお手本のような人物だ。その長いキャリアにおいて、「ザ・ニューヨーカー」に掲載された漫画は571本、執筆や挿画を手がけた児童書は

60冊以上、多数の新聞社に同時配信された連載漫画が2本、さらに何千ものイラストや漫画がさまざまな出版物に掲載された。

どうしたら「自分に合った仕事」ができるか？

『漫画家になるには』の冒頭は、こんな明るい文句で始まる。

「漫画家になるって大変？　いや、そんなことはない。それを証明するために、僕はこの本を書いた」

だが、最終章のタイトルは、「ボツの嵐にめげない方法」。

本編の各レッスンは、構図、遠近法、人体デッサン、顔の表情の描き方などについて学ぶという内容だ。

マンコフはホフの本のアドバイスに従って、27本の漫画を描いた。そして原稿を持って、（会ってもくれなかった「ザ・ニューヨーカー」以外）あちこちの雑誌編集部に売り込みに行った。どこの雑誌の編集者にも、即座に原稿を突き返された。多くの場合は、こう言われた。

「これに懲《こ》りず、もっとたくさん描いて来週持ってきてよ」

マンコフは驚いた。

（もっと？　27本も描いてきたのに、もっとたくさん描いてくるやつがいるのか？）

『漫画家になるには』の最終章を読み直そうかと思っていた矢先に、マンコフは通知を受け取った。ベトナム戦争の漫画を描く気があれば、採用するという。けれども、その話にはどうも食指が動かなかった。それどころか、考えれば考えるほど嫌気がさした。

そこで、マンコフはすみやかに軌道修正した。大学院で実験心理学を研究することにしたのだ。それからの数年間は、実験用のラットたちが迷路を走り回っているそばで、時間を見つけては漫画を描いた。やがて博士号取得が目前に迫ったとき、マンコフは突然、実験心理学は自分の天職ではないと気づいた。

「自分の性格を考えても、やっぱりちがうだろうと。僕はとびきりふざけた男だから」

どうしたら面白い仕事ができるだろうか？　マンコフはしばらく考えて、ふたつの道を思いついた。

「スタンダップ・コメディをやるか漫画家になろうと思ったんです」

その結果、思い切って両方やってみることにした。昼間は脚本やネタを考え、夜は漫画を描いた。しかし時がたつにつれて、マンコフの興味はふたつの中位の目標のうち、ひとつに集中していった。

「スタンダップといっても、当時はいまとは事情がちがって、ちゃんとしたコメディクラブもなかったしね。だからわざわざマンハッタンから遠く離れたボルシチベルトまで行かなきゃならなかったんだが、気が乗らなくてね……。僕のユーモアは、あそこの観客に受けるようなタイプじゃないってわかっていたから」

そこでマンコフはスタンダップ・コメディから足を洗い、漫画に全力を注いだ。

「持ちこみを2年も続けるうちに、『ザ・ニューヨーカー』にボツにされた作品で、バスルームの壁が埋め尽くされたよ」

世界で「トップレベル」になるにはなにが必要か？

それでも小さな勝利はあった。ほかの雑誌には漫画が売れたのだ。だがそのころには、マンコフの「最上位の目標」は以前よりもずっと具体的に、そして野心的になっていた。彼はもう、ただ面白い仕事をして食べていければいいとは思っていなかった。世界でトップレベルの漫画家になりたいと思っていたのだ。マンコフは語った。

「野球界きっての名門チームがニューヨーク・ヤンキースなら、漫画家にとっての最高の舞台が『ザ・ニューヨーカー』だからね。そこで仕事をすることが一流の証しなんです」

ボツになった作品の山を見れば、これ以上、ただ何度も挑戦するだけではダメなのは明らかだった。そこで、マンコフは別の手に打って出ることにした。

「ニューヨーク公立図書館に行って、『ザ・ニューヨーカー』に掲載された漫画を、1925年からひとつ残らず調べてみたんです」

見ていくと、「ザ・ニューヨーカー」に掲載されたすべての漫画には共通している点があった。それは、読者に「考えさせる」ということ。

そしてもうひとつの共通点は、どの漫画家も独特の個性あるスタイルを持っていることだった。どれかひとつのスタイルが、もっとも優れているということではない。重要なのは、個々のスタイルに、他に類を見ない漫画家それぞれの個性がにじみ出ていることだった。

「ザ・ニューヨーカー」の膨大な数のバックナンバーをめくりながら、これまで掲載された漫画をひとつ残らず調べていくうちに、マンコフは確かな手ごたえを感じた。これなら、自分にも描ける。いや、もっとうまく描ける。

「思わず心のなかで叫びましたよ。〝できる、絶対できる！〟って。僕には確信があったんです」

「究極の目標」は絶対に変わらない

自分にも、読者に考えさせる漫画を描くことができる。そして独自のスタイルを生み出すことができる。マンコフはそう確信した。

「いろいろなスタイルを試しました。そしてとうとう、ドット・スタイルにたどり着いたんです」

マンコフの漫画の特徴として知られる「ドット・スタイル」は、「点描」と呼ばれる技法だ。高校生のとき、フランスの印象派の画家ジョルジュ・スーラが確立したこの技法を知って、試したことがあった。

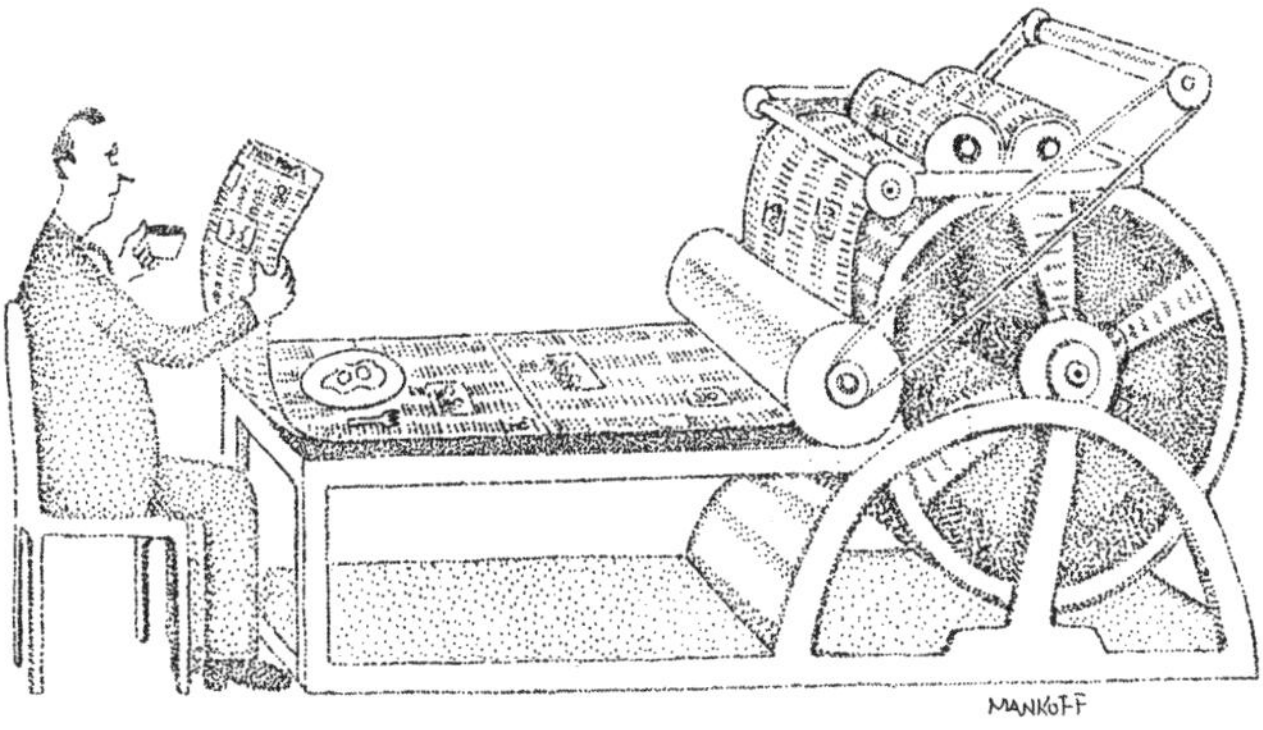

2000回の不採用の後、採用されたイラスト

ボブ・マンコフ画（「ザ・ニューヨーカー」1977年6月20日号、
ザ・ニューヨーカー・コレクション／ザ・カートゥーン・バンク）

１９７４年から１９７７年まで、「ザ・ニューヨーカー」に作品を持ちこんではボツにされること、およそ２０００回。そんなマンコフが、満を持《じ》して持ちこんだのが上の作品だった。これが採用された。

翌年は、マンコフの13の作品が「ザ・ニューヨーカー」に買い取られた。そのつぎの年は25、さらにつぎの年は27と数を伸ばしていった。そして１９８１年、マンコフは「ザ・ニューヨーカー」から一通の通知を受け取った。契約漫画家になる意向はあるか、とたずねてきたのだ。答えはもちろん、イエスだった。

その後、「ザ・ニューヨーカー」

の編集者となり、若手を指導する立場になったマンコフは、漫画家志望者には「作品は10単位で持ち込むように」とアドバイスをしている。

「漫画も人生もそうだけど、9割がたはうまく行かないからね」

実際、重要度の低い目標をあきらめるのは悪いことではなく、むしろ必要な場合もある。ほかにもっとよい実行可能な目標があるなら、ひとつの目標だけにいつまでも固執するべきではない。また、同じ目標を目指すにしても、いまの方法よりもっと効率的な方法や、もっと面白い方法があるなら、新しい方法に切り替えるのは理にかなっている。どんな長い道のりにも、回り道はつきものだ。

しかし、重要度の高い目標の場合は、安易に妥協するべきではない。

私の場合で言えば、たとえば研究助成金の申請や論文が却下されたり、実験が失敗したりしても、あまりショックを引きずらないようにしている。挫折や失敗はつらいものだが、なるべく早く気持ちを切り替えて、つぎへ進もうと心がけている。しかしそれとは逆に、重要度の高い目標は簡単にあきらめたりはしない。正直な話、たとえどんなことが起こったとしても、私の究極の目標や人生哲学が変わるなんてことは、想像すらできない。試行錯誤しながらひとつずつ部品を見つけ、この手で組み立てた私のコンパスは、来る日も来る日も、何年たっても、しっかりと同じ方向を指し示している。

IQと「功績の大きさ」は関係があるか？

「やり抜く力」の研究を始めた当初、私は多くの人にインタビューを行ったが、それよりもはるか以前に、スタンフォード大学の心理学者キャサリン・コックスが、偉業を成し遂げた人物たちの特徴を調べていた。

コックスは偉業を成し遂げた301名の歴史上の人物について、略歴や伝記情報を細かく調査したうえで、1926年に研究結果を発表した。そのなかには、詩人、政治家、宗教家、科学者、軍人、哲学者、芸術家、音楽家など、さまざまな分野の人びとが含まれていた。15世紀から19世紀の人物で、その偉大な功績はいまなお主要な6つの百科事典に記載されている。

コックスの当初の目的は、これらの人物の知能の高さを評価して比較したうえで、さらに一般の人びとと比較することだった。調査を行うために、コックスは各人物についてのエビデンスを綿密に調べ上げ、知識早熟の兆候が見られるかどうかをチェックした。そして、各人物の年齢やその功績の偉大さを勘案して、幼年期の知能指数（IQ）を計算した。

この研究の概要《サマリー》（800ページ以上におよぶものを「概要」と呼べるかどうかはともかく）には、コックスの研究対象となった301名の事歴が、知能の低い順から高い順にずらりと並んでいる。

コックスの研究によれば、対象者のうちもっとも知能が高かったのは、19世紀イギリスの哲学者ジョン・スチュアート・ミルで、幼少時の推定知能指数は190だった。ミルは3歳にしてギリシャ語を覚え、6歳でローマ史を執筆し、12歳のときには父の助手として、インド史に関する本の校正を行った。

対象者のうち、幼少時の推定知能指数がもっとも低かった人びとは、100から110のあいだで、一般の人をわずかに上回る程度だ。そのなかには、近代天文学の基礎を確立したコペルニクスや、化学者・物理学者のファラデーや、スペインの詩人・小説家のセルバンテスがいる。

ニュートンは中間あたりに位置し、幼少期の推定知能指数は130だった。これは、いまの子どもたちが優等生向けの「特別進学クラス」に選抜されるのに最低限必要なIQだ。

こうして全員の知能指数を割り出した結果、コックスは「偉大な功績を収めた歴史上の人物たちは、一般の人びとにくらべて知能が高い」という結論に達した。これは驚くには値しない。ところが研究の結果、意外なことが明らかになった。これらの人びとを「功績の偉大さ」で比較した場合、知能指数の高さはほとんど関係なかったのだ。

「功績の偉大さ」でもっとも高いレベルに位置する天才たちの場合、幼少時の平均知能指数は146だった。いっぽう、「功績の偉大さ」でもっとも低いレベルに位置する人びとの場合、幼少時の平均知能指数は143だった。つまり、ごく僅差だった。言い換えれば、コックスの研究標本において、「知能」と「功績」の関連性はきわめて低かったと言える。

もっとも偉大な功績を収めた人物、上位10名

サー・フランシス・ベーコン〔16世紀イギリス、哲学者、神学者、法学者〕
ナポレオン・ボナパルト〔19世紀フランス、軍人、政治家〕
エドマンド・バーク〔18世紀イギリス、政治思想家、哲学者、政治家〕
ヨハン・ヴォルフガング・フォン・ゲーテ〔18世紀ドイツ、詩人、劇作家〕
マルティン・ルター〔16世紀ドイツ、宗教改革者〕
ジョン・ミルトン〔17世紀イギリス、詩人〕
アイザック・ニュートン〔17世紀イギリス、物理学者、数学者〕
ウィリアム・ピット〔18世紀イギリス、政治家、首相〕
ヴォルテール〔18世紀フランス、哲学者、作家〕
ジョージ・ワシントン〔18世紀アメリカ、軍人、政治家、初代大統領〕

もっとも偉大な功績を収めた人物、下位10名

クリスティアン・K・J・フォン・ブンセン〔19世紀ドイツ、外交官、学者〕
トーマス・チャルマーズ〔19世紀イギリス、牧師、神学者、政治経済学者〕
トーマス・チャタートン〔18世紀イギリス、詩人〕
リチャード・コブデン〔19世紀イギリス、政治家、実業家〕
サミュエル・テイラー・コールリッジ〔19世紀イギリス、詩人、批評家、哲学者〕
ジョルジュ・J・ダントン〔18世紀フランス、政治家〕
フランツ・ヨーゼフ・ハイドン〔18世紀オーストリア、作曲家〕
フェリシテ・ロベール・ド・ラムネー〔19世紀フランス、聖職者、思想家〕
ジュゼッペ・マッツィーニ〔19世紀イタリア、政治家、革命家〕
ジョアシャン・ミュラ=ジョルディ〔18世紀フランス、軍人、ナポリ王国国王〕

偉大な人とふつうの人の決定的なちがいは「動機の持続性」

上位10名に入るか、下位10名に入るか——それを分ける決定要素が「知能」の高さではないとしたら、なにが決め手となるのだろうか？　コックスと助手たちは、何千ページにもおよぶ伝記や資料を丹念に調べながら、３０１名中の１００名について、67項目にわたる性格の特徴を評価した。非常に広範な調査であり、現代心理学で重要とされる性格の特徴をすべて網羅している。

コックスがそれほど多種多様な性格の特徴を調べ上げたのは、偉人たちと一般の人びとを分ける相違点、そしてさきほどの上位10名と下位10名を分ける相違点を明らかにするため、可能なかぎり綿密な調査を実施したかったからだ。

67項目のうち大半については、偉人たちと一般の人びとのあいだに、ほとんど差異は見られなかった。たとえば、偉大な功績を収めた人びとは、外向性や朗らかさ、ユーモアのセンスといった性格の特徴を顕著に備えているかといえば、決してそんなことはなかった。また、学校の成績も必ずしもよいとは限らなかった。

偉人たちと一般の人びとの決定的な相違点は、つぎの４つにまとめられる。この４つの指標は、上位10名と下位10名、つまり「超一流の偉人」と「たんなる偉人」を分ける特徴としてもきわめて顕著だった。

コックスは4つの指標を「動機の持続性」と名付けた。そのうちの2つは、グリット・スケールの「情熱」の項目にほぼ当てはまる。

〈遠くの目標を視野に入れて努力している（その日暮らしとは正反対の態度）。晩年への備えを怠らない。明確な目標に向かって努力している〉

〈いったん取り組んだことは気まぐれにやめない。気分転換に目新しさを求めて新しいものに飛びつかない〉

残りの2つは、グリット・スケールの「粘り強さ」の項目にほぼ当てはまる。

〈意志力の強さ、粘り強さ。いったん目標を決めたら守り抜こうと心に誓っている〉

〈障害にぶつかっても、あきらめずに取り組む。粘り強さ、根気強さ、辛抱強さ〉

総括として、コックスはつぎのように結論を述べている。

「知能のレベルは最高ではなくても、最大限の粘り強さを発揮して努力する人は、知能のレベルが最高に高くてもあまり粘り強く努力しない人より、はるかに偉大な功績を収める」

あなたのグリット・スケールのスコアが何点だったとしても、自分自身を見つめ直すよい機会となれば幸いだ。人生で挫折や失敗を味わったときに、自分がどれくらい粘り強くがんばれるかを自覚したのは、大きな進歩と言えるだろう。

また、一つひとつの目標が明確になり、それらがもっとも重要な唯一の目標と結びついているか、あるいは結びついていないかを、この機会にはっきりと認識できたのも、大きな進歩と言える。

さて、準備が整ったところで、いよいよ本題に入ろう。つぎの章では、「やり抜く力」は伸ばすことが可能であり、実際に伸びることを見ていく。さらに、本書の後半では、「やり抜く力」を伸ばすスピードを加速化させる方法について探っていく。

第5章

「やり抜く力」は伸ばせる

――自分をつくる「遺伝子と経験のミックス」

「やり抜く力はどの程度、遺伝で決まるのでしょうか？」

「やり抜く力」について講演を行うたびに、この手の質問を受ける。「遺伝か、環境か」というのは昔から議論されている問題だ。私たちは、人には遺伝によって決まる要素（身長など）もあれば、育った環境や経験によって決まる要素（何語を話すかなど）もあると思っている。たとえば、バスケットボールの世界では「身長だけはトレーニングでは伸ばせない」という表現がよく使われる。

そういうわけで、「やり抜く力」は身長のように先天的な要素で決まるのか、それとも言語の習得のように後天的な要素で決まるのか、知りたいと思う人は多い。

「やり抜く力は遺伝で決まるのか」という質問に対しては、簡潔な答えと長い答えがある。

簡潔な答えは、「ある程度はイエス」。長い答えはもう少し複雑なのだが、こちらのほうが注目すべき価値があると私は考えている。

自分はどのようにして「こんな自分」になるのか？

私たちがどんな人間になるかは、「遺伝子」と「経験」とその相互作用によって決まることが、科学の目覚ましい発展によってかなり解明されてきている。しかし、それらの科学的事実はきわめて複雑なため、残念ながら、依然として正しく理解されていないと言っていい。まず初めに、確信をもって言えるのは、人間のあらゆる特徴は「遺伝子」と「経験」の両方に影響を受けるということだ。

身長を例に考えてみよう。身長がとても高い人もいれば、とても低い人もいるが、多くの人はそのどちらでもないのは、遺伝的な理由が大きい。

だがいっぽう、男女の平均身長はこの数世代で著しく伸びているのも事実だ。たとえば軍歴資料によれば、150年前のイギリス人男性の平均身長は165センチだったが、現在の平均身長は177センチだ。

平均身長がさらに大きく伸びた国々もある。現在、オランダ人男性の平均身長は185センチで、この150年間で15センチも伸びている。私はオランダ人の共同研究者たちと顔を合わせるたびに、「150年でここまで伸びたのか……」と感嘆せずにはいられない。彼らは気を遣って屈みがちの姿勢で接してくれるが、まるでアメリカスギの巨木に囲まれているような感じがする。

ほんの数世代で遺伝子プールが劇的に変化したとは考えにくい。身長がこれほど大きく伸びた原因は、栄養、清潔な大気と水、そして現代医療のおかげだ（ちなみに、この数世代における体重の増加はさらに顕著だ。原因はやはり遺伝子の変化ではなく、過食と運動不足にあると考えられる）。

同じ世代でも、「環境」が身長におよぼす影響は明らかだ。健康によい食事を十分に与えられた子どもたちは背が高くなるが、栄養失調の子どもたちは伸び悩んでしまう。

同様に、誠実さや、寛大さや、「やり抜く力」も、遺伝的な影響を受けるいっぽうで、「経験」による影響も受ける。それと同じことが、知能指数や外向性についても当てはまる。さらに、アウトドア志向や甘いもの好きといった好みや、チェーンスモーカーになる確率や、皮膚がんになるリスクなど、ありとあらゆることについて同じことが言える。先天的な要素も、後天的な要素も、どちらも重要な影響を与えるのだ。

「やり抜く力」をつくる遺伝子とは？

才能や「やり抜く力」をどれだけ発揮できるかは、遺伝と環境の両方によって決まることについて、科学的にはどの程度の証拠があるのだろうか。

この数十年で、一卵性双生児および二卵性双生児を対象に、同一の家庭で育った場合と、別々の家庭で育った場合を比較する研究が進められてきた。一卵性双生児は基本的にまったく同じDNAを持っているが、二卵性双生児が共有するDNAは平均で約半分である。その事実と緻密な統計データにもとづいて、双子たちがどの程度似るかを割り出せば、ある特徴が遺伝する確率を推測することができる。

先日、ロンドンの研究者から、イギリス在住の約2000名の10代の双子を対象に、グリット・スケールによる調査を実施したという報告があった。その結果、双子が同じ回答をする確率は「粘り強さ」の項目で37％、「情熱」の項目では20％だった。これは、その他の性格的特徴の遺伝率の推定値とほぼ同じ程度と言える。つまり簡単に言えば、人によって「やり抜く力」の強さに差があるのは、ある程度は遺伝的な要素によるが、経験による部分も大きいことを意味する。

しかし、ここで言っておきたいのは、「やり抜く力」の遺伝率に関わる遺伝子は、ひとつではないということだ。それどころか、多くの研究で明らかになっているとおり、人間の形質のほぼすべては多遺伝子性だ。つまり、ひとつの形質の発現には複数の（実際にはかなり多くの）遺伝子が関わっている。たとえば身長については少なくとも697の遺伝子が関係している。そして身長に関係する遺伝子のなかには、その他の形質に関係するものもある。

ヒト遺伝子には合計2万5000の異なる遺伝子が含まれている。それらが相互に作用し合い、さらに環境の影響も受けることから、その様相は非常に複雑であり、まだあまり解明が進んでいない。では、ここでポイントをまとめよう。

1．「やり抜く力」や「才能」など、人生の成功に関わる心理学的な特徴は、遺伝子と経験の影響を受ける。

2．「やり抜く力」をはじめ、いずれの心理学的な特徴についても、その遺伝に関係する遺伝子はたったひとつではない。

そして、つぎの重要なポイントも加えておきたい。

3．遺伝率の推定値を見れば、形質の発現のしかたは人によってさまざまであることがわかるが、「平均」がどれだけ変化しているかは、遺伝率を見てもわからない。

たとえば、身長の遺伝率は多様性を示唆《しさ》しており、一定の集団内でも、背の高い人もいれば低い人もいることを示している。しかし、人びとの「平均身長」がどれだけ変化したかについては、何の情報も示していない。

このことは、「環境」が私たちに与える影響がきわめて大きいことを示すエビデンスであり、非常に重要である。

この100年で人の「IQ」は異常に上がった

そこで、もうひとつ注目すべき例として「フリン効果」を紹介しよう。ニュージーランドの社会科学者、ジェームズ・フリンが発見した現象で、過去100年で人びとの知能指数が飛躍的に高くなったことを示すものだ。では、いったいどのくらい高くなったのだろうか？

現在、もっとも普及している「児童向けウェクスラー式知能検査」と「ウェクスラー成人知能検査」では、調査対象である30カ国以上において、この50年間で知能指数（IQ）は平均15ポイント以上高くなっている。

言い換えれば、100年前の人びとが現代の基準の知能検査を受けたら、平均IQは70になるということだ（IQ70未満は精神遅滞とみなされる）。いっぽう、現代の人びとが100年前の基準の知能検査を受けたら、平均IQは130になる（IQ130以上で、優等生のための「特別進学クラス」に入ることができる）。

「フリン効果」について初めて聞いたとき、私はとうてい信じられないと思った。人間の頭がそれほど急激によくなるわけがないと思ったのだ。

そこで、私はフリンに電話で連絡を取り、率直に疑問を伝え、できれば詳しくお話を伺いたいと頼んでみた。すると世界じゅうを飛び回っているフリンは、私と話をするためにはるばるフィラデルフィアまでやって来てくれた。

フリンはまず初めに、IQの変化について基本的な事実を教えてくれた。長年にわたる知能検査の素点を調べたところ、下位検査〔サブテスト。「知識」「類似」「算数」などの問題グループがある〕のなかにスコアの上昇の著しい分野があることがわかったという。

フリンは黒板の前に行き、下から上へ、斜めの急な横線を1本描いた。「抽象的な思考能力」を測定する下位検査において、スコアの伸びが著しく高かったことを示している。

たとえば、いまの子どもたちは、つぎのような質問にも答えられる子が多い。

「イヌとウサギは、どんなところが似ていますか?」

子どもたちはこんなふうに答える。

「イヌもウサギも生きものです」

「イヌもウサギも動物です」

採点マニュアルによれば、このような回答では半分の点数しか獲得できない。ところが、なかにはこんなふうに答える子もいる。

「両方とも哺乳類です」

このような回答は満点を獲得する。いっぽう、100年前の子どもたちに同じ質問をしたら、けげんそうな顔でこう答えるだろう。

「イヌはウサギを追いかけます」

残念ながら、0ポイントだ。人間の抽象的な思考能力は、どんどん高くなっているのだ。

ひとりが賢くなると、まわりも賢くなっていく

このように、知能検査でＩＱスコアの大幅な上昇が見られる分野があることについて、その理由を説明するため、フリンは「バスケットボール」と「テレビ」の関係を例に挙げた。この１００年で、バスケットボール選手たちの競争は、あらゆるレベルで熾烈になった。フリンも学生時代にバスケットボールをやっていたため、ほんの数年で試合のルール改正がたびたび行われたのを覚えている。その背景にはどんな事情があったのだろうか？

フリンによれば、それはテレビの影響らしい。バスケットの試合はテレビ画面で楽しむのに最適で、テレビで観戦する機会が増えるにつれて、バスケの人気も高まっていった。テレビが一般家庭に普及すると、多くの子どもたちがバスケをするようになり、左手のレイアップやクロスオーバー、あざやかなフックショットなど、スター選手のプレーをまねするようになった。ひとりの子どもが上手になれば、一緒にプレーをする子どもたちの学習環境は必然的に向上する。バスケがうまくなるコツは、自分よりややスキルの高い仲間と一緒にプレーすることなのだ。

フリンはこのスキル上達の好循環を「社会的相乗効果」と呼び、抽象的な思考能力における世代間の格差についても、同じ理論で説明した。

この１００年間で、人びとが仕事や日常生活で分析的、論理的に考える必要は高まるいっ

ぽうだった。学校での教育年数が長くなるほど、機械的な暗記に頼るのではなく、ますます論理的に考えることが求められる。

環境の変化であれ、遺伝子の変化であれ、小さな変化が好循環を引き起こすきっかけとなる。どちらの場合も社会的な相乗効果が生まれ、文化をとおして広まっていく。なぜなら私たち一人ひとりが、みんなのための環境を豊かにするからだ。

年上ほど「やり抜く力が強い」というデータ

125ページのグラフは、人びとの年齢によってグリット・スケールのスコアにどれだけの差があるかを示している。これはアメリカ人の成人を対象とした大規模な標本調査によるデータで、横軸を見れば、この調査でもっとも「やり抜く力」が強かったのは、65歳以上の人びとであることがわかる。いっぽう「やり抜く力」がもっとも弱かったのは、20代の人びとだった。

このデータからは、「やり抜く力」には「逆フリン効果」ともいうべき現象がみられることがわかる。たとえば70代の人びとは、文化的にいまとは大きく異なる時代に育った。現代よりもはるかに「ひたむきな情熱」や「粘り強さ」が重んじられ、模範とされていた時代だ。そのような時代に育った人びとのほうが、いまの若い人びとよりも「やり抜く力」が強い可能性がある。

言い換えれば、時代の文化が人びとに与える影響力のちがいによって、「もっとも偉大な世代」〔米国で第二次世界大戦に従軍した兵士など〕は、ミレニアル世代〔米国で1980年代から2000年代初めに生まれた人びと〕よりも、「やり抜く力」が強いと言える。

以上の理由で「やり抜く力」と年齢は比例するという説明に、ある年上の私の同僚は、妙に納得がいったようだった。彼は私の肩越しにグラフを覗きこんで言った。

「やっぱり！　私はもう何十年も、同じ大学で同じ講義を学部生に教えているんだ。だからよくわかるんだが、いまの学生は昔の学生ほど熱心に勉強しないね」

化学者としてデュポン一社に勤め上げ、永年勤続表彰で金時計をもらって退職した私の父も、先日の講演のあとで私に話しかけてきた、あのウォートン・スクールの若手起業家のことを話したら、きっと同じことを言うにちがいない。ベンチャー企業を立ち上げ、徹夜も辞さないほど事業に打ち込んでいるのに、ほんの数年後にはまったく別のことをしているかもしれない、などと言うのだから。

どんな経験が人の「性格」を変えるのか？

あるいは、昔の世代のほうが「やり抜く力」が強いということではない可能性もある。データが示しているのは、人は歳を取るにつれて「成熟する」ということかもしれない。私自身の経験や、ボブ・マンコフのような「やり抜く力」の鉄人たちの経験からも、つぎのこと

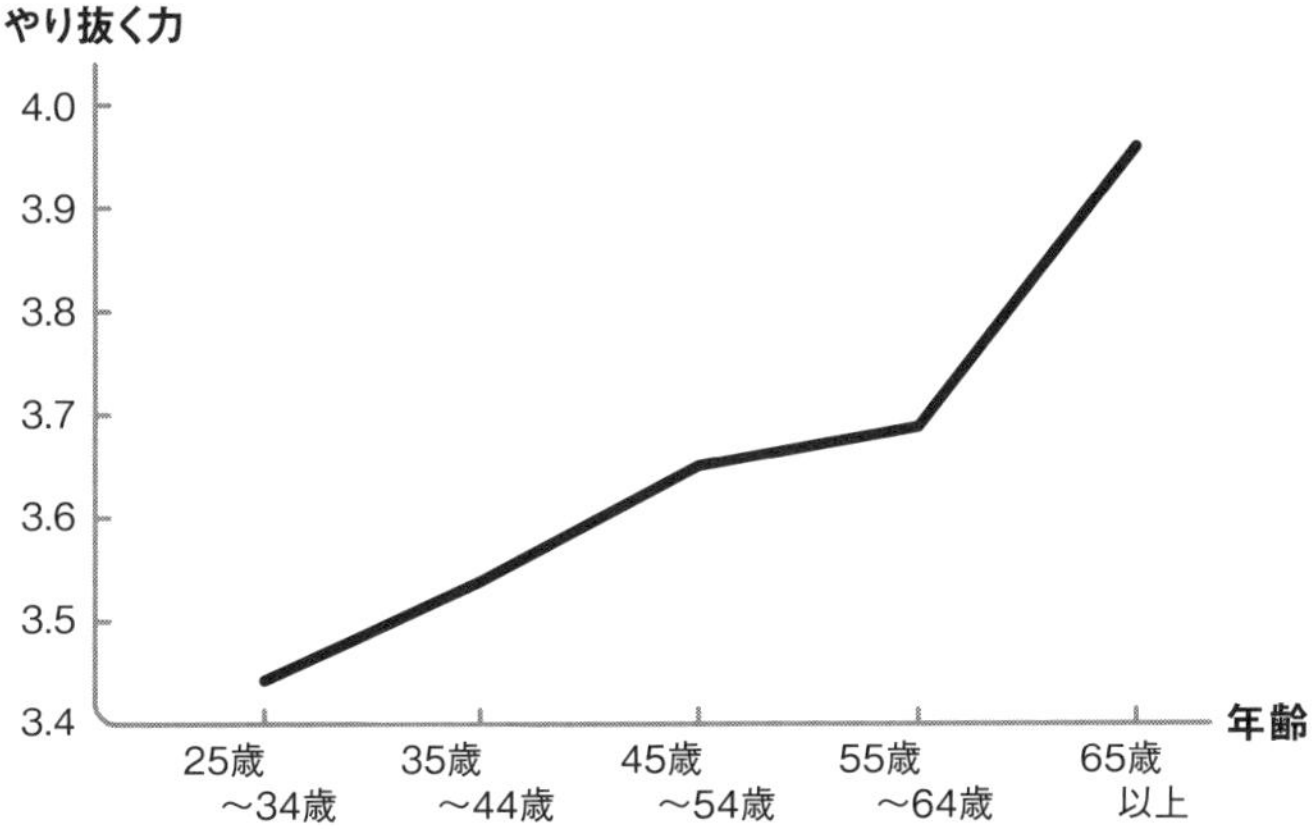

「やり抜く力」と「年齢」の関係

が見えてくる。

私たちが自分の人生哲学を見出し、挫折や失望から立ち直ることを学び、さっさと見切りをつけるべき「重要度の低い目標」と、もっと粘り強く取り組むべき「重要度の高い目標」のちがいをしっかりと認識するにつれ、「やり抜く力」は伸びていく。「成熟」のストーリー（体験談）が示しているのは、歳を取るにつれて、私たちの「情熱」と「粘り強さ」を持続させる力は強くなるということだ。

このように相反する考え方があり、どちらが正しいのかを見分けるには、異なる種類の研究が必要だ。さきほどのグラフの作成に当たって、私はさまざまな年齢の人びとに現在の「やり抜く力」の強さをたずねた。つまり私が入手したのは、あくまでも人びとの現時点での「やり抜く力」を映した〝スナップショット〟にすぎない。
本来ならば、精神科医のジョージ・ヴァイラントがハーバード大学で行った長年の追跡調査のように、同じ参加者たちに対して、生涯にわたって追跡調査を実施するのが理想的だ。しかしグリット・スケールは開発してから、まだそれほど年月がたっていないため、残念ながら人びとの生涯にわたって「やり抜く力」を記録した〝映画〟をお見せすることはできない。

しかし幸いにも、人間の性格のそのほかの特徴については、さまざまな長期的研究が行われてきた。人びとを数十年にわたって追跡調査した多数の研究結果には、はっきりとした傾向が表れている。すなわち、ほとんどの人は人生経験を重ねるにつれ、より誠実になり、自信や思いやりが増し、穏やかになることがわかっている。

そのような変化は20歳から40歳で起こることが多いが、人の一生をつうじて人格の成長が止まってしまう時期はない。これらの研究データが総合的に示しているのは、性格心理学でいう「成熟の原則」だ。

「環境」が変わると、一瞬で自分が変わる

成長や加齢にともなう変化のほかには、どんなものが年齢とともに変化するだろうか？思うに、それは「環境」だ。私たちは年齢を重ねるにつれ、新しい環境に放り込まれる。

たとえば初めての就職や結婚も、大きな環境の変化をともなう。いつのまにか親たちが年老いて、自分が親の世話をする立場になることもある。このように状況が変われば、それに応じて生活のしかたを変えなければならない。そして、地球上でもっとも適応能力に長《た》けた人類は、変化する。困難に立ち向かうのだ。

言い換えれば、私たちは必要に迫られれば変化する。必要は「適応の母」なのだ。

ひとつ身近な例をご紹介しよう。わが家の次女ルーシーは、おむつ離れをせずに3歳を迎えた。夫も私も「ごほうび作戦」や「おだて作戦」など、あの手この手で娘がおむつ離れをしたくなるように仕向けたが、うまく行かなかった。育児書を読みあさって、よさそうなことは片っ端からやってみたが（共働きで、ほかにもやるべきことが山ほどある夫婦にしては奮闘した、という意味だが）、ムダだった。根競《こんくら》べはルーシーの勝ちだった。

3歳の誕生日の直後、ルーシーは、保育園の幼児クラスから大きい子のクラスへ移った。幼児クラスではみんなおむつをしていたが、大きい子のクラスにはおむつの交換台さえなかった。

新しいクラスになって初めて登園した日、ルーシーは目をまんまるに見開いて、新しい教室を見回していた。少しおびえたようすで、慣れ親しんだ以前の教室に戻りたがっているようだった。

その日の午後、お迎えに行ったときのことは、ずっと忘れられない。ルーシーが得意顔でにっこり笑って、「おまるをつかったんだよ」と言ったのだ。さらに「もう、おむつはつかわないからね」と宣言して、その日のできごとをつぎつぎに話してくれた。

そして、言ったとおりになった。トイレトレーニングはあっけなく完了してしまったのだ。いったいどうして？　教室でみんなと一緒におまるの列に並んでいるうちに、気づいたからだ――あたしの番もくるんだ。がんばらなくちゃ。そして、やってみせたのだ。

現実が作用する「成熟の原則」

このように小さな子どもでも、必要なことはちゃんと覚える。

先日、シアトルにある中高一貫の名門私立校レイクサイド・スクールの校長、バーニー・ノウが、娘さんの話をしてくれた。まるで「成熟の原則」を絵に描いたような体験談だ。

ノウ校長の住まいは構内にあるが、ティーンエイジャーの娘は毎日のように遅刻をしていた。ある夏のこと、彼女はカジュアルファッション・ブランド「アメリカンイーグル」の地元の店舗で、服をたたむアルバイトをすることになった。すると最初の日に、店長にいきなりこう言われた。

「ああ、ところで、1回でも遅刻したらクビだからね」

たった1回でクビ？　彼女はびっくりした。それまでずっと、周囲のおとなたちに辛抱強く理解を示され、大目に見てもらってきたからだ。それで、どうなったのだろうか？

「驚くべき変化でしたよ」ノウは語った。「生まれてこのかた、あの子があんなに目に見えて変わったことはありませんでした」

娘は目覚まし時計をふたつセットするようになった。そして遅刻しないように、出勤時間よりも早めに店に着くようにした。遅刻は絶対に許されないからだ。

ノウは校長として、大勢の生徒たちを「成熟」に導くのが務めだが、自らの力には限界があるとも感じている。

「生徒がいくらうぬぼれていようが、雇う側は特別扱いしませんからね。〝君は約束を守れるかな？　守れないなら用はないよ〟それだけです」

因果応報のほうがお説教よりも、はるかに効果があるというわけだ。

「成熟の原則」というのは、つまるところ、それに尽きるのではないかと思う。私たちは人生の教訓を肝に銘じ、慣れない状況のなかでがんばっていくうちに、やがて新しい考え方や行動が身について習慣となる。そしていつのまにか、以前の未熟な自分の姿など思い出せないようになる。新しい状況に適応し、その状態がすっかり定着することで、自分のアイデンティティ（自分をどのような人間だと思っているか）が向上する。つまり、「成熟」するのだ。

まとめると、「やり抜く力」と年齢に関して私が集めたデータからは、ふたつの蓋然性《がいぜんせい》が見えてくる。

1．「やり抜く力」は、育つ時代の文化的な影響を受ける。

2．「やり抜く力」は、年齢とともに強くなる。

どちらも真実である可能性があり、おそらくどちらもある程度は真実だろう。いずれにせよこの〝スナップショット〟は、「やり抜く力」は不変ではないことを示している。他の心理学的特徴と同じように、「やり抜く力」は私たちが思っている以上に変化するものなのだ。

「あきらめる」ことがいいとき、悪いとき

では、「やり抜く力」はどうすれば強くなるのだろうか?

私のもとには、もっと「やり抜く力」を強くしたいと願う人びとから、毎日のようにメールや手紙が届く。「根性がなくて、なにをやっても上達しない」と嘆く人もいれば、「才能をムダにしてきた」と思っている人もいる。誰もが「長期的な目標を持ちたい。その目標に向かって、情熱をもって粘り強く努力したい」と心から願っている。

しかし、まずなにから始めればよいかがわからないのだ。

それにはまず、いまの自分の「やり抜く力」の強さのレベルを認識することだ。自分が望んでいるほど「やり抜く力」が強くない場合は、なぜだろう、と理由を考えてみよう。

おそらく、こんな答えが浮かんでくるにちがいない。

「怠け者だから」

「ちゃらんぽらんだから」

「あきっぽいから」

しかし、私はどれも不正解だと思う。もちろん、私たちがなにかをやめるときには理由がある。だとしても、べつの理由でやめるのだ。なにかをやめようと思うときには、つぎの4つのうちのどれかが頭に浮かぶのではないだろうか。

「つまらない」

「そんなにがんばる価値はない」

「自分にとって重要ではない」

「どうせムリだから、もうやめたほうがいい」

このような考え方は、道徳的に悪いわけでも何でもない。「やり抜く力」の鉄人たちも、目標をあきらめることはある。ただし、重要度の高い目標ならば、歯を食いしばってでも、最後までやり遂げようとする。

いちばん重要なことは、「やり抜く力」の鉄人たちは「コンパス」を替えないことだ。彼らにはたったひとつの究極の目標があり、ほぼすべての行動がその目標達成に向けられている。だから究極の目標に関しては、そんな投げやりな言葉は口にしない。

「やり抜く力」を強くする4ステップ

「情熱」や「粘り強さ」の鑑《かがみ》のような人をたくさん取材したおかげで、私は「やり抜く力」

について多くのことを学んだ。読者のみなさんにも、そんな鉄人たちの頭や心のなかをのぞいて、お手本にしたいと思えるような信念や、態度や、習慣に出会っていただければと思い、本書には彼らとの会話をちりばめてある。

鉄人たちの体験談は、私が米国陸軍士官学校《ウエストポイント》やスペリング大会で実施した、体系的な研究による定量分析を補完するデータでもある。その全体像から、成熟した「やり抜く力」の鉄人たちに共通する4つの特徴が見えてくる。

ものごとを途中でやめるときの4つの理由とは正反対で、年月とともに、つぎの1から4の要素が順番に強くなっていく。

1.〈興味〉 自分のやっていることを心から楽しんでこそ「情熱」が生まれる。私がインタビューをした人びとはいずれも、自分の仕事のなかで、あまり楽しいとは思えない部分をはっきりと認識しており、多くの人はちっとも楽しいと思えないことも、少なからず我慢していた。とはいえ全体的には、目標に向かって努力することに喜びや意義を感じていた。だからこそ彼らは、尽きせぬ興味と子どものような好奇心をもって「この仕事が大好きだ」と言う。

2.〈練習〉 「粘り強さ」のひとつの表れは、「きのうよりも上手になるように」と、日々の努力を怠らないことだ。だからこそ、ひとつの分野に深く興味を持ったら、わき目もふらずに打ち込んで、自分のスキルを上回る目標を設定してはそれをクリアする「練習」に励む必要がある。自分の弱点をはっきりと認識し、それを克服するための努力を日々繰り返し、何年も続けなければならない。

また、「やり抜く力」が強いということは、慢心しないことでもある。分野を問わず、どれほど道を究めていても、「やり抜く力」の鉄人たちは、まるで決まり文句のように「なにが何でも、もっとうまくなりたい！」と口にする。

3．〈目的〉 自分の仕事は重要だと確信してこそ、「情熱」が実を結ぶ。目的意識を感じないものに、興味を一生持ち続けるのは難しい。だからこそ、自分の仕事は個人的に面白いだけでなく、ほかの人びとのためにも役立つと思えることが絶対に必要だ。

なかには早くから目的意識に目覚める人もいるが、多くの場合は、ひとつのことに興味を持ち続け、何年も鍛錬を重ねたのちに、「人の役に立ちたい」という意識が強くなるようだ。「やり抜く力」の鉄人のなかでも、成熟をきわめた人たちは、みな口を揃えて同じことを言った。「私の仕事は重要です。個人的にも、世の中にとっても」

4．〈希望〉 希望は困難に立ち向かうための「粘り強さ」だ。本書では、興味、練習、目的のあとに希望を採り上げるが、希望は「やり抜く力」の最終段階だけでなく、あらゆる段階に欠かせない。最初の一歩を踏み出すときからやり遂げるときまで、ときには困難にぶつかり、不安になっても、ひたすら自分の道を歩み続ける姿勢は、はかり知れないほど重要だ。

私たちはときに大小さまざまな挫折を経験して、打ちのめされる。打ちのめされたままでは「やり抜く力」も失われてしまうが、立ち上がれば、「やり抜く力」を発揮することができる。

なにも私のような心理学者がお節介を焼かなくても、「やり抜く力」とはどんなものか、わかっている人もいるかもしれない。そういう人は、自分のやっていることに深く尽きせぬ興味を持ち、つねに挑戦をいとわず、しっかりとした目的意識を持って、「自分にはどんな逆境にもめげずに、目標に向かって進み続ける根性がある」という明るい自信を持っているだろう。もしかしたらグリット・スケールのスコアは、5点満点中の5に限りなく近いかもしれない。それは素晴らしいことだ。

しかし反対に、自分は望んでいるほど「やり抜く力」が強くないと感じている人にとっては、このあとの各章が役に立つだろう。微積法やピアノと同じで、「やり抜く力」の心理学も独学で習得できるが、少し手ほどきを受けるだけで、大きな効果が表れることがある。

「興味」「練習」「目的」「希望」という4つの特徴は、もともと「あるかないか」という性質のものではない。興味の対象は自分で見つけ、さらに興味を深めることができる。鍛錬の習慣も、自分で身につけることができる。目的意識を養い、深い意義を感じることができる。そして希望を持つことも、やはり学ぶことができる。

あなたは自分の「やり抜く力」を内側から伸ばすことができる。その方法を知りたければ、本書を読み進めよう。

PART 2

「やり抜く力《グリット》」を内側から伸ばす

Grit

第6章 「興味」を結びつける
――情熱を抱き、没頭する技術

「情熱に従って生きよう」

学位授与式のスピーチで人気のテーマだ。学生のときも、教授になってからも、これまで何度も耳にしてきた。そのうち半数以上のスピーカーは、「自分が本当に好きなことをするのが大切だ」と訴えていた。

たとえば、「ニューヨーク・タイムズ」のクロスワードパズル担当のベテラン編集者、ウィル・ショーツは、インディアナ大学の学位授与式で卒業生たちにこう語った。

「私からみなさんへのアドバイスは、自分がいちばん楽しいと思うことを見つけて、それを仕事にすることです。人生は短いのです。情熱に従って生きましょう」

ジェフ・ベゾスはプリンストン大学の卒業生たちに、みずからの経験を語った。ウォールストリートの金融機関で申し分のない地位と収入を得ていたにもかかわらず、アマゾン社を立ち上げたのだ。

「よく考え抜いた結果、情熱に従って生きるために、険しい道のりを選んだのです」

ベゾスはこうも言っている。

「なにをするにしても、自分のやっていることに情熱を持っていない限り、長続きはしないことがわかるでしょう」

メガ成功者たちは必ず「同じこと」を言う

こんなアドバイスを耳にするのは、帽子とガウンに身を包んで初夏の陽射しを浴びる卒業シーズンの6月ばかりではない。「やり抜く力」の鉄人たちがインタビューのなかで、ほぼ一言一句たがわずに同じことを言うのを、私は何度も聞いた。

ヘスター・レイシーも同じことを何度も聞いたという。

レイシーはイギリスのジャーナリストで、2011年から「フィナンシャル・タイムズ」のコラムを担当し、ウィル・ショーツやジェフ・ベゾスに肩を並べるような成功者たちに、毎週インタビューを行ってきた。

たとえばニコル・ファーリ（ファッションデザイナー）、サルマン・ラシュディ（作家）、ラン・ラン（ピアニスト）、マイケル・ペイリン（コメディアン）、シャンタル・コアディ（ショコラティエ)、コリン・フィールド(バーテンダー)など、じつに多彩な顔ぶれだ。レイシーは彼らを〝メガ成功者〟と呼んでいる。

「200名以上もの〝メガ成功者〟たちにインタビューを行って、どんなことを学びましたか?」と私はレイシーにたずねた。

「何度も聞いたのは『この仕事が大好きだ』という言葉です。ふつうの人も言いますが、もっとあっさりしています。でもメガ成功者たちはちがうんです。『僕は本当にラッキーだよ。朝、目が覚めて、今日も仕事ができると思うとうれしいんだ。いつもスタジオに入るのが待ちきれない。つぎのプロジェクトに着手するのが待ち遠しい』。彼らは、やらざるを得ないからとか、金銭面で魅力的だからとか、そんな理由で仕事をしているわけじゃないんです」

「堅実がいちばん」という考え方を説く人

しかし、私は十代のころに「情熱に従って生きなさい」とは言われなかった。

それどころか、厳しい社会で生き残っていくためには、現実的に手堅く考えることこそ、私のような世間の荒波を知らない若者には想像もつかないほど重要なことだと教えられた。そして「自分が本当に好きなことを見つけたい」などと理想を追い求めたりすれば、貧困と失望が待ち受けているだけだと釘を刺された。

その点、医師のような職業を選べば、収入にも地位にも恵まれる。長い目でみればそういうことが、いまのおまえが思っているよりもはるかに重要なのだ、と説教された。

もうお気づきかもしれないが、そんな忠告をしたのは私の父だ。

「じゃあ、お父さんは何で化学者になったの？」一度だけ、父にたずねたことがある。

「父親にそうしろと言われたからだ」その声にわだかまりは感じられなかった。

父は子どものころ、歴史が大好きだったが、数学と科学も好きだったらしい。しかし大学でなにを学ぶかについては、選択の余地はなかった。父の実家は織物業を営んでおり、祖父は息子たちに、何らかのかたちで繊維生産に関連することを学ばせようとした。

「うちの家業には歴史家ではなく、化学者が必要だったんだよ」

ところが、中国で共産主義革命が起こり、実家の織物業は廃業に追い込まれた。その後、父はアメリカへ移住してまもなくデュポン社に就職した。父は35年間勤め上げ、研究者としては社内で最高の地位にのぼりつめて退職した。

父は心底、仕事に熱中していたし（研究の問題やマネジメントの問題で、家でもしょっちゅう考えごとに没頭していた）、そのうえ長いキャリアで大きな成功を収めたことを考えると、職業は「情熱」よりも「堅実さ」を基準に選んだほうがよい、という可能性も一考に値するように思える。

「好きなことを仕事にする」は本当にいいのか？

では、若い人たちに「自分が本当に好きなことをしなさい」とアドバイスするのは、バカげたことなのだろうか？　じつはこの問題については、「興味」を研究している科学者たちが、この10年ほどで最終的な結論に達した。

第一に、人は自分の興味に合った仕事をしているほうが、仕事に対する満足度がはるかに高いことが、研究によって明らかになった。これは約１００件もの研究データをまとめ、ありとあらゆる職種の従業員を網羅したメタ分析による結論だ。

たとえば、抽象的な概念について考えるのが好きな人は、複雑なプロジェクトを緻密に管理することは楽しいと思えない。それよりも数学の問題を解くほうがずっといい。また人との交流が好きな人は、一日じゅうひとりでパソコンに向かっているような仕事は楽しいとは思えない。それよりも営業職や教職などのほうが活躍できる。

さらに、自分の興味に合った仕事をしている人は、人生に対する全体的な満足度が高い傾向にあることがわかった。

第二に、人は自分のやっている仕事を面白いと感じているときのほうが、業績が高くなる。これは過去60年間に行われた、60件の研究データを集計したメタ分析による結論だ。自分の本来の興味に合った職種に就いている従業員たちは、業績もよく、同僚たちに協力的で、離職率も低いことがわかった。また、自分の興味に合った分野を専攻した大学生は、成績が高く、中途退学の確率も低いことがわかっている。

もちろん、ただ好きなことをやっているだけでは仕事は手に入らない。ゲームの「マインクラフト」がいくら得意でも、それだけで生計を立てるのは難しい。それに世のなかには、多くの選択肢から好きな職業を選べるような恵まれた状況にない人もたくさんいる。私たちが生計を立てる手段を選ぶにあたっては、かなりの制約があるのが実情だ。

しかし1世紀もまえに心理学者のウィリアム・ジェイムズがいみじくも語っているとおり、これらの科学的研究の結果は、学位授与式のスピーチに込められた叡智を裏付けている。なにをするにしても、その人がどれくらい成功するかを左右する「決定投票」は、その人がその仕事を「どれだけ切望し、どれだけ強い情熱と興味を持っているかにかかっている」のだ。

金メダリストはどう「興味」を育むのか？

「やり抜く力」の鉄人たちにインタビューを始めたころは、どの人にも、あるとき突然、天から与えられた「情熱」に目覚めた瞬間があったにちがいないと思っていた。まるで映画のように、人生を変える決定的な瞬間にふさわしく、ドラマチックな照明とオーケストラの壮大な調べに彩られたストーリーが目に浮かんでくるようだった。

きっと学位授与式でスピーチを聞く卒業生たちも（灼《や》けつく陽射しのなか帽子とガウンに身を包み、パイプ椅子でお尻が痛いのを我慢しながら）、自分の人生を貫く「情熱」との出会いを、そんなふうに想像しているのではないだろうか。人生でなにをしたいのか、さっぱりわからない。それがあるとき突然、はっきりとわかる。自分がなにをするために生まれてきたのか、悟るときがくるのだ、と。

ところが、実際にインタビューで話を聞いてみると、ほとんどの人は「これだ」と思うものが見つかるまでに何年もかかっており、そのあいだ、さまざまなことに興味をもって挑戦してきたことがわかった。いまは寝ても覚めても、そのことばかり考えてしまうほど夢中になっていることも、最初から「これが自分の天職だ」と悟っていたわけではなかったのだ。

たとえば、オリンピック競泳の金メダリスト、ローディ・ゲインズは私に言った。

「僕は子どものころからスポーツが大好きでね。高校に入ってから水泳を始めるまえに、フットボール、野球、バスケ、ゴルフ、テニスと、順番に挑戦したんです。どれもまじめに練習しましたよ。本当に好きなことが見つかるまで、ひとつずつ試してみようと思ったんです」

水泳は長く続いたが、すぐに夢中になったわけではなかった。

「じつは高校の水泳部の選抜大会があった日、僕は図書室へ行って陸上競技のことを調べました。何となく、選抜チームから外されそうな予感がしたから、つぎは陸上でもやってみるか、と思ったんです」

「情熱」は一発では人生に入ってこない

そのいっぽうで、料理研究家のジュリア・チャイルドの場合は、パリのレストランで絶品の舌平目のムニエルを口にした瞬間、天啓を得た思いだった。伝統的なフランス料理の素晴らしさに開眼したのだ。しかし、まさか自分が料理研究家になって、料理本を出版し、鶏肉の赤ワイン煮《コック・オ・ヴァン》をはじめとするフランスの家庭料理のつくり方を、アメリカじゅうに広めた女性として有名になるだろうとは、知るよしもなかった。

実際、ジュリアの自伝を読めば、その記念すべき食事のあとに、さらに興味が刺激される体験がいくつも続いたことがわかる。

パリじゅうのビストロにかよっては、おいしい料理に舌鼓《したつづみ》を打ったこと。市場《マルシェ》で魚や、肉や、新鮮な野菜や果物などを売る店員たちと仲よくなり、会話を交わすようになったこと。2冊のフランス料理事典との出会い——1冊はフランス語の先生が貸してくれたもので、もう1冊はやさしい夫のポールからの贈り物だった。料理の名門校「ル・コルドン・ブルー」に入学し、情熱あふれる厳格な師匠、シェフ・ビュニャールのもとで修業に励んだ日々。そして、アメリカ人向けにフランス料理の本を執筆したいと考えていた、ふたりのパリジェンヌたちとの出会いなど、さまざまなできごとがあった。

ジュリアは子どものころ、小説家になるのが夢で、本人いわく「料理になんてまったく興

味がなかった」らしい。そんなジュリアが運命のひと口を味わったあと、すぐにカリフォル

ニアへ帰ってしまったら、どうなっていただろうか？　フランス料理とのロマンスも、その

忘れがたいひと口を思い出に残して（まるでファーストキスのように）、終わってしまったに

ちがいない。

「料理をすればするほど、ますます好きになったわ」のちにジュリアは義理の姉妹に語って

いる。「思えば、（ネコと夫をのぞけば）自分が本当に好きなものを見つけるまで、40年もか

かったというわけ」

本当に好きな仕事に打ち込んでいる人を見ると、うらやましくなってしまうことがあるか

もしれない。だが、そもそもそういう人は、出発点からして自分とはちがうのだろう、など

と思うべきではない。そういう人も、一生をかけてやりたいものが見つかるまでには、かな

りの時間がかかった場合が多い。

学位授与式のスピーチで、「ほかの仕事をしている自分など、想像もできません」と言う

人もいるかもしれないが、その人だってもっと若いころには、いろんな自分を想像していた

にちがいない。

自分ではっきりとは気づかずに「関心」を抱いている

どういうことか説明しよう。

第一に、おとなになったらなにをしたいかなど、子どものころには早すぎてわからない。いくつかの長期的研究で、数千名を対象に追跡調査を実施した結果わかったことは、ほとんどの人は中学生くらいのときに、特定の職業への興味のあるなしがぼんやりと見えてくるということだった。私が実施したインタビュー調査でも同じ傾向が確認されたし、ジャーナリストのヘスター・レイシーが取材した〝メガ成功者〟たちの場合も、やはりそうだった。

しかし、やはり心に留めておきたいのは、中学1年生では（たとえ「やり抜く力」の鉄人になりそうな子どもでも）、将来なにをしたいか、はっきりとはわからないということ。その年齢では、ようやく自分の好き嫌いがわかり始めたばかりだ。

第二に、興味は内省によって発見するものではなく、外の世界と交流するなかで生まれる。興味を持てるものに出会うまでの道のりは、すんなりとは行かず、回り道が多く、偶然の要素も強いかもしれない。だからこそ、どんなことに興味を持つか持たないかは、自分にもわからない部分が大きいのだ。それに、無理やりなにかを好きになろうと思っても、うまく行かない。ジェフ・ベゾスもこう言っている。

「ありがちなことだが、無理やり興味を持とうとするのは大きなまちがいだ」

興味を持ったことも、実際に試してみなければ、長続きするかどうかはわからない。

逆説的ではあるが、なにかに興味を持ち始めたときに、本人がそれに気づいていないことも多い。言い換えれば、「いつのまにか興味を持っていた」というケースもあるということだ。退屈なときは自分でもはっきりとわかるものだが、なにか新しいことに関心を持ち始めても、自分ではほとんど気づいていない場合もある。だから、新しいことを始めたばかりなのに、「一生これに打ち込めるだろうか」などと数日おきに考えるのはあまりにも気が早い。

第三に、興味を持てることが見つかったら、こんどはさらに長い時間をかけて、自分で積極的に掘り下げて行かなければならない。最初に興味を持ったきっかけのあとに、何度も繰り返し、さらに興味をかき立てられる経験をする必要がある。

たとえば、アメリカ航空宇宙局（ＮＡＳＡ）の宇宙飛行士、マイク・ホプキンスからは、こんな話を聞いた。彼の場合、高校生のときにテレビでスペースシャトルの打ち上げを見たことが、宇宙旅行に大きな興味を持つきっかけになったという。しかし、たった一度の打ち上げで夢中になったわけではない。何年ものあいだに何度も打ち上げを見たせいで、夢中になってしまったのだ。やがてホプキンスは、ＮＡＳＡのことを詳しく調べ始めた。「ひとつのことを調べていくと、そのつながりで、どんどん新しい情報が手に入りました」

最後に、強い興味を持ち続けるには、親、教師、コーチ、仲間など、周囲の励ましや応援が必要だ。なぜ周囲の人が重要なのか？　ひとつには、飽くなき興味を持ち続けるのに欠かせない刺激や情報を与えてくれるからだ。そしてなにより、周りの人びとから肯定的なフィードバックをもらえばうれしくなり、自信が湧き、励みになる。

「好き」にならないと、努力できない

保護者と面談して悩みごとを聞いていると、私の言う「やり抜く力」の意味を正しく理解しておられないのではないか、と感じることがある。

「やり抜く力の半分は、粘り強さです」と説明すると、保護者たちはうなずく。ところが、「でも誰だって、自分が本当に面白いと思っていることでなければ、辛抱強く努力を続けることはできません」と言うと、保護者はうなずくのをやめたり、首をかしげたりする。

自称「タイガー・マザー」のエイミー・チュア（『タイガー・マザー』〈朝日出版社〉の著者、イェール大学法科大学院教授）もこう言っている。

「ただ好きだからといって、上達できるとは限らない。努力をしない限り、上達するはずがないのだ。だから多くの人は、好きなことをやっていても全然うまくならない」

私も本当にそう思う。自分の興味があることを掘り下げるにしても、練習に励み、研究を怠らず、つねに学ぶなど、やるべきことは山ほどある。だからこそ言っておきたいのは、好きでもないことは、なおさらうまくなれるはずがないということだ。

保護者や、これから親になる人や、年齢を問わず親以外の人たちにも、伝えたいことがある。それは、「必死に努力する以前に、まずは楽しむことが大事」ということだ。

打ち込みたいものが見つからず、毎日何時間も努力をする覚悟ができていないうちは、興

味を持ったことをひたすら楽しんで、どんどん興味が湧くようにしたほうがよい。もちろん、興味を持ったことを本格的に掘り下げていくには、時間もエネルギーも必要だし、規律や犠牲も欠かせない。

だが最初の段階では、初心者はまだ必死でうまくなりたいとは思っていない。何年も先を見据えて、将来の目標を考えたりはしていない。いったいなにが自分の一生を方向づける最重要の目標になるかなど、見当もつかない。ただひたすら、心から楽しんでいるのだ。

言ってみれば、その道を究めた達人でさえ、最初は気楽な初心者だったということだ。

スキルは「数年ごと」に「3段階」で進歩する

心理学者のベンジャミン・ブルームも、同じ結論に達している。ブルームはスポーツや芸術、科学の分野において、世界で活躍する120名の人びとに加えて、その両親やコーチや教師たちにもインタビューを行った。その研究結果のなかでもとりわけ重要なのは、「スキルは3つの段階を経て進歩し、各段階につき数年を要する」ということだ。

興味のあることを見つけて掘り下げていく段階を、ブルームは「初期」と呼んでいる。この「初期」に励ましを受けるのはきわめて重要だ。というのも、初心者はまだ本腰を入れて取り組むべきか、やめるべきか、決めかねているからだ。ブルームらの研究でも明らかになったとおり、この段階でもっとも望ましいのは、やさしくて面倒見のよい指導者（メンター）を得ることだ。

「そのような指導者たちの最大の特長は、最初の学びを楽しく、満足感の得られるものにしたことである。入門のごく基礎的なことは、ほとんど遊びをとおして学ぶ。最初のうちは学びというより、ゲームのようなものだ」

また初期には、ある程度の自主性が尊重されることも大切だ。勉強や習いごとの学習者を対象に行った長期的研究によって、威圧的な両親や教師は、子どものやる気を損なってしまうことがわかっている。いっぽう、自分の好きなことを選ばせてもらえた子どもは、ますます興味を持って取り組み、のちに一生の仕事として打ち込む確率が高くなる。

最初に厳しくしすぎると「取り返し」がつかなくなる

スポーツ心理学者のジャン・コティは、この最初の段階でのびのびと、遊びをとおして興味を持ち、さらに興味を深めておかないと、将来、悲惨な結果を招く恐れがあることを突きとめた。いっぽう、競泳のローディ・ゲインズのように子どものころからさまざまなスポーツを試したのちにひとつの競技に的を絞ったプロのアスリートたちは、全体的に長期間にわたって成績がよいことが、コティの研究によって明らかになった。早い時期にさまざまなスポーツに触れることで、自分がどのスポーツに向いているかがわかりやすくなるのだ。

また、さまざまなスポーツを試すことは、クロストレーニング（専門の競技の技能向上のために別の競技を練習すること」のよい機会となり、筋肉を鍛え、スキルを磨くことができる。それがのちに自分の専門分野で集中トレーニングを行うときに、思いがけず役に立つ。

この段階を省いて、いきなり専門分野でみっちりトレーニングを受けた選手たちは、経験の浅い選手たちと競争した場合、最初のうちは明らかに有利だ。しかしコティの研究では、そのような選手たちは負傷したり、燃え尽き症候群《バーンアウト》に陥ったりする確率が高いことがわかっている。

ここで伝えたいのは、エキスパートと初心者では動機付けの方法が異なって当然だということだ。初心者のうちは、自分が本当に楽しいと思うものを見つけるために、周囲の励ましや、ある程度の自由が必要だ。ちょっとした達成感を味わったり、ほめられてうれしくなったりすることも必要だ。

もちろん、少しは批判されたり、まちがいを正されたりする必要もあるし、練習する必要もある。だがこの段階では、やりすぎは禁物であり、あせってはいけない。初心者のうちにあまり厳しくすると、せっかく芽生えた興味が台なしになってしまう。いちどそうなったら、取り返しはつかないと思ったほうがいい。

興味を観察する親が、子どもの「情熱」を伸ばす

では、学位授与式のスピーカーたちの話に戻ろう。「情熱」の研究事例として、彼らの

「初期」の過ごしかたには、きっと学ぶべきことがあるはずだ。

「ニューヨーク・タイムズ」のパズル担当編集者ウィル・ショーツは、母親の話をしてくれた。彼の母は「ライターで、言葉が大好きな人」で、クロスワードパズルの愛好家でもあった。言語が好きなところは、母親から受け継いだ部分が大きいのではないかと、ショーツは考えている。

しかし彼のたどった道のりはユニークであり、遺伝のせいだけではなかった。読み書きができるようになってまもなく、ショーツは1冊のパズルの本に出会った。

「その本にすっかり夢中になってね」ショーツは当時を振り返って語った。「自分でもパズル本をつくってみたいと思ったんです」

最初の本でパズルに興味を持ったショーツは、その後、大量のパズル本を読みあさった。

「ワードパズル、数字パズル……パズルなら何でもよかった」

まもなく、ショーツはサム・ロイドに憧れ、ドーバーブックス・シリーズのロイドの巻を全冊そろえたのはもちろん、ほかのパズル作家たちの本も手に入れ、おもなパズル作家の名前を片っ端から覚えてしまった。

そういう本は誰が買ってきたのだろう?

母親だ。

母親は彼に、ほかにどんなことをしたのだろう?

「僕が小さかったころ、母は家でブリッジクラブの集まりを開いていました。だから、午後のあいだ、僕がずっとおとなしくしているように、母は1枚の紙にマス目を描き、縦、横、斜め、上下など好きな方向に、長い単語を当てはめてマス目を埋めていく方法を教えてくれたんです。

僕は小さなパズルをつくりながら、午後の時間を楽しく過ごしました。ブリッジクラブの人たちが帰ると、母は僕のところへやってきて、パズルのマス目に数字をつけ、ヒントの書き方を教えてくれました。それが、僕が最初につくったクロスワードパズルってわけです」

さらにショーツの母は、私を含めてふつうの母親には思いつきもしなければ、ノウハウもわからないような大胆な提案をした。

「僕がパズルをいくつもつくり始めたのを知ると、母はぜひ売り込んでみなさい、と言ったんです。母自身がライターとして、雑誌や新聞に寄稿していたものでね。僕がパズル作りに興味があるのを見て、どうやって自分の作品を売り込めばいいか、教えてくれたんです。14歳のとき、初めて自作のパズルが売れました。そして16歳で、『デル・パズルマガジン』の定期寄稿者（出題者）になったんです」

ショーツの母が、息子がどんなことに興味を持っているかを、注意深く見守っていたのは明らかだ。ショーツはさらに語ってくれた。

「母はほかにも素晴らしいことをたくさんしてくれました。たとえば子どものころ、僕はラジオを聴くのが大好きで、ポップミュージックやロックを聴いていたんです。母は僕が音楽に興味を持っているのを知ると、近所の人からギターを借りてきて、僕が寝ていた2段ベッドの上の段に置いてくれました。僕がその気になったら、いつでもギターを手に取って弾けるようにしてくれたんです」

しかし音楽に対する情熱は、パズル作りにかける情熱には遠くおよばなかった。

「9カ月後、僕がちっともギターに触らないのを見て、母はギターを返しに行きました。僕は音楽を聴くのは好きだけど、弾くことには興味がなかったんだと思いますね」

ショーツがインディアナ大学に入学したときも、世にもめずらしい分野を専攻できるよう、個別のプログラムを見つけたのは母だった。こんにちにいたるまで、「エニグマトロジー」（パズル研究）で大学の学位を取得したのは、世界でショーツただひとりだ。

親がジェフ・ベゾスに与えた独特の環境

では、ジェフ・ベゾスの場合はどうだろう？

ジェフが子どものころからさまざまなことに興味を示したのは、並外れて好奇心旺盛な母、ジャッキーとおおいに関係がある。私はジャッキーの話を聞くことができた。ジェフが生まれたのは、ジャッキーが17歳の誕生日を迎えた2週間後のことだった。

「だから、こうするべきだという先入観がなかったんです」

ジャッキーは幼いジェフと、そのあとに生まれた次男と長女に、すっかり夢中になったことをいまでもよく覚えている。

「とにかく子どもたちのことにものすごく興味がありました。いったいこの子たちはどんなふうに成長するんだろう、将来どんなことをするんだろう、と思って。それぞれの子がどんなことに興味を持っているのか知りたくて、よく注意して見ていました――一人ひとり、みんなちがったんです――それで、子どもの興味に合わせていきました。子どもたちが自分の好きなことを思いきりやれるようにしてあげるのが、私の責任だと思っていました」

たとえばジェフは3歳のとき、「ぼくも大きなベッドで寝たい」と何度も頼んできた。ジャッキーは、「大きくなったらね。でも、まだだめよ」と答えた。

つぎの日、ジェフの部屋に入ると、なんとジェフはドライバーを持って幼児用のサークルベッドを分解していた。それを見てもジャッキーは怒らなかった。それどころか一緒に床に座って手伝ってやったのだ。その晩、ジェフは望みどおり「大きなベッド」に寝たのだった。

中学生になると、ジェフは奇想天外な装置を次々に発明した。たとえば、自分の部屋のドアにアラームを取り付けて、弟や妹が部屋に入ろうとした瞬間に、とんでもない音が鳴り響くようにした。ジャッキーが笑いながら言った。

「ホームセンターには何度もかよったわ。部品が足りなくて、一日に4回も買い足しに行ったこともあるくらい」

「あるときは、ジェフがキッチンの食器棚の扉の取っ手を、糸で全部つないじゃったんです。だからひとつの扉を開けると、全部の扉がいっせいに開いちゃうの」

そんなとき、自分だったらどんな反応を示しただろう、と私は想像した。びっくり仰天して怒ったりせずに、ジャッキーのように振る舞う自分の姿を想像してみた。なるほど、彼女は気づいたのだ。ジェフは大きな才能を開花させつつある。この子はいずれ、たぐいまれな問題解決能力を身につけて、世界で活躍するかもしれない。そう思って、おおらかな気持ちでジェフの興味を育んだのだ。

「家族が私につけたあだ名は〝カオス号の船長〟ですよ。子どもたちがやりたいって言うことは、どんなことでも認めたから」

たとえば、ジャッキーはこんなエピソードを話してくれた。あるとき、ジェフは「インフィニティ・キューブ」をつくることにした。透明な立方体《キューブ》のなかに合わせ鏡を設置して、モーターで稼働させ、両面の鏡に無数の鏡像を映し出す仕掛けだ。やがて、ジャッキーが家の前で友人と立ち話をしているところへ、ジェフがやってきた。

「ジェフが私たちにインフィニティ・キューブの仕組みを詳しく説明してくれたんです。私はうなずいて、たまに質問をしながら聴いていました。ジェフが戻っていくと、友人に訊かれました。『ねえ、いまの話、全部わかったの?』って。だから言ったんですよ。『全部わからなくてもいいのよ。大事なのは話を聴いてやることなの』」

高校生になると、ジェフは自宅のガレージを研究室代わりに、発明と実験を繰り返した。ある日のこと、ジェフの高校から電話がかかってきた。ジェフが午後の授業を欠席したというのだ。ジャッキーは帰宅したジェフにたずねた。「午後はどこに行っていたの?」

すると、思いがけない返事が帰ってきた。

「飛行機の翼に働く摩擦《まさつ》と抗力を、実際の機体を使って実験したいと思っていたんだ。そうしたら、地元の大学の教授が実験をやらせてくれるっていうから」

「そうなの」ジャッキーは答えた。「わかったわ。じゃあ、授業時間以外に実験をさせてもらえるかどうか、頼んでみましょう」

やがて、ジェフは大学でコンピューターサイエンスと電気工学を専攻し、卒業後はウォールストリートの金融機関に就職し、プログラミングの技術を生かして、投資資金の運用管理を担当した。数年後、ジェフはインターネット書店を設立し、世界最長の大河にちなんだ社名を冠した――アマゾン・ドット・コムだ（もうひとつの社名候補として、www.relentless.com も登録した。検索バーに打ち込んで、どこにつながるか試してみてほしい）。

人は「見慣れたもの」からは目をそらす

「僕はつねに学んでいます」ウィル・ショーツは私に言った。

「つねに新しい方法で脳を鍛えて、パズルに使う単語に新しいヒントはないか、新しいテーマはないか、と探しているんです。以前、ある作家が、『書くのに飽きたら、人生に飽きた証拠だ』と言っているのを記事で読んだことがあります。パズルだって同じですよ。パズルに飽きたら、人生に飽きた証拠です。だって可能性は無限にあるんだから」

ほかの「やり抜く力」の鉄人たちも、私の父も、やはり同じことを言っていた。さらに大規模研究による調査結果をいくつも調べてみると、「やり抜く力」の強い人ほど、転職の回数が少ない傾向にあることがわかった。

それとは逆に、次から次へと新しいことに手を出し、そのたびにひどく熱中するわりには、3年から5年でまったくべつのことを始める人たちもいる。趣味を幅広く追求するのは悪いことではないにしても、転職を繰り返してばかりで、ひとつの仕事に落ち着かないのは深刻な問題だ。

「私はそういう人をショートターマー〔長続きしない人という意味〕と呼んでいるの」とジェイン・ゴールデンは言った。

ゴールデンは私の住むフィラデルフィア市で、パブリックアートを推進している。有名な「壁画アートプログラム」のディレクターとして、これまで合計3600以上もの建物にみごとな壁画を誕生させた。全米最大のパブリックアート・プログラムだ。ゴールデンを知る人たちは、壁画に対する彼女の情熱は「すさまじい」と言っているが、本人もまんざらではないらしい。

「ショートターマーは、しばらく働いたかと思うとすぐに別の仕事に移って、またすぐに別の仕事に移っての繰り返し。そういう人たちを見ていると、まるでほかの惑星からやってきたみたいで、『そうやって宙を漂っているのって、どんな感じ？』って訊いてみたくなるわ」

だが、むしろ不思議なのは、なにをやっても長続きしないショートターマーよりも、わき目もふらずにひとつの道を邁進《まいしん》し続けるゴールデンのほうかもしれない。同じことをずっと続けていたら退屈に感じるのは、ごく自然な反応だ。人間は誰でも（しかも幼児のうちから）、見慣れたものからは視線をそらし、目新しいものに目を向ける習性がある。

そもそも「interest（興味）」という言葉は、「異なる」という意味をもつラテン語の「interesse」から来ている。つまり、「interesting（面白い）」というのは、言葉の由来からして「ほかとは異なる」という意味なのだ。どうやら私たちは生まれつき「新しいもの好き」にできているらしい。

エキスパートは「ニュアンス」に興味を覚える

いっぽうでエキスパートほどひとつのことへの興味をますます深めていくのはどういうわけだろうか。その謎を探るために、私は心理学者で「興味」に関する第一人者、ポール・J・シルヴィアの意見を訊くことにした。

シルヴィアはまず初めにこう指摘した。人間の赤ちゃんは、生まれたときにはほとんどなにも知らない。ほかの動物たちは、生まれてすぐに強い本能に従って行動するが、人間の赤ちゃんは、ほとんどすべてのことを経験によって学ばなければならない。もし赤ちゃんが新しいものに対する強い欲求を持っていなければ、経験によって学び、生き残ることができなくなる。

「だから興味というのは、新しいことを学びたい、世のなかを見てみたい、目新しいものに出会いたい、変化と多様性を探し求めたいという、基本的な欲求なんです」

では「やり抜く力」の鉄人たちが、ひとつのことにずっと興味を持ち続けるのは、どう説明がつくのだろうか。

じつは、私と同様にシルヴィアも、エキスパートほど「知れば知るほど、わからないことが出てくる」と言うことが多いのを実感していた。たとえば、分散型投資信託を世に広めた伝説の投資家、サー・ジョン・テンプルトンは、慈善基金の設立にあたって「無知の知は学ぶ意欲を高める」をモットーにしたほどだ。

ここでシルヴィアが重要な点を説明した。すなわち、初心者にとっての「目新しさ」とベテランにとっての「目新しさ」は、別物だということだ。初心者は初めて経験することばかりで何でも目新しく感じるが、ベテランが目新しいと感じるのは微妙な差異《ニュアンス》なのだ。

「たとえばモダンアートなら、初心者にはどの作品も同じように見えるかもしれませんが、エキスパートにはそれぞれのちがいがよくわかる。初心者にはニュアンスを見分けるのに必要な背景知識がないため、たんに色や形を見ているだけで、内容はよくわかりません」

しかしエキスパートは、はるかに理解力に優れており、ふつうの人が見てもわからないような細かい部分に気づくことができる。もうひとつの例は、オリンピックだ。オリンピックの生放送で試合を観ていると、解説者の言葉が耳に飛び込んでくる。

「ああ！　トリプルルッツの回転が少し足りませんでした！」

「ジャンプの踏み切りがちょっと早かったかな？」

思わずテレビの前であっけにとられてしまう。解説者たちは録画をスローモーションで確認しなくても、選手たちのパフォーマンスを見ただけで、肉眼ではとらえがたいはずのわずかな差異も見分けてしまう。スローモーションで見なければ、私にはとてもわからない。微妙な差異を感じ取ることができないからだ。だがエキスパートには専門知識やスキルの蓄積があるから、私のような初心者にはわからないことでも、はっきりと見抜くことができる。

取り組むべきことを「発見」する簡単な質問

情熱に従って生きたいと思うのに、まだ「これだ」と思うものが見つかっていない人は、最初の最初から始める必要がある。「発見」だ。

自分自身に簡単な質問をしてみよう。

「私はどんなことを考えるのが好きだろう?」

「いつのまにかよく考えているのはどんなこと?」

「私が本当に大切に思っているのはどんなこと?」

「私にとってもっとも重要なことは?」

「なにをしているときがいちばん楽しい?」

「これだけは耐えられないと思うことは?」

答えがなかなか見つからないときは、職業的な興味が芽生え始める10代のころの自分を思い出してみよう。

ぼんやりとした方向性が見えてきたら、少しでも興味のあることを積極的に試すこと。外の世界に出て行き、行動を起こすのだ。「卒業しても、なにをしたらいいかわからない」などと嘆いている学生たちには、私は発破をかける。

「実験だと思ってやってみなさい！　何だって、やってみなければわからないのよ！」

興味の探究に乗り出した段階では、いくつかの経験則がある。ウィル・ショーツのエッセイ「『ニューヨーク・タイムズ』のクロスワードパズルの解き方」から引用しよう。

「**まずは好き嫌いをはっきりさせて、そこから積み上げていこう**。自分の興味のあることがはっきりとはわからなくても、生活費を稼ぐ手段として『これだけはやりたくない』という仕事もあれば、『これならよさそうだ』と思う仕事もあるはずだ。そこから始めよう」

「**とりあえずいいと思ったことをやってみる**。本当に興味のあることが見つかるまでは、ある程度、試行錯誤するのはやむを得ないことだ。クロスワードパズルの『答え』とはちがって、自分が打ち込んでみたいと思うことはたったひとつとは限らない。それどころか、きっといくつもあるはずだ。『唯一の正解』や『最高の目標』を見つけようなどと思わずに、何となくよさそうだと思える方向性を見つけるだけでいい。何でも実際にやってみて、しばらく続けてみなければ、自分に合っているかどうかなんて、わからないものだ」

「**うまくいかなかった場合は、取り消したってかまわない**。いつかは自分にとって最重要の目標を選んで、消えないインクで書き記す日がやってくる。でも確信が持てるまでは、鉛筆書きにしておこう」

しかし、自分がなにをしているときがいちばん楽しいか、すでにわかっている場合は、興味を掘り下げていく必要がある。「発見」のつぎは「発展」の時期だ。

興味を持ち続けるためには、さらに興味が湧くような機会が何度も必要であることを、忘れないようにしよう。そういう機会を自分で積極的につくること。それには粘り強さも必要だ。興味を掘り下げるには、時間がかかる。つねに疑問を持って答えを探そう。答えが見つかると、さらに多くの疑問へとつながっていく。どんどん掘り下げていこう。

自分と同じ興味を持っている仲間を探そう。力強く励ましてくれるメンターと近づきになろう。年齢に関係なく、「学習者」としてのあなたはますます積極的になり、知識も増えていく。ひとつのことに長年打ち込んでいると、経験による知識や専門知識が増えるとともに、自信が増し、ますます好奇心旺盛になっていく。

最後に、好きなことを何年か続けているのに、本腰を入れて打ち込む覚悟ができていない場合は、「興味をさらに深めることができるかどうか」を見きわめよう。

脳は目新しいものを求める。だから新しいことをやってみたくなるのも当然で、理にかなったことかもしれない。だからこそ、どんなことであれ、何年もかけてじっくりと取り組もうと思ったら、熱烈な愛好家にしかわからないような「ニュアンス」を味わえるようになる必要がある。

心理学者のウィリアム・ジェイムズはこう語っている。

「新しきものに古きものを見出したとき、人は注意を引かれる――あるいは古きものに、さりげない新しさを見出したときに」

要するに、「情熱に従って生きよ」というのは、なかなかよいアドバイスなのだ。しかしおそらくもっと役に立つのは、それ以前に、情熱を育む方法を理解することだ。

第7章

成功する「練習」の法則

——やってもムダな方法、やっただけ成果の出る方法

初期の研究で、スペリング大会の決勝戦に参加した生徒たちを対象に調査を行ったところ、「やり抜く力」の強い生徒は「やり抜く力」の弱い生徒よりも、練習時間が長いことがわかった。ひとより何時間も多く練習を積み重ねてきた成果が、決勝戦でのみごとなパフォーマンスとなって表れたのだ。

その調査結果にはおおいに納得がいった。数学の教師だったころ、生徒たちの努力には大きな差があるのを目の当たりにした経験があるからだ。宿題を出されても1週間まったく家で勉強しない生徒もいれば、1日何時間も勉強している生徒もいた。

「やり抜く力」の強い人はふつうの人よりも、ひとつのことにじっくりと取り組むことが、多くの研究によってわかっていることを考えても、「やり抜く力」のおもな利点は、「やるべ

きことに長時間取り組めること」であるように思えた。

しかしいっぽうで、何十年も同じ仕事をしていても、中程度のレベルにとどまっている人もたくさんいる。おそらく、あなたにも思い浮かぶのではないだろうか？　ひとつのことを長いあいだ（おそらく就職してからずっと）やっているのに、せいぜい「まあまあ」か「クビになるほどひどくはない」程度のスキルしかない人が、あなたの身のまわりにもいるのではないだろうか？　私の同僚で、こんなジョークを言う人がいる。

「職務経験を20年積む人もいれば、1年の職務経験を20回積む人もいる」

メガ成功者は「カイゼン」を行い続ける

「カイゼン」（改善）は日本語で、頭打ち状態に陥《おちい》らないための取り組みを意味する。文字どおりに訳せば「継続的な改良」という意味だ。「カイゼン」は一時期、きわめて効率的な日本の製造業を支える基本原則として喧伝《けんでん》され、アメリカのビジネス文化にも大きな影響を与えた。私は何十人もの「やり抜く力」の鉄人たちにインタビューを行ったが、その結果、誰もが「カイゼン」を行っていることがわかった。ひとり残らず、全員だ。

さらに〝メガ成功者〟たちを取材したジャーナリストのヘスター・レイシーも、成功者はすでに卓越した技術や知識を身につけているにもかかわらず、さらに上を目指したい、という強い意欲を示すことに気づいた。

「たとえば俳優ならこう言います。『どの役も完璧に演じることはできないかもしれないけれど、できるかぎり最高の演技をしたい。そしてどの役を演じるときも、なにか新しいものを生み出したい。自分の能力を伸ばしたい』。作家ならこう言います。『どの本も、前作を超えるものを書こうと思って書いている』」

さらにレイシーは説明する。

「つねにもっとうまくなりたい、という強い意欲を持っているんです。まさに自己満足とは正反対。これはとてもポジティブな心理です。過去への不満ではなく、さらに成長したいという前向きな思いが原動力になっているんです」

「1万時間の法則」は本当か？

インタビュー調査の結果、私は「やり抜く力」には、興味のあることに取り組んだ「時間の長さ」だけでなく、「時間の質」も関係しているのではないか、と考えるようになった。つまり、「どれだけ長時間、取り組んだか」だけでなく、「どれだけ集中して、質の高い取り組みを行ったか」が大事なのではないか、ということだ。

そこで、スキルの発達に関する資料を片っ端から読んでいった。

まもなく、私は認知心理学者のアンダース・エリクソンのもとを訪ねた。エリクソンは長年にわたり、世界で活躍するエキスパートたちのスキルの習得方法を研究してきた。その研

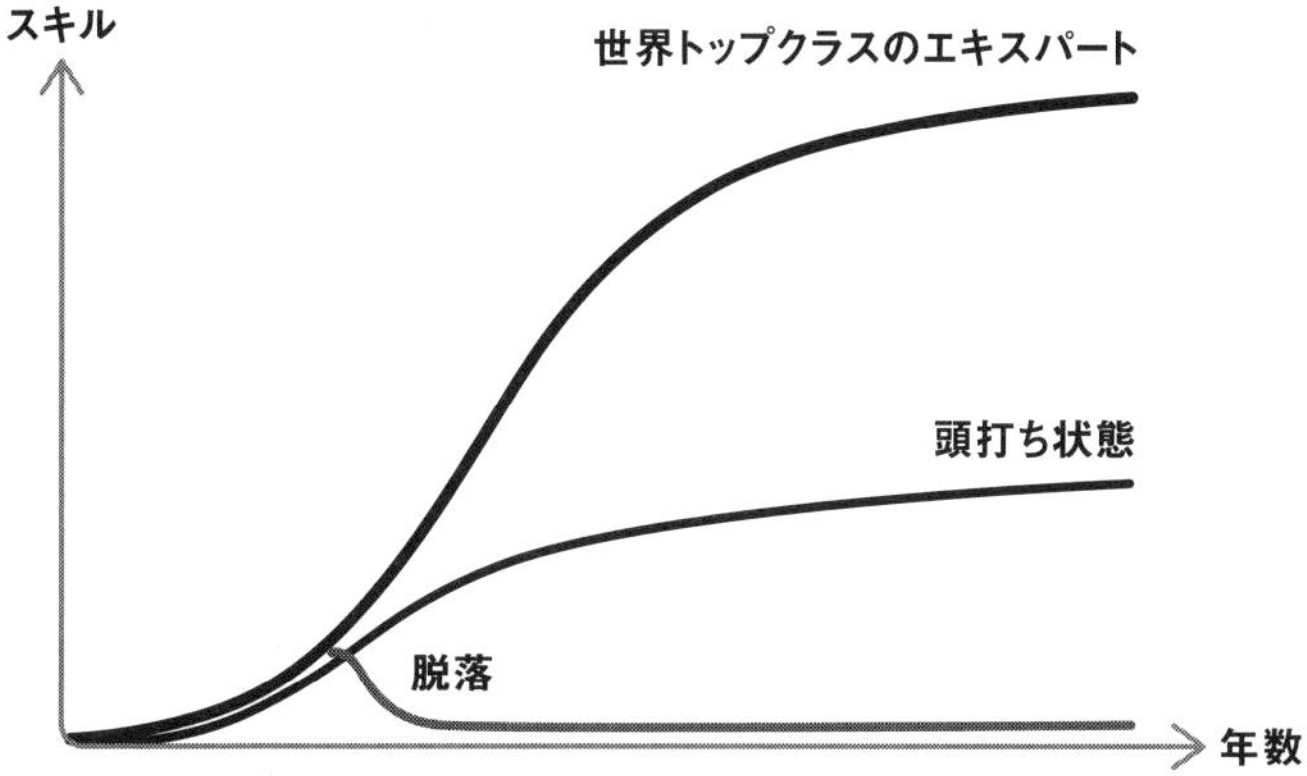

「スキルの上達」と「年数」の関係

究対象は、オリンピックの代表選手、チェスのグランドマスター、著名なピアニスト、バレエのプリマドンナ、ゴルフのトップ選手、スクラブル〔単語ゲーム〕選手権の優勝者、放射線科医など、多岐にわたる。いわばエリクソンは、世界トップクラスのエキスパートに関する第一人者なのだ。

上のグラフは、エリクソンの研究結果を簡潔に示している。

世界トップクラスのエキスパートたちの「スキルの上達」の曲線をたどると、年数にしたがって徐々に向上するが、スキルが上達するにつれて向上率は緩《ゆる》やかになる。これはすべての人に当てはまる現象だ。専門分野に詳しくなるにつれて、日ごとの進歩の幅は小さくなっていく。

スキルの上達にも「学習曲線」があることは、驚くべきことではない。しかし、スキルの上達にかかる時間の膨大さには、驚くべきものがある。エリクソンの研究によると、あるドイツの音楽学校でもっとも優秀なヴァイオリニストたちは、最上級レベルの演奏技巧を習得するまでに10年以上、延べ約1万時間かかっていた。いっぽう、演奏技巧があまり上達しなかった生徒たちの練習時間は、同じ10年ほどの期間で半分程度しかなかった。

おそらくこれも偶然ではないだろうが、舞踏家でモダンダンスの創始者、マーサ・グレアムも「踊り手として一人前になるには10年かかる」と言っている。

100年以上前に、電信係を対象に行った心理学の研究では、モールス信号の打電方法を習得するには、「何年もの厳しい修練」が必要なため、完璧にマスターできる人はめったにいなかったことがわかった。いったい何年かかったのだろうか？ 心理学者らはこう記している。

「研究結果が示しているとおり、通信指令係が熟練したベテランになるには10年を要することがわかった」

エリクソンの研究論文を読めば、「10年間で1万時間」の練習は、あくまでも平均にすぎないことがわかる。たとえば調査対象の音楽家のなかにも、もっと早く最高水準まで上達した人もいれば、さらに多くの時間がかかった人もいた。

しかし、「1万時間ルール」や「10年ルール」があっというまに世間に広まったのには、もっともな理由がある。どれだけ長期間におよぶ努力が必要か、直感的にイメージできてわかりやすいからだ。数時間や数十時間どころではない――年に1千時間もの練習を、10年も続けなければならないのだ。

「意図的な練習」をしなければ上達しない

だが、エリクソンの研究によるもっとも重要な洞察は、エキスパートたちの練習時間が並外れて多いことではない。いちばん重要なことは、エキスパートたちの練習のしかたが、他とは一線を画するという点だ。

ふつうの人びととちがって、エキスパートたちは、ただ何千時間もの練習を積み重ねているだけではなく、エリクソンのいう「意図的な練習」(deliberate practice) を行っている。

練習が大事だというなら、練習しても必ずしも最高のレベルまで上達するとは限らないのはなぜだろうか? エリクソンならその疑問に答えてくれるはずだと思い、私は自分自身のケースを例にたずねてみることにした。

「エリクソン教授、私は18歳のときから週に数回、1時間のジョギングを行っています。でも、ちっとも速くならないんです。もう何万時間も走っていますが、とてもじゃないけれどオリンピックには出られそうにありません」

「そうですか」エリクソンは言った。「いくつか質問をしてもいいですか?」

「どうぞ」

「具体的なトレーニング目標はありますか?」

「健康のため、ちゃんとジーンズを穿《は》けるように、ってところでしょうか」

「なるほど。これぐらいのペースで走りたいという目標はありますか？　あるいは距離でもいい。つまり、ランニングのスキルの上達を目指して、具体的な目標を持っているか、ということです」

「うーん、ないですね」

エリクソンはつぎの質問に移った。

「走っているときは、どんなことを考えていますか？」

「そうですね、ラジオを聴きながら走っているんですが、その日にやるべきことを考えたり、夕食のメニューを考えたりします」

「では、体系的な記録はつけていないんですね？」念を押すようにエリクソンは訊いた。たとえば、どのくらいのペースで、どのくらいの距離を走ったか、どんなルートを走ったか、何回くらい全速力で走ったか、終了時の心拍数はいくつか、などだ。

私は不思議に思った。どうしてわざわざそんなことを？　いつも同じように走っているから、とくに変わった点などないのに。

「では、コーチにもついていないんですね？」

これにには思わず笑ってしまった。

「ふむ」エリクソンは満足気に言った。「わかりましたよ。あなたが上達しないのは、意図的な練習をしていないからです」

エキスパートはこの「3つの流れ」で練習する

いっぽう、これがエキスパートたちの練習法だ。

1．ある一点に的を絞って、ストレッチ目標〔高めの目標〕を設定する。

このときエキスパートたちは、すでに得意なところをさらに伸ばすのではなく、具体的な弱点の克服に努める。あえて自分がまだ達成していない困難な目標を選ぶのだ。

オリンピックの競泳金メダリスト、ローディ・ゲインズはこう語った。

「練習のたびに、あえて厳しい目標を課すことにしています。たとえば、コーチに100メートルを10本、目標タイムは1分15秒でやれと言われたとします。翌日も100メートルを10本やれと言われたら、こんどは自分で目標タイムを1分14秒に設定するんです」

また、ヴィオラの巨匠、ロベルト・ディアスはこう言っている。

「アキレス腱を見つけること――その曲のなかでうまくできない部分を洗い出して、克服しなければならない」

2．しっかりと集中して、努力を惜しまずに、ストレッチ目標の達成を目指す。

面白いことに、多くのエキスパートはひとの見ていないところで努力する。偉大なバスケットボール選手、ケヴィン・デュラントはこう言っている。

「練習時間の7割は、テクニックを磨くためにひとりで練習する。一つひとつのテクニックをしっかり調整したいからね」

音楽家の場合も同様に、グループやほかの音楽家と練習するよりも、ひとりで練習する時間が多い人ほど、スキルの上達が早いことがわかっている。

さらにエキスパートたちは、自分のパフォーマンスが終わるとすぐ、熱心にフィードバックを求める。この段階では、どうしても否定的なフィードバックが多くなる。つまりエキスパートたちは、うまくできた部分よりも、うまくできなかった部分を知って克服したいのだ。すみやかにフィードバックを求めること、そして否定的なフィードバックにしっかりと対処することは、どちらもきわめて重要だ。

ウルリック・クリステンセンも、身をもってそれを学んだ。クリステンセンは医師から起業家へと転身した人物で、「意図的な練習」の原則にもとづいて「適応学習」のソフトウェアを開発した。彼の初期のプロジェクトに、医師の訓練用のバーチャルリアリティ・ゲームがある。脳卒中や心臓発作など、緊急で複雑な心疾患《しんしつかん》の処置の訓練用に使われるソフトだ。あるとき、そのゲームを使った訓練のなかで、クリステンセンと組んだ医師が何度やっても処置に失敗し、ふたりはずっと居残っていた。

「わけがわかりませんでした」インタビューでクリステンセンは語った。

「その人はべつに頭が悪いわけじゃなかった。そのソフトでは実技（ゲーム）のあとに、どこでどう失敗したかについて、詳細なフィードバックが本人に与えられるんです。それなのに、彼はどうすればうまくできるようになるのか、ちっとも理解していませんでした。ほかの連中はみんな帰ってしまって、残っているのは僕らだけでした」

相手は実技が終わり、またフィードバックを受けようとしていたが、疲れ切ったクリステンセンは、とうとう声をかけた。「もう時間切れだ」

そして、続けて言った。

「いまやったばかりの患者のケースで、よくわからないと思いながら処置をしたところはなかった？　新しいガイドラインに適応しているかどうか、確信を持てない部分があったんじゃないか？」

相手の医師はしばらく考えていたが、やがて確信を持って行った処置を挙げ、つぎにややあやふやだった処置をいくつか挙げた。言い換えれば、自分が「わかっていること」と「わかっていないこと」をはっきりと区別したことになる。

クリステンセンはうなずきながら聴いていた。そして相手の話が終わると、コンピューターの画面を見せた。いま本人が言ったことと同じことが、フィードバックとして、これまでに何度も画面に表示されていたのだ。そのあと、相手の医師がもういちど挑戦したところ、こんどは正しい処置を行うことができた。

さて、フィードバックのつぎは何だろう？

3．改善すべき点がわかったあとは、うまくできるまで何度でも繰り返し練習する。

ストレッチ目標を完全にクリアできるまで――以前はできなかったことが、すんなりと完璧にできるようになるまで。できないと思っていたことが、考えなくてもできるようになるまで。

さきほどの医師の話にはまだ続きがある。医師がようやく自分の行動をきちんと振り返ったあと、クリステンセンは彼がミスなしで完璧な処置ができるようになるまで、練習を続けさせた。4回連続でミスなしの処置ができたとき、ようやくクリステンセンは言った。

「お疲れさま。きょうはこれでおしまいにしよう」

では……そのあとは？　ストレッチ目標を達成したあとは、どうするのだろう？

エキスパートたちは新たなストレッチ目標を設定し、弱点の克服に努める。小さな弱点の克服をこつこつと積み重ねていくことが、驚異的な熟練の境地に至る道なのだ。

「意図的な練習」の原則は誰にでもあてはまる

「意図的な練習」の最初の研究は、チェスのプレイヤーを対象に行われ、ついで音楽家やアスリートたちが対象となった。そんな特殊な職業以外の人びとにも、「意図的な練習」の一般原則は当てはまるのだろうか、と疑問に思われるかもしれない。

自信を持って言うが、答えは「イエス」だ。人間の持つどんなに複雑でクリエイティブな能力も、それを構成するスキルは細分化することができる。そして、一つひとつのスキルは、練習をしつこく積み重ねることによって習得することができる。

たとえば、建国の父ベンジャミン・フランクリンが文章力を培った方法は、まさに「意図的な練習」だった。『フランクリン自伝』によれば、フランクリンは愛読誌「スペクテイター」に掲載されたエッセイを精選し、何度も繰り返し読みながらメモを取った。そして、エッセイの原稿を引き出しの奥にしまい込み、原稿を見ずにそれらのエッセイを書いてみた。「それから、自分が書いた原稿とオリジナルの原稿を照合し、まちがった部分を見つけて修正した」

エリクソンが研究した現代のエキスパートたちと同様、フランクリンも自分の弱点に的を絞って、それを克服するまでしつこく練習を繰り返した。たとえば、論理的な主張を展開する能力を強化するため、フランクリンは「スペクテイター」のエッセイを読みながら取ったメモの順番を適当に並べ替え、それを正しい順序に並べ直すという練習をした。「これは論理的に正しい思考の流れを学ぶための訓練である」

さらにフランクリンは言語運用能力を高めるため、散文から韻文へ、韻文から散文への書き換えを何度も繰り返し練習した。

フランクリンの機智に富んだ格言の数々を思えば、彼がもともと文才に恵まれていたわけではなかったとは、信じがたいほどだ。しかし、ここはフランクリン自身の言葉で締め括りたい。「痛みなくして得るものなし」

スペリングが強くなる「3つの秘密」

アンダース・エリクソンと知り合ってまもなく、私たちは共同研究に乗り出した。スペリング大会の決勝戦まで勝ち残る「やり抜く力」の強い生徒たちのことを、詳しく調査することにしたのだ。

それまでの調査において、「やり抜く力」の強い生徒は、「やり抜く力」の弱い生徒よりもたくさん練習に励み、大会での成績もよいことはわかっていた。私が知りたかったのは、スキルの上達をもたらすのは「意図的な練習」なのか、そして「意図的な練習」をたくさん行うためのカギは「やり抜く力」なのか、ということだった。

エリクソンの学生たちにも手伝ってもらい、私たちはまず決勝戦に出場する生徒たちへインタビューを行った。大会のためにどんな準備をしてきたかを調査するためだ。それと並行して、スペリング全国大会の責任者、ペイジ・キンブルの著書『スペリング大会で優勝する方法（How to Spell Like a Champ）』（未邦訳）などの関連書籍を詳しく調べた。その結果、大会への出場経験が豊富な生徒や、保護者や、コーチらが勧める活動がおもに3つあることがわかった。

1. 好きな本を読む。「スクラブル」などの単語力を鍛えるゲームで遊ぶ。
2. 誰かにクイズを出してもらうか、パソコンのソフトを使ってクイズに回答する。
3. 他人の助けや道具に頼らずに、ひとりで練習する。たとえば、辞書に出てきた新しい単語を覚える、スペリング用のノートに書かれた単語を復習する、ラテン語やギリシャ語などの語源を覚えるなど。

このうち「意図的な練習」に相当するのは3のみ。

決勝戦の数カ月前には、出場予定の生徒たちにアンケート調査票を郵送した。生徒たちにはグリット・スケールの質問事項に回答するほか、スペリングの練習時間やさまざまな関連活動に使った時間（1週間の合計時間）を記録するように依頼した。また、スペリングの練習や活動をしているときに、どんな気分になるか（楽しい、つらいなど）もたずねた。

その年の5月、エリクソンと私は決勝戦の一部始終をＥＳＰＮの生放送で見守った。はたして、優勝トロフィーをみごと獲得したのは、13歳の少女ケリー・クローズだった。今回で連続5回目の出場となるケリーは、研究データの記録によれば、少なくとも３０００時間はスペリングの練習を行っていた。

時間の長さより「どう練習するか」がカギ

「今回が最後だと思って、必死に勉強しています。全力でがんばりたいから」大会に向けて準備に励む姿をずっと取材してきたジャーナリストに、ケリーは言った。「出題される可能性のある抽象的で難しい単語を覚えるために、ふつうの単語リストには載っていない単語も勉強するようにしています」

その前年も、同じジャーナリストがケリーを取材していて気づいたことがあった。

「あの子はよくひとりで何時間も単語の勉強をしていますね。参考書を何冊も使ってスペリングの覚え方を勉強しているし、本を読んで興味を持った単語をリストにしています。よく辞書とにらめっこしていますよ」

共同研究のデータを分析すると、前年の私の調査結果と同じことが確認された。すなわち、「やり抜く力」の強い生徒は、「やり抜く力」の弱い生徒よりも練習時間が長かった。

しかし、今回の調査でわかったもっとも重要なことは、時間の長さよりも「どんな練習をしているか」が決め手になることだった。ほかのどんな練習よりも「意図的な練習」が、大会を勝ち進むための要因になっていることがわかったのだ。

保護者や生徒たちにこの話をするときには、必ず付け加えるのだが、クイズ形式で質問に答える練習法にはたくさんの学習効果がある。そのひとつは、自分ではわかっているつもりでいたことが、実際にはよくわかっていなかったことに気づけることだ。

ケリーも自分の弱点を見つけ出すためにクイズ形式の練習を行っていた。必ずまちがえる単語や苦手な単語のタイプがわかれば、集中的に練習してマスターすることができる。ある意味では、効率の高い「意図的な練習」を行うために、前段階としてクイズ形式の練習が必要だと言えるかもしれない。

では、好きな本を読むのは役に立つだろうか？　残念ながら、答えは「ノー」だ。スペリング大会に出場する生徒たちは、みんな言語に興味を持っていて読書も大好きだが、「読書」と「スペリングの上達」には少しも関連性が見られなかった。

「意図的な練習」は1日に3～5時間が限界

「どれだけスキルが上達するか」という観点から見れば、「意図的な練習」に優る練習法はない。生徒たちもスペリング大会への出場経験が増えるにつれて、そのことを実感するようになり、「意図的な練習」に費やす時間は年ごとに増えていった。決勝戦の前月には、その傾向がいっそう顕著になり、出場者たちは平均週10時間の「意図的な練習」を行っていた。

しかし、「どんな気分になるか」という観点から見ても、はたして同じ結論に至るだろうか？　アンケート調査の結果をまとめると、出場者たちは大会に向けたほかのどの練習よりも、「意図的な練習」はきわめて「大変」で、少しも「楽しくない」と回答した。

それとは反対に、好きな本を読んだり、スクラブルのような単語力を鍛えるゲームで遊んだりするのは、好物を食べるのと同じくらい「楽しい」し「ラク」だと答えた。

「意図的な練習」をするときにどんな気分になるかについては、舞踏家のマーサ・グレアムが生々しく（やや大げさかもしれないが……）、つぎのように語っている。

「舞踏家の踊る姿は艶やかで、なめらかで、魅力的に映ります。しかし、そのような境地に至るまでの道のりは、やはり険しく厳しいものです。肉体の疲労はすさまじく、床に就いても、体じゅうが痛みを訴えます。挫折に苦しみ、焦燥に苛《さいな》まれることもあります。日ごとに小さな死が訪れるのです」

厳しい訓練を積み重ねることを、誰もがこれほど壮絶な言葉で表現するわけではないが、一般的に、「意図的な練習」はきわめて過酷に感じられることが、エリクソンの研究でも明らかになっている。

自分の能力の限界に挑み、極度に集中して訓練を行うことは、甚《はなは》だしい疲労をもたらすことを示す証拠として、エリクソンはつぎのように指摘している。選手として最盛期を迎え、世界で活躍している選手たちにとっても、「意図的な練習」ができるのは最大1時間で、そのあとは必ず休憩を入れる。どんなにがんばっても、1日に3〜5時間が限界だという。

またこのことは、多くのアスリートや音楽家が激しい練習を行ったあとに、仮眠を取ることにも関係がある。なぜだろうか？　アスリートの場合は、休憩と回復が明らかに必要と見なされている。しかしアスリート以外の人びとも、激しい訓練は同じように苦しいと言っている。肉体を酷使するのと同じように頭脳を酷使するため、「意図的な練習」はやはりつらいのだ。

たとえば、映画監督のジャド・アパトーは映画作りについてこう語っている。

「毎日が実験です。どのシーンもうまく行くとは限らないから、ものすごく集中します。うまく行くだろうか？　編集チームを増やしたほうがいいか？　どこか変更しなくちゃならないとしたら、どこを変える？　3カ月後にこれをボツにするとしたら、どこが気に入らないからだ？　そんなふうにずっと神経を張りつめて考えているから、ものすごく疲れるんです」

世界で活躍した選手たちでも、引退後は、現役時代と同じように「意図的な練習」を続ける人はまずいない。練習そのものが本当に楽しかったのなら、引退後も同じように続けてもおかしくないはずだ。

「フロー」に入れば、努力はいらない

エリクソンとの共同研究を開始した翌年の夏、ミハイ・チクセントミハイが常勤研究員としてわが大学へやってきた。エリクソンと同様、チクセントミハイも著名な心理学者で、彼らはともにエキスパートたちの研究に生涯を捧げてきた。しかし、世界トップクラスのエキスパートの境地に関するふたりの見解は、驚くほどかけ離れている。

チクセントミハイは、エキスパートのみが体験する状態を「フロー」と呼んでいる。自分

のやっていることに完全に集中していて、「まるで体が勝手に動いているように感じる」状態だ。フロー体験では、きわめて難易度の高いパフォーマンスを行っているにもかかわらず、すんなりと、「頭で考えなくてもできてしまう」感じがする。

あるオーケストラの指揮者は、チクセントミハイにこう語った。

「忘我の境地で、自我の意識がほとんどなくなります。自分の意思とは関係なく、手が勝手に動いているような感じです。私は畏怖と驚異に打たれて、ただその場に居合わせるだけ。（音楽が）勝手に流れていくんです」

また、あるフィギュアスケートの選手は、フロー状態についてこう語った。

「あれは、いつものプログラムを滑っていたときでした。なにをやってもうまく行って、手応えを感じました。とにかく波に乗って、勢いが止まらないんです。ああ、最高だ、ずっとこのままでいたい、と思ってしまうくらい。頭で考えなくても、体が勝手に動いているような感じなんです」

チクセントミハイはこのようなエキスパートたちの体験談を何百人分も集めた。専門分野は多岐にわたるが、フロー状態における至高の体験は、同じような言葉で語られている。

だがエリクソンは、「意図的な練習」はフローのように楽しく感じるはずがないと考えている。エリクソンの見解では、「熟練者はパフォーマンスの最中に、強い高揚感を体験することがある（1990年にミハイ・チクセントミハイがこれを〝フロー〟と呼んでいる）。しかし意図的な練習では、そのような状態は起こり得ない」としている。

なぜなら、「意図的な練習」は緻密に計画して行うものだが、フローは無意識のうちに起こるものだからだ。また「意図的な練習」では、自分の苦手な課題を克服すべく努力するが、フローを体験するのは、課題に対して実力が釣り合っている場合がほとんどだ。そしてもっとも重要なちがいは、「意図的な練習」には並外れた努力を要するが、フローはその名が示すとおり、努力を要しないということ。

ところが、チクセントミハイはそれとは反対の意見を表明している。

「才能の発達に関する研究によって、どんな分野であれ複雑なスキルを習得するには、約1万時間の練習が必要であることがわかっている。（中略）そうした練習は非常に単調で、つらく感じる場合が多い。だがそのような場合が多いとはいえ、練習はいかなる場合もつらいものだと決まっているわけではない」

この見解について説明するため、チクセントミハイはみずからの体験談を披露している。子どものころ、彼が故郷のハンガリーでかよった地元の小学校の入口には、高々とそびえる木造の門があった。そこには看板が掲げられ、「知識の根は苦いが、その実《み》は甘い」と書かれていた。それを見るたびに、子どもながら大きな違和感を覚えたという。

「非常な努力を要するとしても、これは努力する価値のあることで、がんばればきっと習得できる。それに学んだことを実践するのは、自分という人間を表現することにもなり、願望の実現にもつながる。そう思えば、つらくはないはずだ」

優れたパフォーマンスは「必死の努力」が生み出すのか？

いったいどちらが正しいのだろう？

運命のめぐり合わせか、チクセントミハイが滞在していた夏に、エリクソンもペンシルベニアに来ていることがわかった。そこで私は両名をパネリストとして招き、公開討論会を実施することにした。「情熱と世界トップクラスのパフォーマンス」について、約80名の教育者のまえで議論を行うのだ。

当日、講堂に登壇したふたりの姿を見て、私は目をみはった。まるでドッペンゲルガーのように、恐ろしくよく似ていたのだ。ふたりとも長身で引き締まった体つきをしていた。ふたりともヨーロッパ生まれで、少しヨーロッパ訛《なま》りのあるところがよけいに高名な学者たる雰囲気を醸《かも》し出していた。ふたりとも立派なあごひげを蓄え（チクセントミハイのほうは、真っ白になっていた）、いかにもサンタクロース役にはうってつけだった。

討論会の直前、私は少し不安になった。争いごとが苦手なのだ――自分が当事者ではないとしても。しかしふたを開けてみれば、なにも心配することはなかった。「意図的な練習」と「フロー」の提唱者たちは、どちらも完璧な紳士としてふるまった。相手を侮辱するような発言や失礼な態度は、いっさい見られなかった。

エリクソンとチクセントミハイは並んで座り、交互にマイクを手にして、完全に対照的な見解の論拠となる、何十年にもおよぶ研究の要点を順序立てて説明した。どちらも相手が話しているときは、熱心に耳を傾けていた。そうやってマイクが両者のあいだを行き来するうちに、90分が過ぎた。

エキスパートたちは苦しんでいるのだろうか？　それとも、無我夢中でやってのけるのだろうか？　私はそこが知りたかった。

このふたりの討論こそ、その難問に答えを出してくれるにちがいないと期待していたのだが、結果的には各自のプレゼンテーションになってしまった。

閉会後、私はがっかりした。白熱した議論が行われなかったからではなく、解決策が得られなかったからだ。私の疑問に対する答えは、いまだに見つかっていなかった。エキスパートの優れたパフォーマンスは、その瞬間も苦しい、必死の努力が生み出すのだろうか？　それとも、こともなく意気揚々とやってのけるのだろうか？

「フロー」と「やり抜く力」は密接に関連している

そんな物足りない思いを味わったあと、私は何年もこの問題について調べ、考え続けた。しかしどうしても、一方が正しく一方がまちがっているという確信には至らなかったため、私はデータを集めることにした。これまでにオンラインでグリット・スケールに回答した数千名の成人に、フローに関するアンケート調査への協力を依頼したのだ。回答者は男女ともに幅広い年齢層にわたり、俳優、パン屋、銀行員、美容師、歯科医、医師、警察官、秘書、教師、ウェイター、溶接工など、あらゆる職業の人びとが含まれていた。

その結果、どの職業においても、「やり抜く力」の強い人びとはフロー体験も多いことがわかった。言い換えれば、フローと「やり抜く力」は密接に関連しているのだ。

今回の調査結果と、スペリング大会の決勝戦出場者の調査結果と、この10年間、関連研究の膨大な資料を調査した結果を総合的に判断した結果、私はつぎの結論に達した。「やり抜く力」の強い人は、ふつうの人よりも「意図的な練習」を多く行い、フロー体験も多い。

このことは、ふたつの理由によって矛盾しない。第一に、「意図的な練習」は行為であり、フローは体験である。エリクソンが語っているのは、エキスパートたちが「どのように行動するか」であり、チクセントミハイが語っているのは、エキスパートたちが「どう感じるか」だ。第二に、「意図的な練習」を行いながら同時にフローを体験する必要はない。というより、ほとんどの場合、同時に経験することはない。

この問題に完全に決着をつけるには、さらなる研究が必要だ。私は数年のうちに、エリクソンとチクセントミハイと三人で、ぜひそれを実現したいと考えている。

現在、私はつぎのように考えている。

大変な努力を要する「意図的な練習」を行うには、「うまくなりたい」という強い意欲が最大の動機となる。あえて自分の現在のスキルを上回る目標を設定し、100%集中する。自分の理想、すなわち練習前に設定した目標に少しでも近づくために、言わば「問題解決」モードに入って、自分のあらゆる行動を分析する。フィードバックをもらうが、その多くはまちがっている点を指摘するものだ。指摘を受けて調整し、また挑戦する。

いっぽう、フローのときに優勢なのは、まったく別の動機だ。フロー状態は本質的に楽しいもので、スキルの細かい部分が「しっかりとうまくやれているか」など気にしない。よけいなことはなにも考えず、完全に集中しており、「問題解決」モードとはかけ離れた状態だ。自分の行動をいちいち分析せずに、無心で没頭している。

そういうときは挑戦すべき課題と現在のスキルが釣り合っているため、フィードバックも、よくできた部分を指摘されることが多い。自分を完全にコントロールできているように感じ、実際そのとおりになっている。気分が高揚し、時間の観念を忘れてしまう。全速力で走っていても、頭をフル回転させていても、フロー状態にあるときは、なにもかもすんなりとラクに感じられる。

言い換えれば「意図的な練習」は準備の段階で、フローは本番で経験するものだと言える。

「目標設定→クリア」を繰り返し続ける

競泳選手のローディ・ゲインズが、こんな話をしてくれた。

ゲインズはあるとき、オリンピックで金メダルを勝ち取るために、自分がどれだけの練習を積み重ねてきたか、振り返ってみたという。スタミナを増強し、テクニックや判断力を磨き、自信をつけるには、猛練習が必要だった。

無数の練習を繰り返した結果、1984年までの8年間だけでも、合計2万マイルは泳いだ計算になる。その前後の年数も加えれば、当然、距離はさらに延びる。ゲインズは穏やかに笑いながら言った。

「地球一周分、泳いだわけだ。たった49秒のレースのためにね」

私は質問をしてみた。

「楽しかったですか？　つまり、練習は好きでしたか？」

「ウソをつくつもりはないですよ」ゲインズは答えた。「練習に行くのを楽しいと思ったことは一度もないし、練習中はもちろん楽しくなかった。それどころか、朝の4時とか4時半にプールに向かうときや、あまりにも練習がつらいときは、『ここまでする価値があるのか？』なんて考えが、頭をよぎったこともありました」

「では、なぜやめなかったんですか？」

「簡単なことですよ」ゲインズが答えた。「水泳が大好きだったから。競争は胸が躍るし、トレーニングの成果が表れたときも、調子がいいときも、レースで勝ったときも、最高の気分になる。遠征も好きだし、仲間たちにも会える。だから練習は嫌いだったけど、やっぱり水泳は大好きだったんです」

2012年ロンドンオリンピックのボート競技の金メダリスト、マッズ・ラスムッセン（デンマーク代表）も、モチベーションについて同じようなことを語っている。

「努力あるのみ。楽しくなかろうが、とにかくやるべきことをやるんだ。だって結果を出したときは、信じられないほどうれしいんだから。そうか、このときのためにずっとがんばってきたんだな、と報われた気持ちになる。だからこそ、苦しくてもまたがんばれるんだ」

自分のスキルを上回る目標を設定しては、それをクリアする「練習」を何年も続ける。それによって挑戦すべき課題にじゅうぶん見合ったスキルを身につけた結果として、フローを体験すると考えれば、エリート選手がみごとなパフォーマンスを軽々とこなしているように見えるのもうなずける。見えるだけでなく、ある意味では実際にそうなのだ。

なぜ彼らはつらいことを「楽しく」感じるのか？

最近の調査で、私は「やり抜く力」の強い選手やコーチたちに、「意図的な練習」を行うときの気持ちを詳しく語ってもらった。その結果、多くの人びとは舞踏家のマーサ・グレアムと同じように、自分ができないことに挑戦するのは、イライラするし、不愉快だし、つらく感じることもある、という意見だった。

ところがなかには、「意図的な練習」は長い目で見た場合だけでなく、練習を行っているその瞬間にも、きわめてポジティブな経験になり得る、という意見の人もいた。その人たちも、「意図的な練習」について「楽しい」という表現は使わなかったが、「つらい」という表現も使わなかった。

さらにトップの選手たちからは、つぎのような指摘もあった。たしかに「意図的な練習」は大変だが、なにも考えずにただ練習をこなすだけで進歩のない「マインドレスな練習」も、それはそれで苦痛だというのだ。

このような調査結果を見て悩んだ私は、エリクソンとの共同研究で集めたデータを、あらためて調べてみることにした。スペリング大会の決勝戦に出場した生徒たちの練習日誌だ。全体的には、「意図的な練習」は非常に「大変」で「楽しくない」という意見が多かったはずだが、各生徒の受けとめ方にはかなりのばらつきがあったことも私は覚えていた。言い換えれば、すべての生徒が同じように感じていたわけではないということだ。

そこで、「やり抜く力」の強い生徒たちが「意図的な練習」をどのように感じていたかを調べてみた。すると、「やり抜く力」の強い生徒たちは、「情熱」や「やり抜く力」の弱い生徒たちよりも、「意図的な練習」の時間が長く、「楽しさ」も「大変さ」も強く感じていたことがわかった。

つまり、そういうことなのだ——「やり抜く力」の強い生徒は、ほかの生徒たちよりも大変な思いをして「意図的な練習」に取り組んでいたが、同時に「楽しさ」もよけいに感じていた。

この結果をどう解釈すべきか、確信をもって判断するのは難しい。ひとつの可能性としては、「やり抜く力」の強い生徒たちは、他人よりも多く「意図的な練習」に取り組んでいるうちに、しだいに努力が報われるようになり、努力をすることじたいが好きになるという考え方ができるだろうか。「努力の結果が出たときの高揚感がクセになる」というわけだ。

もうひとつの可能性は、「やり抜く力」の強い生徒はほかの生徒よりも、努力することを「楽しい」と感じるので、他人よりも多く練習するという説。「困難なことに挑戦するのが好きな人たちもいる」というわけだ。

実際のところ、どちらが正しいかは私にもわからないが、どちらもある程度は真実だと思う。第11章で詳しく見ていくとおり、努力に関する主体的経験（努力をするときにどう感じるか）は、何らかの形で努力が報われることなどによって変わることが、科学的根拠によって証明されている。私も実際に、娘たちが以前よりも努力をするのが好きになったのを見てきたし、自分自身のことを振り返っても、そうだったと言える。

困難な目標に挑戦するのを好んでいる

ところが、競泳選手ケイティ・レデッキーのコーチ、ブルース・ゲメルに話を聞いたところ、ケイティは昔からずっと、困難な目標に挑戦するのが好きだったらしい。

「ケイティが大会に出場し始めたころに、両親が撮影したビデオ映像が残っているんです。ケイティは6歳で、1ラップだけ泳ぎます。何ストロークか泳ぐとコースロープにつかまって、また何ストロークか泳ぐとロープにつかまります。最後に、ようやく端まで泳ぎ切って、プールから上がります。

撮影しているお父さんが、ケイティに声をかけます。『初めて大会に出た感想を教えて。どうだった？』。するとケイティは『たのしかった！』と言って、数秒後にこう言うんです。『たいへんだったけどね！』。そのとき、笑ってるんですよ、満面の笑顔で。それがすべてを物語っています。どんな練習をするときも、ケイティはいつもそういう姿勢なんです」

さらにゲメルは、ケイティほど熱心に「意図的な練習」に取り組む選手は見たことがないと語った。

「苦手なことも練習させます。そんなときはグループを3つに分けたうち、いちばん下からのスタートです。そうすると、少しでもうまくなろうとして、ケイティが空き時間に練習している姿を何度も見かけます。だからしばらくすると、いちばん上のグループに入っているんです。選手のなかには、やってもうまく行かないと、こちらが必死に励ましたり、なだめすかしたりしてやらないと、もういちど挑戦しない子も多いんですがね」

「意図的な練習」を「楽しい」と感じる可能性があるならば、「フロー」のように楽々と感じる場合もあるのだろうか？

そこで私は、スペリング大会の優勝者ケリー・クローズに、「意図的な練習」のあいだにフロー状態を体験したことがあるかどうかたずねてみた。

「ないです。私が一度だけフロー状態を体験したのは、必死にがんばっているときじゃありませんでした」

だがいっぽうで、ケリーは「意図的な練習」には独特の満足感があると言った。「勉強のなかでいちばんやりがいを感じたのは、自分で大きな課題を細かく分けて、それを一つひとつ達成していくことです」

現時点では、「意図的な練習」がフローのように楽々と感じる可能性があると言い切れるだけの研究は、まだ十分に行われていない。私は、「意図的な練習」には大きな満足感を覚える可能性があると思うが、それはフローのもたらす満足感とは異なるものだ。

言い換えれば、ポジティブな経験にも種類があるということ。スキルが上達したことに喜びや手応えを覚えるのと、本番で最高の演技ができて高揚感にひたるのとでは、うれしい経験でも種類がちがう。

ラクな「練習」はいくら続けても意味がない

では、素晴らしいコーチや、メンターや、教師について学ぶ以外に、「意図的な練習」を最大限に活用して、もっとフローを体験する方法はあるのだろうか？　それにはまず、科学を理解する必要がある。

「意図的な練習」の基本的な要件は、どれも特別なものではない。

・明確に定義されたストレッチ目標
・完全な集中と努力
・すみやかで有益なフィードバック
・たゆまぬ反省と改良

しかし、この4つの項目すべてに該当するような練習を、ふつうの人は何時間くらい行っているだろうか？　ラクな道を選んで最低限の努力しかしない人も多い。「意図的な練習」をする時間など、実質ゼロではないだろうか？

やる気にあふれ、疲労困憊《ひろうこんぱい》するまで努力している人でも、必ずしも「意図的な練習」を行っているとは限らない。

たとえば、オリンピックのボート競技金メダリスト、マッズ・ラスムッセンは、日本のチームに招かれて訪日した際、選手たちの練習時間のあまりの長さに衝撃を受けた。そして、「ただ何時間も猛練習をして、自分たちを極度の疲労に追い込めばいいってものじゃない」と諭《さと》したという。それよりも大事なのは、周到に考えた質の高いトレーニング目標を設定して、それを達成すること。それには、エリクソンの研究が示しているとおり、長くても1日数時間が限度だ。

ジュリアード音楽院のパフォーマンス心理学者、ノア・カゲヤマは、2歳でヴァイオリンを始めたが、「意図的な練習」を始めたのは22歳になってからだった。いったいなぜだろうか？　もちろん、彼にやる気が欠けていたわけではない。子どものころから4人の先生に師事し、3つの街へレッスンにかよっていたほどだ。

問題は、カゲヤマが練習について肝心なことを理解していなかったことだった。ところが、練習にも科学的知識にもとづいた〝技術〟があること、つまり、スキルをもっと効率よく向上させる方法があることを理解したとたん、練習の質も、満足度も、急激に著しく向上したのだ。カゲヤマは現在、心理学者として、自分の習得した知識をほかの音楽家たちに伝えるべく尽力している。

「優秀な人」の姿勢を知る

数年前、私は大学院生のローレン・エスクライス・ウィンクラーとともに、子どもたちに「意図的な練習」を教えることにした。

まず、ストーリーや漫画を使った自習用教材を用意し、「意図的な練習」と「効果の低い学習法」の重要なちがいを理解できるようにした。そしてどんな分野でも、優秀な人たちは、もともと持っている能力に関係なく、「意図的な練習」をとおして技術を磨くことを、子どもたちに説明した。

YouTubeなどでスポーツ選手などのすごいパフォーマンスを見ると、楽々とやっているように見えるかもしれないが、その裏では、どの選手も、誰も知らないところで何時間も黙々と大変な練習に取り組み、失敗に苦しみながらがんばっていることを説明した。

そして、自分がまだできないことに挑戦し、失敗して、何とかうまく行くように別の方法を見つけることこそ、エキスパートの練習法であること、また、うまくいかなくてイライラしても、練習法がまちがっているとは限らないし、練習中に「もっとうまくできたらいいのに」ともどかしく思うのは、いたってふつうのことであることを説明した。

つぎに、私たちはこの調査の成果が、さまざまなプラセボ対照実験においてどう表れるかを調べた。

その結果、生徒たちの「練習」や「達成」についての考え方は、変えられることが明らかになった。

たとえば、「学校の成績を上げるために、友だちにアドバイスをするとしたら何と言いますか?」という質問に対し、「意図的な練習」について学んだ生徒たちは、「自分の弱点に集中的に取り組む」「完全に集中する」などの方法を勧めると回答した。

また、「数学の意図的な練習を行う」のと、「ソーシャルメディアやオンラインゲームで遊ぶ」のと、どちらかを選ぶように指示された場合は、「意図的な練習」を選択する生徒が多いという結果が出た。

さらに、成績がクラスで平均以下だった生徒たちの場合、「意図的な練習」について学んだあとは、通知表の成績に向上が見られた。

毎日、同じ時間、同じ場所での「習慣」をつくる

「意図的な練習」を最大限に活用するための第2の提案は、「習慣化すること」。具体的に説明すると、「意図的な練習」を行うために、自分にとってもっとも快適な時間と場所を見つけることだ。いったん決めたら、毎日、同じ時間に同じ場所で「意図的な練習」を行う。なぜなら大変なことをするには、「ルーティーン」にまさる手段はないからだ。

私自身の研究も含め、多くの研究によって明らかになっているとおり、毎日同じ時間に同じ場所で練習するのを習慣にすれば、重たい腰を上げなくても、しぜんと練習に取りかかることができる。

メイソン・カリー著『天才たちの日課――クリエイティブな人々の必ずしもクリエイティブでない日々』（フィルムアート社）では、小説家、詩人、アーティスト、哲学者、科学者、作曲家、映画監督など、161名のクリエイティブな人びとの「1日の過ごしかた」が紹介されている。

なにか決まった習慣があるなら知りたいと思うかもしれないが（たとえば、「必ずコーヒーを飲む」あるいは「コーヒーは絶対に飲まない」、「いつも寝室で仕事をする」あるいは「寝室では仕事はしない」など）、あいにくそういうものは出てこない。

しかし、クリエイターたちの共通点を知りたいと思うなら、その答えはずばり、書名その

もの――「日課」だ。

この本に出てくる人びとは、それぞれ独自の方法で、「意図的な練習」を毎日ひとりで何時間も行っている。ルーティーンをきっちりとこなし、習慣を忠実に守るのだ。

たとえば漫画家のチャールズ・M・シュルツは、代表作『ピーナッツ』（スヌーピーのシリーズ）で、約1万8000回もの連載を達成した。シュルツは毎日、夜明けごろに起床し、シャワーを浴びてひげを剃り、子どもたちと朝食をとった。その後、子どもたちを車で学校へ送ってから仕事場へ到着すると、昼休みも取らずに（昼食はハムのサンドウィッチとミルクで手軽にすませる）、子どもたちの学校が終わる時間まで、ひたすら仕事をした。

作家のマヤ・アンジェロウは、毎朝夫とコーヒーを飲んだら、午前7時までには「みすぼらしいホテルの一室」に入り、気を散らさずに午後2時まで仕事をするのが日課だった。

このように、毎日同じ時間に同じ場所で「練習」を続けていると、最初のうちは「さあ、始めなくちゃ」と意識しなければできなかったことが、いつのまにか自動的にできるようになる。ウィリアム・ジェイムズは、「毎日なにかをしようと思うたびに、着手する決心をしなければできない人ほど、情けない人間はいない」と言っている。

私もすぐにその教訓を学んだ。いまの私には、作家のジョイス・キャロル・オーツが、本の最初の原稿を書き上げる苦労を「薄汚いキッチンの床に這いつくばり、鼻の先で一粒のピーナッツを転がしていく」ような感じだ、と言った気持ちがよくわかる。

そこで、私も考えた。仕事にスムーズに取りかかるための簡単な日課を決めたのだ。午前

8時になったら、自宅内のオフィスに入り、前日に書いた原稿を読み返す。この習慣のおかげで執筆がラクになるわけではないが、仕事に着手するのはラクになった。

「いま、この瞬間」の自分を見ながらチャレンジする

「意図的な練習」を最大限に活用するための第3の提案は、「意図的な練習」への向き合い方を変えること。

スペリング大会のデータを見直したところ、「やり抜く力」の強い生徒たちは、ほかの生徒たちよりも「意図的な練習」を「楽しい」と思っていることがわかった。そこで、私は競泳コーチのテリー・ラクリンに電話をした。ラクリンは、まったくの初心者からオリンピックの優勝者まで、あらゆるレベルの生徒たちに指導を行ってきた。またラクリン自身も、米国マスターズ水泳大会で記録を更新している。

私がラクリンの見解にとくに興味を持ったのは、彼がみずから考案した「トータル・イマージョン」というメソッドを、指導に採り入れているからだ。要するに、リラックスしてマインドフルな状態で泳ぐと、速くラクに泳げるらしい。

「意図的な練習だって楽しめるはずですよ」ラクリンは言った。「その気になれば、チャレンジを恐れずに受けとめられるようになります。目標を明確に意識し、フィードバックを受け、意図的な練習でやるべきことをすべてこなしても、いい気分でいることはできます。そ

のためには批判をせず、〝いま、この瞬間〟の自分を見つめることが重要です。批判はチャレンジを楽しむ邪魔になるので、批判を取り除いて自分をラクにするんです」

ラクリンとの電話を終えると、赤ちゃんや幼児のことが頭に浮かんだ。そういえば小さい子どもたちは、いつもできないことに挑戦しているけれど、とくに恥ずかしそうにも不安そうにも見えない。「痛みなくして得るものなし」ということわざも、どうやら未就学児童には当てはまらないようだ。

児童の学習心理学が専門の心理学者、エレナ・ボドロヴァとデボラ・レオンも、やはり赤ちゃんや幼児は、失敗から学ぶことが苦にならないと言っている。赤ちゃんが座りかたを覚えたり、幼児が歩きかたを覚えたりするようすを見てみよう。なかなかうまく行かず、何度も失敗しても、がんばって挑戦している。ものすごく集中して、周りからたくさんのフィードバックをもらって、多くのことを学んでいる。

そんなとき、幼い子どもたちはいったいどう感じているのか、訊いて確かめることはできないが、つらそうに見えないことはたしかだ。

ところが……やがて変化が表れる。ボドロヴァとレオンによれば、子どもたちは幼稚園に入るころには、自分がまちがいをすると、おとなが反応を示すことに気づき始める。たとえば、眉をひそめたり、頬が赤くなったり、あわてて子どものところに駆け寄って、「そんなことしちゃだめだよ」と指摘したり。その結果、子どもたちはなにを学んでいるだろうか？　困惑や、恐れや、羞恥心《しゅうちしん》だ。

競泳コーチのブルース・ゲメルは、生徒たちもまさに同じことを経験しているという。

「子どもたちはコーチや、親や、仲間や、メディアと接するなかで、失敗は悪いことなんだと思い込んでしまう。そうすると慎重になりすぎて、思い切って挑戦しようとか、全力でぶつかってみようなんて思わなくなるんです」

デボラ・レオンは言う。

「羞恥心を抱いても、なにも解決しません」

では、どうすればいいのだろう? ボドロヴァとレオンは、幼稚園の教諭や保育士たちに、失敗しても平気に振る舞うようすを園児たちに見せるように指導している。まず、子どもたちの前でわざと失敗をして、そのあと笑顔でこう言うのだ。

「あれー? 先生はこの山にはブロックが5つあると思っていたんだけど! もういちど数えてみるね。1、2、3、4、5、……6! ブロックは6つあるね! そうか、わかった! ブロックをさわりながら数えればいいんだね」

「意図的な練習」をしながら、「フロー」のような最高の気分になれるかどうかはわからないが、自分自身や周りの人に向かって、こんなふうに声をかけることはできるはずだ。

「大変だったね。でも楽しかったね!」

第8章

「目的」を見出す

——鉄人は必ず「他者」を目的にする

「興味」は情熱の源だ。そして「目的」、すなわち人びとの幸福に貢献したいという意思も、やはり情熱の源だ。「やり抜く力」の強い人びとが持っている深い情熱は、「興味」と「目的」によって支えられている。

なかには早々と「目的」に目覚める人もいる。アレックス・スコットのような「やり抜く力」の鉄人のケースを考えると、やはりそうとしか思えない。

アレックスは物心ついたときから、ずっと病気だった。1歳のとき、神経芽腫《がしゅ》と診断されたのだ。そんなアレックスが、4歳の誕生日を迎えてまもなく母親に言った。

「退院したら、レモネードの売店をやりたいの」

そして、言葉どおり実現した。アレックスは5歳になるまえに最初のレモネードスタンドを開店し、そこで稼いだ2000ドルを、「まわりの子たちに助けてもらったから、みんなを助けてください」と言って、病院の担当医たちに寄付したのだ。

4年後、アレックスはこの世を去った。しかしアレックスの行いによって奮起した多くの人たちが、レモネードスタンドを次々に開店した。寄付金総額は100万ドルにものぼった。遺族がアレックスの遺志を継いで設立した「アレックスのレモネードスタンド財団」は、がん研究のため、現在までに1億ドル以上もの寄付を行っている。


アレックスは非凡な存在だった。ほとんどの人は、まず自分が楽しいと思うことに興味を持つことが多い。自分の個人的な興味がほかの人の役にも立つかもしれないと気づくのは、もっとあとのことだ。言い換えれば、一般的な順序は、どちらかと言えば個人的な「興味」からスタートして、やがて真剣に取り組むようになり、ついには人の役に立つという「目的」を見出すという流れになる。

心理学者のベンジャミン・ブルームは、この「3段階の発展形式」に最初に注目した学者のひとりだ。30年前、ブルームは世界トップクラスのアスリートや、アーティストや、数学者や、科学者らへのインタビューを開始したとき、人びとがどうやって各分野のトップに上りつめたのか、その方法や秘訣を学びたいと思っていた。だがそれだけでなく、研究対象のあらゆる分野に共通する一般的な学習形式を発見したのは、予想外の収穫だった。

幼年期の教育やトレーニングの面などで多少のちがいはあるにしても、エキスパートたちがみな、この3段階の発展形式によって進歩を遂げたのは明らかだった。

本書の第6章ではブルームによる「初期」について述べ、第7章では「中期」について述べたが、本章では最後のいちばん長い段階、「後期」について述べる。ブルームの言葉でいえば、自分が取り組んできたことに「さらなる大きな目的と意義」を見出す段階だ。

「これは人の役に立っている」と考える

「やり抜く力」の鉄人が、自分の目指していることには「目的」があると言うとき、そこにはたんなる「意図」よりも、もっと深い意味が込められている。「目的」が明確であるだけでなく、その「目的」には特別な意味があるのだ。

「どういう意味か、もう少し詳しく教えていただけますか?」と訊いてみると、ときには自分の思いを言葉で的確に表現するのに苦労する人もいる。しかし誰もが、ひとりの例外もなく口にするのは、他者のことだ。「うちの子どもたち」「私のクライアントたち」「僕の生徒たち」など具体的な人を指す場合もあれば、「この国」「このスポーツ」「科学」「社会」など、もう少し広く一般的な人びとを指す場合もある。

しかしどの場合も、伝えようとしているメッセージは同じだ。昼夜を問わず苦労を重ね、挫折や失望や苦しみを味わい、犠牲を払っても——それだけの価値はある。なぜなら最終的に、その努力はほかの人びとの役に立つからだ。つまり「目的」という言葉の中心的な概念は、「自分たちのすることは、ほかの人びとにとって重要な意味を持つ」ということになる。

アレックス・スコットのような早熟の利他主義者のことを思い浮かべれば、他者中心の「目的」の例としてわかりやすいだろう。

幸福になる方法は「快楽を追うこと」と「目的を追うこと」

「やり抜く力」の鉄人たちが、「自分のやっていることは、ほかの人びとと深くつながっている」と語るのを何度も耳にした私は、その「つながり」の意味を詳しく分析することにした。「目的」は当然、重要なものだが、ほかの優先事項と比較してどれくらい重要なのだろう？　自分にとって最重要の目標に一心不乱に取り組むのは、「無私無欲」というより、ある意味ではむしろ「利己的」なようにも思えた。

アリストテレスは、幸福を追求する方法は少なくともふたつあることを、いち早く認識していた。ひとつは「eudaimonic」、すなわち「内なる良い精神」と調和すること。もうひとつは「hedonic」で、「利己的な目先の快楽を追求する」ことだ。

この問題についてのアリストテレスの見解は明らかで、利己的な快楽を追求する生き方は原始的で野蛮であり、良心と調和した生き方こそ高貴で純粋であるとして支持した。

ところがじつは、幸福を追求するふたつの方法には、古代からの進化の歴史がある。

人間はいっぽうでは快楽を追求する。なぜなら全般的に言って、快楽をもたらすものは生存の確率を高めるからだ。たとえば、もし人類の祖先が食物と性交に対する強い欲求を持っていなかったら、命を長らえ、多くの子孫をつくることはできなかっただろう。人間はだれでもある程度は、フロイトが述べたとおり「快楽原則」によって動かされている。

いっぽうで、人間は進化し、「意義」と「目的」を探求するようになった。もっとも深い意味において、人間は社会的な生き物であり、周りの人びととつながって互いに奉仕することも、やはり生存の確率を高める。孤独な人よりも、周りの人びとと助け合う人のほうが生き残りやすい。社会は安定した人間関係によって成り立っており、私たちは社会に属することで、食糧を手にし、悪天候や敵から身を守ることができる。つまり、つながりを求める気持ちも、快楽への欲求と同じように、人間の基本的欲求なのだ。

したがって、人間は誰でもある程度は、「快楽」を得られる幸福も、「意義」と「目的」を得られる幸福も、どちらも追求するようにできている。しかし、どちらを多く追い求めるかは、人によって異なる。「快楽」よりも「目的」を重視する人もいれば、その逆の人もいる。

彼らはどれだけ「快楽」と「目的」を追っているか？

「やり抜く力」の根底にあるモチベーションを探るため、私は1万6000名のアメリカ人の成人にグリット・スケールへの回答を依頼した。アンケートには追加の質問事項をたくさん設けた。

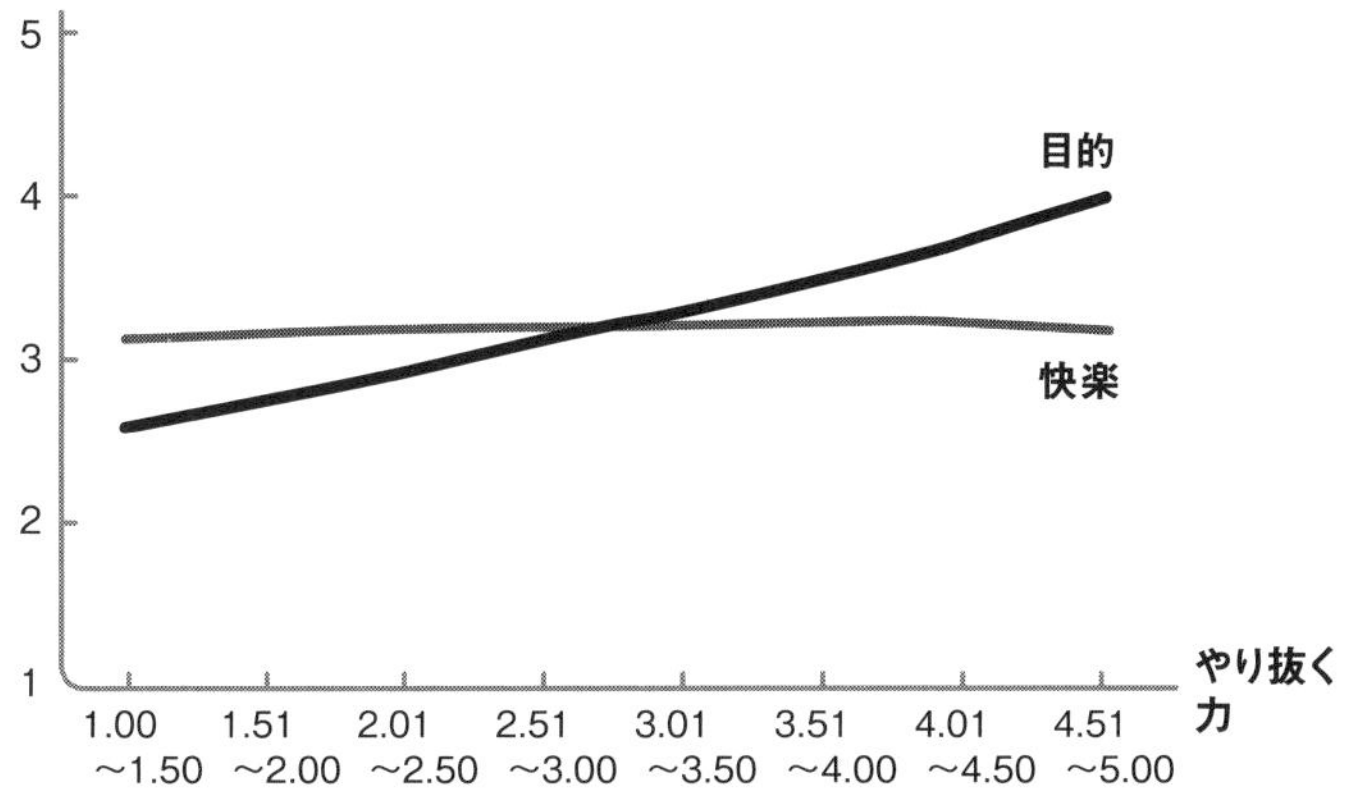

「目的」のスコアが高い人ほど「やり抜く力」が強い

たとえば「目的」については、つぎのような表現が出てくる。「私のやっていることは、社会にとって重要な意味がある」。それに対して参加者は、その表現が自分自身にどの程度当てはまると思うかを、1～5段階で回答する。

同様に、「快楽」の重要度についても、参加者は6つの表現を読んで回答する。たとえば、つぎのような表現だ。「私にとってよい人生とは、楽しい人生だ」

このようなアンケートの質問に対する回答を集計し、各参加者が「目的」と「快楽」について、それぞれどの程度の志向を持っているかを示す1～5までのスコアを割り出した。

上のグラフは、その大規模実験のデータを用いたものだ。これを見てもわかるように、「やり抜く力」の強い人びとは修道士でもなければ、快楽主義者でもない。快楽の追求という点から見れば、ふつうの人と何ら変わらない。どんなに「やり抜く力」の強い人にとっても、ある程度の快楽は重要だ。

それでいて「やり抜く力」の強い人びとは、ふつうの人にくらべて、「意義のある生き方」「ほかの人びとの役に立つ生き方」をしたい、というモチベーションが著しく高い。さらに「目的」のスコアが高いほど、「やり抜く力」のスコアも高いことがわかった。

これはべつに、「やり抜く力」の鉄人たちはみな聖人だという意味ではない。「やり抜く力」のきわめて強い人は、自分にとっての究極の目標は、自分という枠を超えて、人びとと深くつながっていると考えている、ということだ。

私がここで言いたいのは、「目的」はほとんどの人にとって、とてつもなく強力なモチベーションの源になっているということ。例外はあったとしてもきわめて少なく、この主張の正しさを証明している。

3番目の答えの人は「やり抜く力」が強い

自分の最重要の目標をとおして世の中の役に立てる人は、本当に幸福だ。そういう目標を持っている人は、どんなにささいなことや退屈な作業にも、意義を見出すことができる。ではここで「レンガ職人」の寓話を例に考えてみよう。

ある人がレンガ職人に「なにをしているんですか？」とたずねた。すると、三者三様の答えが返ってきた。

1番目の職人は「レンガを積んでるんだよ」。
2番目の職人は「教会をつくっているんだ」。
3番目の職人は「歴史に残る大聖堂を造っているんだ」。

1番目のレンガ職人にとって、レンガ積みはたんなる「仕事」にすぎない。2番目の職人にとって、レンガ積みは「キャリア」。3番目の職人にとっては、レンガ積みは「天職」を意味する。

多くの人は3番目の職人のようになりたいと思いつつ、実際のところ、自分は1番目か2番目だと思っている。

イェール大学経営大学院教授エイミー・レズネスキーが調査を行ったところ、「3人のレンガ職人のうち、自分はどれに相当すると思いますか?」という質問に対して、人びとはまよわずに即答した。その答えは「あなたの現在の仕事は、以下のどれに当てはまりますか?」という質問への回答とほぼ同じ割合で分かれていた。

仕事(「私にとってこの仕事は、呼吸や睡眠のように生きるために必要なことだ」)
キャリア(「私にとってこの仕事は、もっといい仕事に移るためのステップだ」)

天職（「私にとってこの仕事は、人生でいちばん大切なもののひとつだ」）

私もレズネスキーと同じ調査を行ったところ、自分の職業を「天職」だと思っている人は、ごくわずかしかいないことがわかった。そしてやはり予想どおり、そういう人たちは、自分の職業を「仕事」あるいは「キャリア」と思っている人たちにくらべて、「やり抜く力」が強いことがわかった。

自分の職業を「天職」だと思っている幸福な人たちは（「仕事」や「キャリア」だと思っている人とは反対に）、「私の仕事は世の中をよくするのに役立つ」という言葉をよく口にする。そのような人たちは、自分の仕事や人生に対して全体的にもっとも満足している。ある研究では、自分の職業を「天職」だと思っている人たちは、自分の職業を「仕事」や「キャリア」だと思っている人にくらべて、疾病《しっぺい》休暇の取得日数が3分の1程度しかないことがわかっている。

「意義を感じない仕事」を続けることは耐えられない

さらに、982名の動物園の飼育員（80％は大卒だが、平均年収は2万5000ドル）を対象に行われた最近の研究では、自分の職業を「天職」と思っている飼育員（「動物のために働くのは、自分の天職だと感じています」）は、強い目的意識を示すことがわかった（「私の仕事は世の中の役に立っています」)。

また彼らは、時間外手当のつかない場合や勤務時間の終了後でも、自分から進んで病気の動物の世話をした。さらには、道徳上の義務感も強く感じていた(「自分が担当する動物たちのことは、できるかぎりよく面倒をみる義務があります」)。

当然のことながら念のため言っておくと、真っ当な暮らしをするために働き、それ以外に職業的な野心を持たなくても、べつに「悪い」ことではない。しかしほとんどの人は、それ以上に多くを望んでいる。

ジャーナリストのスタッズ・ターケルも、1970年代にあらゆる職種の労働者100名以上にインタビューを行った結果、同じ結論に達した。

ターケルの調査でも、自分の職業を「天職」だと思っている人はごくわずかだった。しかし、「天職」に就きたいと思っている人が少なかったわけではない。ターケルの結論はこうだ。私たちはみな、「毎日の糧《かて》だけでなく、意義を求めている。月曜から金曜までは死んでいるような暮らしでは満足できない」。

しかしインタビュー調査を進めるうちに、ターケルは「日々の仕事を面白いと感じている、ごくわずかな幸福な人びと」にも出会った。

第三者の視点から見ると、「天職」を持っている人たちは、必ずしも「目的」を見出しやすい職業に就いていたわけではなかった。石工もいれば、製本工もいた。ロイ・シュミットという58歳のゴミ収集員は、ターケルにこう語った。ゴミ収集の仕事は疲れるし、汚いし、危険だ。自分も前職は事務職だったし、ほとんどの人にとっては、事務職などほかの職業のほうが、どれもずっと魅力的に見えることはよくわかっている。しかし、彼は最後にこう言った。

「でも僕はこの仕事がくだらないとは思いません。社会にとって重要な仕事だから」

どの職業でも「天職」と感じている人の割合は変わらない

レンガ職人の寓話では、3人の職人は同じ職業に就いていても、主観的経験（自分の仕事をどう思っているか）は大きく異なっていた。

さらにエイミー・レズネスキーの研究は、「天職」というのは、職務記述書の中身とはほとんど関係ないことを示している。それどころかレズネスキーは、どの職業も「仕事」「キャリア」「天職」のいずれにもなり得ると考えている。

たとえば、レズネスキーは秘書たちを対象に調査を行ったとき、秘書の職業を「天職」だと思っている人はそれほどいないだろうと予想していた。ところが、アンケート調査の結果を見てみると、「自分の職業は、仕事、キャリア、天職のうちどれに該当すると思いますか？」という質問に対し、秘書たちの回答は、ほかの職業についての調査結果と同じ割合で、3つに分かれていた。

レズネスキーは、「仕事」「キャリア」「天職」のちがいは、職種のちがいによって生じるものではないという結論に至った。それよりも重要なのは、本人が自分のやっていることを「どう思っているか」だ。たとえばレンガを積むにしても、ただやるべきことをこなしているだけ（仕事）か、ステップアップするため（キャリア）だと思って取り組んでいるのか、自分よりも大きな存在とつながるための重要な仕事（天職）だと思って取り組んでいるのか、ということだ。

私もその考え方に賛成だ。肩書きよりも重要なのは、本人が自分の仕事をどう見なしているかだ。それはとりもなおさず、わざわざ職業を変えなくても、ただの「仕事」だと思っていたものが「キャリア」に、そしてついには「天職」に変わる可能性もあるということだ。

先日、私はレズネスキーにたずねた。

「アドバイスを求められたときは、どんなことを言うんですか？」

「天職は見つけるべきものだと思っている人がすごく多いんです」レズネスキーは答えた。「天職は魔法のように神秘的なもので、きっとこの世のどこかにあるはずだ——そんなふうに思ってしまうせいで不安になるのです」

それに対し、私は「興味」についても同じような誤解があることを指摘した。興味を持続させるには、みずから積極的に掘り下げ、深めていく必要があることに気づいていない人は多い。アドバイスを求める人に対し、レズネスキーはこう説明する。

「天職との出会いは、完成したものを見つけることではありません。受け身の姿勢ではなく、自分から積極的に行動することが大事です。たとえば清掃員でもＣＥＯでも、職業に関係なく、どんな人もつねに自分の仕事を見つめ直して、問いかけることはできるはずです。この仕事はどんなふうに、ほかの人びととつながっているだろう？　世のなかの役に立っているだろうか？　自分のもっとも大切な価値観を表しているだろうか？」

言い換えれば、自分はただ「レンガを積んでいるんだ」と言っていた人も、「歴史に残る大聖堂を造っているんだ」と思えるようになるということだ。

「ひと夏の経験」で人生のすべてが変わる

大きな「目的」をもつ最重要目標の力を、私が初めて実感したのは21歳のときだった。

大学3年の春、夏休みになにか活動をしたいと思った私は、就職指導センターへ行った。「夏期社会奉仕活動」というラベルの貼られた分厚い3穴ファイルのページをめくっていくと、「サマーブリッジ」という教育プログラムの告知を見つけた。恵まれない家庭の中学生らを対象とした夏期講習会で、講師を務める大学生を募集していたのだ。

「夏期講習で中学生に教えるなんて楽しそう」と私は思った。「生物と生態学だったら教えられるな。ダンボールとアルミホイルでオーブンをつくって、太陽熱で調理する方法を教えてあげよう。みんなでソーセージを焼いて、ホットドッグをつくったら楽しいかも」

まさかこの経験によってすべてが変わるとは、思ってもみなかった。

まさか医学部への進学をやめることになるとは、思ってもみなかった。

まさか大きな「目的」のもたらす力を、身をもって知ることになるとは、思ってもみなかった。

ところが、あの夏のことを書こうと思っても、なぜか細かいことは思い出せない。週末も毎日、夜明け前に起きて授業の準備に励み、夜も遅くまで働いていたのは覚えている。あとは印象に残っている生徒や、ふと思い出すようなできごとがいくつかあるくらいだろうか。

じつは、ことの重要さを実感したのは、夏期講習の合宿が終わって家に戻り、ひと息ついて振り返ったときだった。生徒と教師の出会いには、生徒にとっても教師にとっても、一生を変えるような力があるのかもしれない。そんな可能性を垣間見《かいまみ》た思いがした。

秋になり、大学へ戻った私は、サマーブリッジに参加していた講師仲間を探した。すると、そのひとりのフィリップ・キングは、私と同じ学生寮に住んでいることがわかった。そしてフィリップも私と同じように、自分もこの土地でサマーブリッジのプログラムを立ち上げたい、という強い思いに駆り立てられていた。いまやらないでどうする？　何がなんでもやらなくては！

「大きな目的」のためなら、粘り強くがんばれる

しかし、私たちには資金もなければ、NPOを立ち上げるノウハウもコネもなかった。しかも私は、「いったいなにをやっているのか」と両親に心配された。せっかくハーバードで

教育を受けながら、くだらないことを考えるにもほどがあるというのだ。

そんなわけで、ないものだらけだったが、どうしても必要なものだけは持っていた。それは「目的」だ。

組織をゼロから立ち上げた経験のある人にはわかると思うが、重要なことから瑣末《さまつ》なことまで、やるべきことが山ほどある。しかもマニュアルがあるわけではない。ただ興味を持っている程度のことだったら、とても成し遂げることはできなかっただろう。しかし私たちには「このプログラムの立ち上げは、子どもたちのために絶対に重要な意味がある」という信念があったから、驚くほどの勇気とエネルギーが湧いてきた。

これは私利私欲のためじゃない。そう思うとフィリップも私も度胸がすわって、ケンブリッジの街じゅうの中小企業やレストランをしらみつぶしに当たって、寄付金集めに奔走した。お偉いさんに会うために、応接室で待たされたことも数えきれないほどあった。辛抱強く待ち続け、ときには何時間も待ってようやく会ってもらえたこともあった。そのあとは熱心に依頼を続け、寄付を取り付けるまであきらめなかった。

大学を卒業して2週間後、フィリップと私はついにプログラムを開設した。その年の夏には、7名の学生（高校生と大学生）が初めて講師の仕事を体験した。そして小学5年生の男女30名が、夏休みのあいだともに学び、勉強し、切磋《せっさ》琢磨《たくま》してがんばった。しかも予想以上に、おおいに楽しみながら。

あれからもう20年以上になる。その後、プログラムは私たちの想像をはるかに超えて発展し、現在は「ブレイクスルー・グレイター・ボストン」の名で、授業料免除の通年学習プログラムを、毎年、数百名の生徒に提供している。また、講師として参加した学生たちは延べ1000名以上にのぼり、その多くは卒業後、教職の道を歩んでいる。

学生のときサマーブリッジに参加したことが原点となって、やがて私も教職に就いた。教師として働くうちに、「子どもたちの可能性を引き出して、本人たちが思ってもみなかった大きな目標を達成する手助けをしたい」という思いがいっそう強くなった。

しかし……。

やがて、教えるだけでは飽き足りなくなった。私は子どものころから科学が大好きで、人間性に強い興味を持っていた。16歳のとき、夏期講習に参加した私は、たくさんの科目のなかから「心理学」を選んだ。そうやって子どものころからずっと抱き続けてきた興味が、満たされずにくすぶっていたのだ。

今回、本書を執筆したことで、自分がこれまでたどってきた道のりをよく理解することができた。学生のころ、青年期の教育や可能性に興味を持ったことから始まり、20代になると自分の人生の「目的」が見え始めた。30代になって経験と知識を蓄えたうえで、ようやく自分の一生を捧げたい、もっとも重要な目標が明確になった。それは、心理科学によって子どもたちのしなやかな成長を手助けすることだ。

「役に立ちたい」プラス「興味」が大きな力を生む

父があれほどサマーブリッジに反対したのは、親心からだ。他人のために尽くすあまり、私が自分の幸福を犠牲にしてしまうのではないか、と心配したのだろう。

実際、「やり抜く力」と「目的」というふたつの概念は、その性質上、いっけん矛盾するように見える。どうしたら自分の最重要目標に集中しながら、広い視野を維持して、他人のことを気にかけることができるのだろうか？　「やり抜く力」が、自分にとって最重要の目標を頂点とするピラミッド形の目標を持つことならば、ほかの人たちが関わる余地は、いったいどこにあるのだろうか？

私の同僚で、ウォートン・スクール教授のアダム・グラントはこう言っている。

「ほとんどの人は、自己中心的な動機と利他的な動機は、ひとつのもの（動機）の両極端な姿であり、どちらか一方しかあり得ないと思っている。しかし実際には、このふたつは完全に別々のものであることが、これまでの私の研究においても明らかになっている。つまり、どちらの動機もない場合もあれば、両方の動機が存在する場合もある」

言い換えれば、勝者を目指すと同時に、人助けを心がけることも可能なのだ。

グラントの研究によって、組織のリーダーにしろ、従業員にしろ、１００％自分のことだけ考えて行動する人よりも、自分のことも社会のためも考えて行動する人のほうが、長い目で見た場合に、成功する確率が高いことが明らかになっている。

たとえばある調査で、グラントは自治体の消防士たちに「あなたの仕事に対する動機は何ですか?」という質問をした。つぎに、その後2カ月間の残業時間の記録を調査した。グラントは、「やり抜く力」がもっとも強いのは、「人びとを助けたい」という動機が強い消防士だろうと予想していた。

ところが実際には、「人びとを助けたい」という動機が強い消防士の大半は、むしろほかの消防士よりも残業時間が少ないことがわかった。なぜだろうか?

それはもうひとつの動機、すなわち仕事そのものに対する「興味」が欠けていたからだ。いくら「人を助けたい」という思いがあっても、本人がその仕事に興味をもって楽しんでいない限りは、大きな努力に結びつくことはない。

いっぽう、社会的な動機(「仕事をとおして人の役に立ちたい」)と、仕事そのものに対する興味(「仕事が楽しい」)の両方を持っている消防士たちは、週の残業時間が平均より50%以上も多いことがわかった。

「手本の人物」に出会うことが重要な体験になる

スタンフォード大学の発達心理学者、ウィリアム・デイモンは、まわりの人びとや社会のために役立ちたいという思いは、意識的に養うことが可能であり、またそうすべきだと述べている。現在、50年以上におよぶ輝かしいキャリアをもつデイモンは、どうすれば青年期の若者たちが、社会やコミュニティの役に立つ生き方を学ぶことができるか、その方法を研究している。デイモンにとっては、「目的」の研究が天職なのだ。

デイモンによれば、「目的」というのは「なぜそれに取り組むのか？」という質問に対して、自分なりに出す最終的な「答え」だという。では、「目的」はどのようにして生まれるのだろう。

「いろいろなケースを調べても、共通するパターンが存在するんだ。どの若者にも、これだ、とひらめく瞬間がある。それが目的のいちばん最初の姿で、ひらめいたというのは興味を持ったということ。つぎに若者は、実際に目的を持った生き方をしている人の姿を見て、学ぶ必要がある。お手本とする人は家族でも、歴史上の人物でも、政治家でも、誰でもかまわない。その人物の目的が、自分が将来やりたいこととは関係がなくてもかまわない。大事なことは、人びとのためになにかを成し遂げることは可能なのだと、身をもって示してくれる人がいるということだ」

実際に、これまでの研究事例を振り返っても、確固たる「目的」を抱くようになった人は、必ず若いときに、「目的」を持った生き方の手本となる人物（ロールモデル）に出会っているという。

「目的を持った生き方というのは、挫折や困難の連続でいかに大変なものか、だがそれと同時に、いかに深く満ち足りたものであるかを、理想的には、若いうちに目の当たりにするといい」

そのあと、デイモンの言葉でいえば「啓示」を受ける。つまり、世のなかで解決すべき問題を発見する。

発見のしかたはさまざまで、個人的な喪失体験や逆境のなかで問題を見出す人もいれば、他人が喪失や逆境に苦しんでいる姿を見て、問題に気づく人もいる。

ただし、誰かが助けを必要としていることに気づくだけでは不十分だ、とデイモンは念を押す。「目的」を持つためには、もうひとつの「啓示」が必要となる。すなわち、「私ならきっと変化をもたらすことができる」という確固たる信念をもち、行動を起こす覚悟が必要なのだ。

そんなときこそ、お手本となる人物が「目的」に向かってものごとを実現させていく姿を目の当たりにした経験がものをいう。

「努力は決してムダにはならない、と信じる必要があるからね」

それは「社会」のどんな役に立つのか？

あなたがいま何歳だろうと、「目的」の意識を育むのに早すぎることも、遅すぎることもない。そのために私から3つの提案がある。いずれも本章に登場した「目的」の研究者が勧めているアイデアだ。

デイヴィッド・イェーガーは、「いま自分のやっている仕事が、社会にとってどのように役立つかを考えてみよう」と提案している。

いくつかの長期的実験のなかで、デイヴィッド・イェーガーと同僚のデイヴ・パウネスクは、高校生を対象にエクササイズを行った。

まず、「どうしたら世のなかはもっとよくなると思いますか?」と質問した。つぎに、「いま学校で習っていることで、そのために役立ちそうなことはありますか?」と質問した。生徒たちはそれぞれ自分なりの回答を紙に書いた。

ある中学3年生の生徒はつぎのように回答した。

「僕は将来、遺伝子研究のような仕事がしたいです。そうしたら穀物の遺伝子組み換えを行って、食糧の生産量を増やすことで、世のなかの役に立てると思うからです」

また、こんな回答をした生徒もいた。

「自分がしっかりと教育を受けることで、世のなかのことが理解できるようになると思います。だからまずはちゃんと進学しないと、誰の助けにもなれないと思います」

授業を1コマ使えば行えるような簡単なエクササイズだったが、その結果、生徒たちの学習への取り組みが著しく向上した。「目的」について考えた生徒たちは、プラセボ実験の被験者と比較して、試験勉強の時間が2倍に増えた。また、「遊び(娯楽のビデオを観る)か、勉強(数学の問題を解く)か」のふたつの選択肢を与えられた場合、「勉強」を選ぶ生徒が増え、数学と科学の成績に向上が見られた。

もっと「意義」を感じられるように変化を起こす

エイミー・レズネスキーは、「いまの仕事がなるべく自分にとっていちばん大切な価値観につながるように、ささやかでも意義のある変化を起こしてみよう」と提案している。

これは「ジョブ・クラフティング」というアイデアで、レズネスキーが心理学者のジェイン・ダットン、ジャスティン・バーグ、アダム・グラントと共同で研究している介入のひとつだ。これは極端な楽観主義によって、どんな仕事も最高だと考えようというのではない。ジョブ・クラフティングは、どんな職種でも、業務を追加したり、あるいはほかの人に任せたりして工夫をすることで、いまの仕事を自分の「興味」や「価値観」に合うように変えることができる、という考え方だ。

最近、レズネスキーと共同研究者たちは、このアイデアをグーグル社で試してみた。営業部門、マーケティング部門、財務部、業務部、経理部など、「目的」という言葉とあまり結びつかないような職種の人びとが無作為に選ばれ、ジョブ・クラフティングのワークショップに参加した。

参加者はそれぞれ毎日の決まった仕事にどうしたらやりがいを感じられるか、自分なりのアイデアを考えて「マップ」を作成した。そこには「こういう仕事ができれば、もっと意義を感じて楽しく取り組める」と思うような業務が書かれていた。

6週間後、上司や同僚による評価を行ったところ、ワークショップに参加した従業員たちは、仕事に対する満足感と仕事の効率が著しく向上していた。

「この人のようになりたい」と具体的に考える

最後に、ウィリアム・デイモンは「目的を持った生き方の手本となる人物（ロールモデル）からインスピレーションをもらおう」と提案している。

デイモンが推奨するエクササイズでは、彼がインタビュー調査でよくたずねる質問のなかからつぎのような質問を選び、参加者は文書で回答する。

「いまから15年後の自分を想像してみましょう。そのとき、あなたにとっていちばん大切なものは何でしょうか？」

「もっといい人間になりたい、と思わせてくれるような生き方をしている人はいますか？それは誰ですか？　そう思う理由は何ですか？」

私もこのエクササイズをやってみて、気づいたことがある。それは、私の人生でほかの誰よりも、利他的な目的の素晴らしさを教えてくれたのは、母だということ。大げさではなく、母ほど親切な人はいない。

子どものころは、そんな寛大な母のことを、いつも素晴らしいと思っていたわけではなかった。いつも知らない人たちと一緒に、感謝祭の食卓を囲むのが腹立たしかった。中国から移住してきたばかりの遠縁の親戚だけでなく、その人たちのルームメイトや、ルームメイトの友人まで来ていたのだ。母は感謝祭だというのに行くところのない人や、11月にたまたま会った人は誰でも、わが家に歓迎した。

あるとき、私が1カ月前の誕生日にもらったプレゼントの品々を、母が勝手に寄付してしまったと思ったら、こんどは妹が集めていたぬいぐるみもすべて寄付してしまった。妹と私は、「ひどいよ、お母さんは私たちがかわいくないの?」と泣いて抗議した。

「でも、おもちゃがもっと必要な子どもたちがいるのよ」と母は答えた。私たちが泣くほど怒っているのを見て、心底驚いているようだった。「あなたたちはあんなにたくさん持っているじゃないの。少しも持っていない子どもたちだっているのよ」

私が医学大学院の入試を受けるのはやめて、サマーブリッジの支部開設に全力を注ぐと告げたとき、父は烈火のごとく怒りをあらわにした。

「なぜ貧しい家の子どもたちのことなんか気にするんだ? 家族じゃないんだぞ! 赤の他人じゃないか!」

いまの私には、自分がそうしたかった理由がよくわかる。ひとりの人間が、多くの人を助けるためになにができるか。私は幼いころからずっと、母の姿を見てそれを学んできた。大きな「目的」のもたらす力を、目の当たりにして育ったのだ。

第9章 この「希望」が背中を押す

——「もう一度立ち上がれる」考え方をつくる

日本のことわざに「七転び八起き」というのがある。私がもしタトゥーを入れるとしたら、この言葉を刻みたい。

希望とは何だろう?

「明日はきっと今日よりもいい日になる」と期待するのも、希望のひとつのかたちだ。そういう希望を持つとき、私たちは将来に明るい展望が開け、ものごとが順調に運ぶことを切に願う。将来がよくなるかどうかは、運任せと言ってもいい。

「やり抜く力」が発揮されるのは、それとは異なる希望を持つときだ。それは「自分たちの努力しだいで将来はよくなる」という信念にもとづいている。

「明日はきっといい日になる」と「明日はもっといい日にしてみせる」では大ちがいだ。

「やり抜く力」の強い人びとが持つ希望は、運とは関係ない。
何度転んでも起き上がる。それがすべてだ。

「成績全体を下げる授業」をやめるべきか？

大学1年の春学期、私は神経生物学の授業に履修《りしゅう》登録した。授業のたびに早く教室に行って最前列の席に座り、方程式や図表をひとつ残らずノートに書き写した。授業以外にも課題のリーディングはすべてこなし、宿題として出された問題もすべて解いた。

やがて最初の小テストの日を迎えたが、いくつかあやふやな部分があった。難しい授業で、高校の生物の授業がもっと充実していればよかったのに、と不満に思わずにいられなかった。それでも全体的には、自信をもって臨んだ。

小テストが始まると出足は順調だったが、途中から急に難しくなった。私はだんだんあせり始めた。

（どうしよう、このままじゃ終わらない！　なにやってるのよ！　これじゃ落としちゃう！）

そんな考えが頭のなかをかけめぐり、パニックがひどくなって、ますます集中できなくなった。とうとう、最後の問題を読んでもいないうちに、時間切れになってしまった。

数日後、教授から小テストの答案が返却された。私はひどい点数のつけられた答案を、みじめな思いで見つめた。そしてすぐに、重たい足どりで担当のティーチングアシスタント〔TA。授業の補助や学習支援を行う学生〕に会いにオフィスへ行った。

「この授業はやめることも検討したほうがいいよ。君はまだ1年生だし、あと3年もある。またいつでも取ろうと思えば取れるんだから」

中間試験は必死に勉強して臨んだが、結局、同じことの繰り返しになった。私はまたTAのオフィスをたずねた。こんどは、TAは強い口調で言った。

「成績表にF〔不可〕がついたら困るでしょ？ いまならまだやめられるよ。そうすれば、GPA〔成績平均点〕に影響が出なくてすむ」

私は時間を割いてくれたことに礼を述べ、ドアを閉めた。廊下に出ても泣かなかったのは、自分でも意外だった。私は冷静に状況を振り返った。すでに2回の試験に失敗したから、残りはあと1回、期末試験のみだ。もっと難易度の低い授業からスタートすべきだったのだ。学期の半分以上が過ぎたのに、猛勉強の成果は表れていなかった。このままだと期末試験もしくじって、成績表にFがついてしまうかもしれない。いまのうちにやめれば、成績表に傷はつかない。

私はこぶしを握りしめ、歯を食いしばって、その足で教務課へ向かった。やっぱり、なにが何でも落とすものか、と決心した。それどころか、専攻を神経生物学にすることに決めたのだ。

あの日、私は打ちのめされた。もしかしたら、あのまま起き上がれなかった可能性もあった。「どうせ私はバカよ！　なにひとつまともにできないんだから！」と自分をののしって、授業をやめていたかもしれない。しかし私は希望を捨てず、猛然と自分を励ました。

「絶対にやめるものか！　必ずどうにかしてみせる！」

それから期末まで、私は必死に努力しただけでなく、それまではしてこなかったことも試してみた。TAに会える時間帯には必ず相談に行き、課題をよけいに出してもらった。そして自分で制限時間を設けて、難しい問題を解く練習をした。私は試験になると緊張しやすいのが悩みの種だったので、どんなことがあっても動揺しないように万全の準備で臨む覚悟だった。いよいよ期末試験を迎えるころには、自分で試験問題をつくれそうなほど、しっかりマスターしていた。

期末試験は完璧な出来だった。そして、この科目の最終的な成績はBだった。大学4年間で最低の成績だけれど、あれほど誇りに思ったことはない。

手応えがないと「学習性無力感」にハマってしまう

神経生物学の授業でつまずいたとき、自分の状況が、ある有名な心理学の実験の条件と酷似しているとは思ってもみなかった。

1964年、心理学博士課程1年目のマーティン・セリグマンとスティーブ・マイヤーは、窓ひとつない実験室でケージに入れられた犬が、後ろ足に電気ショックを与えられるようすを観察していた。電気ショックは不規則に、警告なしに与えられた。犬がなにもしない場合は電気ショックが5秒間続いたが、犬がケージの前にあるパネルを鼻先で押すと電気ショックはすぐに終わった。

別のケージでは別の犬が、同じ間隔で同じ強さの電気ショックを与えられたが、そのケージにはパネルがなかった。つまり、両方の犬は同じ強さのショックを同時に同じ回数だけ受けるが、片方のケージ（パネルあり）の犬だけが、電気ショックの長さをコントロールできる、ということだ。電気ショックが64回に達すると、犬たちを小屋へ戻し、また別の犬たちを連れてきて同じ手順を繰り返した。

翌日、犬たちは「シャトルボックス」というケージに一頭ずつ入れられた。シャトルボックスの真ん中には、犬がジャンプすれば跳び越えられる程度の低い壁がある。高い音が鳴ると、その直後に犬がいるほうの床に電流が流される。

すると、前日に鼻先でパネルを押すと電気ショックが終わることを覚えた犬たちは、ほぼ例外なく、低い壁を跳び越えるようになった。音が聞こえたら壁を跳び越えて、安全な場所へ移動したのだ。ところが前日にパネルなしのケージで電気ショックを受けるしかなかった犬たちは、床に横たわってクンクン鳴きながら、ただ電気ショックが終わるのを待っていた。

この画期的な実験によって、「無力感」をもたらすのは苦痛そのものではなく、「苦痛を回避できないと思うこと」だということが初めて証明された。

あやうく単位を落としそうになった神経生物学を専攻しようと決めてから数年後、私はセリグマン教授のオフィスからほんの数部屋先の院生用の研究室で、かつて教授らが「学習性無力感」を提唱した、この研究に関する資料を読んでいた。

そして、そこには自分の大学時代の経験と類似点があることに気づいた。神経生物学の最初の小テストで、私は思いがけず痛い目に遭った。何とかしようともがいたが、中間試験でまたもショックを経験した。期末試験までの時間は、例のシャトルボックス実験に相当すると考えられる。

実験になぞらえれば、私の反応には、ふたとおりのパターンが想定できる。

ひとつは、過去の失敗のせいで、「無力な自分には、この状況をどうすることもできない」とあきらめてしまうこと。なにしろ2回も続けて失敗しているのだから、3回目もうまく行くとは思えない。

もうひとつは、電気ショックに何度襲われても、めげずに「希望」を持ち続けた犬たちのようになること。試験で失敗したのは勉強のしかたが悪かったせいにちがいない、そこをどうにかすればいい、という考え方だ。今回の失敗にとらわれず、失敗してもめげずに挑戦し、最後には成功した経験がこれまでに何度もあったことを、ちゃんと思い出すのだ。

そう考えると、私はセリグマンとマイヤーの実験で、最後まで粘り強くがんばった犬たちと同じだった。痛い目に遭っても立ち上がり、闘い続けたのだ。

「楽観主義者」は無力感を乗り越えられる

1964年の実験に続き、さらにその後の10年で行われた実験によって、回避できない苦痛は、食欲減退、睡眠障害、注意力や身体活動の低下など、うつ病の症状をもたらすことが明らかになった。

セリグマンとマイヤーは、動物も人間も無力感を「学習する」という説を発表したが、ほかの研究者たちからは愚論とみなされ、相手にされなかった。当時は、犬にも思考能力があり、それが行動に影響をおよぼすなど、およそあり得ないことだと考えられていた。それどころかほとんどの心理学者は、人間の思考が行動に影響をおよぼす可能性さえ信じていなかった。当時は、「あらゆる生物は罰と報酬に機械的に反応する」という考えが常識だった。

その後、セリグマンらは膨大なデータを収集してあらゆる可能性を検証し、ほかに説明できる原因がないことを突きとめた結果、その主張がようやく科学界で正式に認められた。

回避できないストレスによって引き起こされるさまざまな症状を、実験によって徹底的に調査した結果、セリグマンはしだいにその対処法に興味を持つようになり、臨床心理学者として再教育を受ける決心をした。そして賢明にも、精神科医でうつ病の認知療法の創始者、アーロン・ベックを師に選んだ。

そこでセリグマンは、「学習性無力感」とは対照的な「学習性楽観主義」を精力的に研究した。そのきっかけとなった重要な洞察は、以前の研究から得たものだった。例の実験で、回避できない電気ショックを与えられた3分の2の犬たちは、受け身で無抵抗になったのに対し、3分の1の犬たちはへこたれずにがんばった。痛い目に遭ってもあきらめず、苦痛を取り除く方法を試し続けた。

そんな犬たちの反応がきっかけとなり、セリグマンは逆境に対して「負けるものか」と立ち向かう人間の反応を研究するようになった。そしてまもなく、あることに気づいた。

楽観主義者も悲観主義者も同じようにつらいできごとを経験するが、受けとめ方が異なるのだ。楽観主義者は自分の苦しみは一時的で特定の原因があると考えるが、悲観主義者は自分の苦しみを変えようがない原因のせいにして、自分にはどうすることもできないと考えてしまう。

「楽観主義者」か「悲観主義者」かがわかるテスト

セリグマンと学生らが開発した、楽観主義者と悲観主義者を見分けるためのテストから、具体例を説明しよう。

「つぎの状況を想像してください。ひとからやってほしいと頼まれた仕事がありますが、ぜんぶ終わりそうにありません。ではつぎに、そのおもな原因をひとつ想像してください。どんな原因が頭に浮かびますか？」

この質問を読んで、受験者は頭に浮かんだことを書く。このような質問と回答を繰り返したあとで、受験者の回答がどれくらい「一時的」（逆の場合は「永続的」）で、「特定的」なもの（逆の場合は「不特定的」）であるかが評価される。

悲観主義者は、任された仕事が終わらなかった原因を「自分はなにをやってもだめだから」「意気地なしだから」などと答える。このような受けとめ方は「永続的」で、自分ではほとんど変えようがない。しかも「不特定的」であり、仕事の能力だけでなく、ほかのさまざまなことにまでおよんでしまう。

このように、逆境を「永続的」で「不特定的」なものとして受けとめると、小さな失敗を取り返しのつかない大失敗のように感じてしまう。そうすると、もうあきらめるしかないと思ってしまうのだ。

しかし楽観主義者は、任された仕事が終わらなかった原因を、「時間配分をまちがえたから」「気が散ってしまい、効率のよいやり方ができなかったから」などと答える。このような受けとめ方は「一時的」で「特定的」であり、「どうにかできる」と思えるので、問題として対処しようという気になる。

セリグマンはこのテストを実施した結果、悲観主義者は楽観主義者にくらべて、うつ病や不安症を患う可能性が高いことを確認した。さらに、メンタルヘルス以外のことに関しても、楽観主義者のほうがよい結果が出た。たとえば、大学生でも楽観的な学生のほうが、成績がよく中退率が低かった。また10代後半の若者でも、楽観的な人のほうが中年期になっても健康で、悲観的な人より長生きすることがわかった。

楽観主義者は結婚生活に対する満足度が高かった。また、米国最大の生命保険会社メットライフの保険外交員を対象に行った1年間の現地調査では、楽観主義者のほうが悲観主義者にくらべて、仕事を辞めずに続ける確率が2倍も高く、保険の売上も25%高いことがわかった。さらに、電気通信、不動産、オフィス用品メーカー、自動車販売、銀行など各業界の営業職を対象とした研究では、楽観主義者のほうが悲観主義者にくらべて、20%から40%も売上が多いことが明らかになった。

ある研究では、競泳の上位の選手たち（大半はオリンピックの選考大会に向けて訓練している選手たち）が、楽観主義・悲観主義を判定するテストを受けた。

つぎにコーチたちが各選手に、自分のいちばん得意な種目で泳ぐように指示をした。そして泳ぎ終わった選手に、わざと実際よりも少し遅いタイムを告げた。その後、各選手はもういちどチャンスをもらって泳いだ。すると、楽観主義者たちのタイムは少なくとも最初と同じレベルだったが、悲観主義者たちのタイムは大幅に遅くなってしまった。

「鉄人」は楽観的に考える

「やり抜く力」の鉄人たちは、挫折をどう受けとめるのだろうか？　インタビューを行ってわかったのは、彼らはことごとく楽観的にものごとを受けとめることだった。ジャーナリストのヘスター・レイシーも、きわめてクリエイティブな人びとにインタビューを行った結果、やはり同じ顕著な特徴に気づいた。

レイシーはどの人にも「これまでいちばん大きな失望を味わったのは、どんなできごとですか？」と質問した。するとアーティスト、起業家、コミュニティ活動家など、職種はさまざまでも、彼らの答えはほぼ同じだった。

「そういえば、私はあまり失望することがないかもしれません。どんなできごとからも、なにかしら学べるはずだと思うんです。だから、しょうがない、今回はうまくいかなかったけど、またがんばろうか、そう思ってやっています」

マーティン・セリグマンが2年間、研究活動から離れ、アーロン・ベックのもとで臨床心理学を学び始めたころ、ベックは自分がかつて受けたフロイトの精神分析法のトレーニングを疑問視するようになっていた。当時の精神科医の例にもれず、ベックもあらゆる精神疾患は、子ども時代の無意識の葛藤が原因であると教えられてきた。

しかし、ベックはこれに異を唱えた。そして大胆にも、精神科医は病気の原因について患者と率直に話し合ってもよいはずだと提案し、患者が考えていること、すなわち、心のつぶやきこそ、セラピーの対象になるはずだと述べた。

ベックの新しい方法の基礎となった洞察は、同じ客観的なできごと（失業した、同僚と議論になった、など）に対しても、主観的な解釈のしかたはさまざまに異なる可能性があるということ。そして、客観的なできごとよりも、むしろそれに対する解釈のしかたによって、私たちの感情や行動は左右されるという考え方だ。

認知行動療法は、患者がより客観的に考え、健康的な行動を取れるように導くことで、うつ病などの精神疾患の治療を目的としている。子どものときに非常につらい経験をしても、多くの場合は認知行動療法によって、自分の心のネガティブなつぶやきを観察することを覚え、不適応な行動を変えられるようになる。

私たちは自分の身に起こるできごとを、楽観主義者のように解釈し、反応することを、ほかのスキルと同様に、練習によって身につけることができるのだ。現在、認知行動療法は、うつ病に対する精神療法的治療として広く行われており、抗うつ剤の投与よりも効果が持続することがわかっている。

失敗への「解釈」のちがいが粘り強さを生む

マーティン・セリグマンとスティーブ・マイヤーが「無力感」と「制御不可能性の認知」の関連性を検証していたころ、キャロル・ドウェックは大学で心理学を専攻していた。ドウェックは以前から、まったく同じ状況でも粘り強くがんばる人もいれば、途中であきらめてしまう人もいるのはなぜだろう、と興味を持っていた。大学卒業後、ドウェックは心理学の博士課程に進んで、この問題を研究することにした。

セリグマンとマイヤーの研究は、若き日のドウェックに多大な影響を与えた。彼女はセリグマンらの研究結果を信じたが、まだ納得できない部分が残っていた。たしかに苦痛を制御できないものと解釈したら、心身ともに参ってしまうだろう。しかし人による解釈のちがいは、どのようにして生まれるのだろうか？　なぜ楽観的な人と悲観的な人がいるのだろう？

ドウェックは初期のある研究で、中学生を対象に、教師、校長、学校の心理学者のそれぞれの評価にもとづき、失敗に対してとりわけ大きな「無力感」を覚えるのはどんな生徒かを調査した。

ドウェックは「努力が足りなかったから」ではなく「能力が足りなかったから」失敗したと思う生徒が、とりわけ大きな「無力感」を覚えるのではないかと予想した。言い換えれば、生徒が悲観的になったのは、何度も失敗を経験したからではなく、「成功」と「学習」についての考え方が誤っているせいなのではないか、と考えたのだ。

それを確かめるために、ドウェックは生徒たちを2つのグループに分けた。「成功のみ（ほめられるだけ）のプログラム」に割り振られた半数の生徒たちは、数週間、その授業のたびに数学の問題を解いた。授業の終わりには、何問解けたかに関係なく、がんばったごほうびをもらった。

あとの半数の生徒たちは「解釈改善プログラム」に割り振られた。こちらの生徒たちも同様に数学の問題を解くが、ときには教師が「今回は解けた問題数が少なかったね」と声をかけることもあった。そしてもっとも重要なのは、「もうちょっとがんばるべきだったね」と指摘したことだ。

その後、すべての生徒が数学の問題に挑戦した。やさしい問題も非常に難しい問題もまざっている。ドウェックはつぎのように推論した。

もし「無力感」の根本的な原因が過去の「失敗の経験」だとすれば、ほめられてばかりだった「成功のみのプログラム」の生徒たちのほうがやる気が向上するはずだ。しかし、本当の問題は「失敗」についての生徒たちの「解釈」だとすれば、「解釈改善プログラム」のほうが効果を発揮するはずだ。

実験の結果、「成功のみのプログラム」の生徒たちは、プログラムの受講前と同じように、非常に難しい問題にぶつかったとたんに降参してしまった。ところがそれとは正反対に、「解釈改善プログラム」の生徒たちは、難しい問題にぶつかっても粘り強く挑戦した。生徒たちは、問題が解けないのは自分の能力が足りないからではなく、「もっとがんばる必要があるということだ」と解釈するようになっていたのだ。

マインドセットが「努力できるかどうか」を決める

それから40年にわたって、ドウェックはさらに研究を進めた。

まもなくドウェックは、人は「世の中とはこういうものだ」という考え方を、それぞれ自分なりに持っていることに気づいた。その考えは、本人が日ごろから意識していなくても、質問されるとはっきりと答えることができる。しかし、認知行動療法で採り上げるその他の考え方と同じように、質問されるまでは本人も気づいていない場合が多い。

「知的能力に関する考え方」を評価するために、ドウェックが用いる4つのコメントがある。つぎの各コメントを読んで、どの程度賛成か、あるいは反対かを考えてみてほしい。

- ・知的能力は人の基本的な性質であり、ほとんど変えることはできない。
- ・新しいことを学ぶことはできるが、知的能力じたいを向上させることはできない。
- ・もともとの知的能力のレベルにかかわらず、かなり向上させることができる。
- ・知的能力はつねに大きく向上させることができる。

ドウェックによれば、最初のふたつのコメントに賛成し、あとのふたつのコメントに反対した場合は、あなたの考え方は「固定思考」と考えられる。それとは逆だった場合は、あなたの考え方は「成長思考」と考えられる。

私は「成長思考」について、つぎのように考えている。

人間は変われる、成長できる、と信じている人たちは、チャンスと周囲のサポートに恵まれ、「やればできる」と信じて一生懸命努力すれば、自分の能力をもっと伸ばすことは可能だと考える。

それに対し、人はスキル（自転車に乗る、セールストークを覚えるなど）を習得することはできるが、スキルを習得するための能力、すなわち「才能」は、鍛えて伸ばせるものではないと考える人たちもいる。

後者の「固定思考」の人たちがいずれ困るのは（じつは「自分には才能がある」と思っている人に多い）、人生には浮き沈みがあり、いつかは必ず困難なできごとにぶつかるからだ。そんなとき、「固定思考」はとてつもない障害となる。たとえば通知表にCマイナスを付けられたり、不採用通知を受け取ったり、仕事の進捗レビューの評価ががっかりするほど低かったりすると、もうだめだと思ってしまう。「固定思考」の人はそのような挫折の経験を、自分には能力がない証拠だと解釈してしまうのだ。それに対し「成長思考」の人は、努力すればきっとうまくできると信じている。

こうしたマインドセットのあり方は、楽観主義と同じような役割を果たしていることが明らかになっている。たとえば、「成長思考」の人は学校の成績がよく、精神的・肉体的な健康状態もよく、周りの人たちと強い絆を持ち、よい関係を築ける傾向にある。

数年前、ドウェックと私は2000名以上の高校3年生を対象に、「成長思考」についてのアンケート調査を実施した。その結果、「成長思考」の生徒たちは「固定思考」の生徒たちにくらべて、はるかに「やり抜く力」が強いことがわかった。さらに、「やり抜く力」の強い生徒たちは成績がよく、大学への進学率や卒業率が高いことがわかった。私はその後、もっと低学年の子どもたちや、もっと年上の成人たちを対象に、「成長思考」と「やり抜く力」を測定したが、どの調査においても「成長思考」と「やり抜く力」は比例することが明らかになった。

子どものころの「ほめられ方」が一生を左右する

マインドセットはどのようにして形成されるのだろうか。ドウェックによれば、それはその人が過去にどのような成功や失敗を経験してきたか、そして周囲の人びと、とくに親や教師などの権威をもつ立場のおとなが、どのような反応を示したかによって決まるという。

たとえば、あなたが子どものころに勉強や運動などで成果を出したとき、周りのおとなにどんな言葉をかけられただろうか？「才能があるね」とほめられただろうか？それとも「よくがんばったね」と努力をほめられただろうか？

じつはおとなになって成功や失敗をしたとき、その原因を自分の才能に結びつけるか、それとも努力に結びつけるかは、子どものころの「ほめられ方」によって決まる確率が高い。

アメリカの特別認可学校「KIPP《キップ》」では、「生まれながらの才能」よりも「努力」と「学習」をほめることを、教員育成の明確な方針として定めている。KIPPは「Knowledge Is Power Program（「知は力なり」教育プログラム）」の略で、1994年、「やり抜く力」をもつふたりの若き教師、マイク・ファインバーグとデイヴ・レヴィンによって創立された。

現在、全米のKIPP加盟校（小学校、中学校、高校）には、合計7万名の生徒たちがかよっている。「キップスター」（KIPPの生徒たちの誇りを込めた自称）の大部分は、低所得

「成長思考」「やり抜く力」を妨げる表現	「成長思考」「やり抜く力」を伸ばす表現
「才能があるね！　すばらしい」	「よくがんばったね！　すばらしい」
「まあ、挑戦しただけえらいよ！」	「今回はうまくいかなかったね。一緒に今回の方法を見直して、どうやったらもっとうまくいくか考えてみよう」
「よくできたね！君はすごい才能を持っている」	「よくできたね！　もう少しうまくできたかもしれないと思うところはあるかな？」
「これは難しいね。できなくても気にしなくていいよ」	「これは難しいね。すぐにできなくても気にしなくていいよ」
「これは君には向いてないのかもしれない。でもいいじゃないか。君にはほかにできることがあるよ」	「もうちょっとがんばってみようか。一緒にがんばれば必ずできるから」

世帯の子どもたちだが、ほぼ全員が高校を卒業し、80％以上の生徒が大学へ進学している。

KIPPの教員は研修中にいくつかのキーフレーズを学ぶ。生徒にかける言葉にも、単純な激励の言葉もあれば、大事なメッセージを伝えるための言葉もある。つまり、ただほめるだけではなく、ときには「自分なりに目標をもって、以前はできなかったことをできるようにすることが大事だよ」と伝える必要がある。

ここで、どんな対象年齢にも適切なフレーズをいくつか紹介しよう（上の表）。親、マネージャー、コーチ、あるいはメンターなど、人を指導する立場にある人は、これから数日間、自分がどんな言葉で相手をほめたり注意したりしているか、意識してみよう。それによって、自分や相手の心にどんな考えを植えつけているだろうか？

成績のいい子を特別扱いすると「固定思考」になる

このように、生徒や子どもに言葉をかけるのも希望を育むひとつの方法だ。しかし、私たちがみずから「成長思考」の手本を見せること、すなわち「人間はその気になれば、何でも学んで身につけることができる」と心から信じていることを行動によって示すことのほうが、さらに重要だろう。

小説家で公民権運動家のジェイムズ・ボールドウィンは、かつてこう言った。

「子どもはおとなの言うことを聞くのは得意じゃないが、まねするのは抜群にうまい」

デイヴ・レヴィンはこの名言をひどく気に入っており、ＫＩＰＰの教員研修ワークショップの冒頭で何度も引用しているほどだ。

私の研究室の心理学者テウン・パクは、最近、この名言がまさに真実であることを突きとめた。小学1年生と2年生のクラスを対象に1年間の研究を行った結果、教師が成績のよい生徒たちを特別扱いし、ほかの生徒よりどれだけよくできたかを強調したクラスでは、いつのまにか生徒たちに「固定思考」が植えつけられた。そのようなクラスの生徒たちは、「たくさん正解を出せるように」簡単なゲームや問題を好むようになった。

それらの生徒たちは、1年の終わりのアンケート調査では、「頭のよさはもともと決まっているもので、ほとんど変わらない」というコメントに賛成する確率が高くなっていた。

同様に、ドウェックと共同研究者らによる研究においても、子どもがミスをしたときに、親が「ミスをするのは悪いことで、問題だ」というような態度を示した場合、子どもは「固定思考」になる確率が高いことがわかってきている。たとえ親が自分は「成長思考」だと思っていても、このようなケースが見られる場合がある。子どもたちはおとなをじっと観察していて、おとなの行動をまねしているのだ。

それと同じようなことが、企業にも当てはまる。カリフォルニア大学バークレー校教授のジェニファー・チャットマンと共同研究者らは、フォーチュン1000社に数えられるいくつかの大企業で、「マインドセット」「モチベーション」「健康」についてのアンケート調査を実施した。その結果、どの企業にも、従業員たちが認める共通のマインドセットがあることがわかった。

そのマインドセットが「固定思考」の企業では、従業員たちがつぎのようなコメントに賛成する確率が高かった。

「誰が出世するかについては、この会社は、従業員の能力はもともと決まっているもので、変えられないと考えているように見える」

つまり従業員たちは、「この会社はほんの一部の優秀な従業員だけを高く評価し、その他の従業員の能力開発にはほとんど投資する気がない」と感じていたのだ。また、そのような従業員たちは、出世のために隠しごとをしたり、手抜きをしたり、不正を行ったりしたことがあることを認めた。

それとは対照的に、「成長思考」の企業では、「同僚たちは信頼できる」と回答した従業員が47％も多く、「会社はイノベーションを促進する」と回答した従業員が49％も多く、「会社はリスクテイキングを応援してくれる」と回答した従業員が65％も多いことがわかった。

言葉と行動が「裏腹」になっていないか観察する

あなたは優秀な人材をどのように扱っているだろうか？　また、誰かにがっかりさせられたとき、どのように反応しているだろうか？　おそらく、どんなに「成長思考」が大切だと思っている人でも、たまには自然と「固定思考」になってしまうことがあるはずだ。少なくとも、ドウェックやセリグマンや私はそうだと言える。

部下の仕事ぶりや生徒の成績が期待をはるかに下回ったとき、どんな反応をすればよいかは誰でもわかっている。落ち着いた態度で接し、しっかりと励ますべきだ。ミスに対しても「じゃあ、今回のことでなにを学ぶべきだと思う？」というポジティブな態度で接したい。

だが、私たちも人間だ。自分でも嫌になるがイライラしたり、じれったくなったりすることもある。つい「やっぱりこの人には無理かな……」などと思ってしまうと、「進歩するために、この人にはいまなにができるか」という、肝心なことを考えるのがおろそかになってしまう。

実際、私たちの心のなかには、「固定思考」の悲観主義者と「成長思考」の楽観主義者がいる。このことを認識するのは非常に重要だ。なぜなら、いくら肯定的な言葉を遣うように心がけても、身ぶり手ぶりや、表情や態度が否定的では意味がないからだ。

では、どうすればよいのだろうか？　着実な一歩を踏み出すには、まず自分の「言葉」と「行動」が裏腹になっていないかに注意することだ。そうなってしまった場合は（必ずそういう場合もある）、固定的で悲観的な世界観から脱け出すのはなかなか難しい、という事実を認識すればよい。

ドウェックとともに研究活動を行っているスーザン・マッキーは、企業のＣＥＯへのアドバイスとして、「固定思考」の悲観的な自分にあだ名をつけるという方法を提案している。たとえば、こんなふうに使うのだ。

「いけない、〝仕切り屋クレア〟をミーティングに連れてきちゃった。いまのはナシね」

「やることが多すぎて〝あわてんぼうのオリヴィア〟がパニックしそう。どうすればいいか、一緒に考えてくれない？」

結局、「やり抜く力」を発揮するための視点を取り入れるには、「人間は何でもやればうまくなる」「人は成長する」という認識が欠かせない。私たちは、たとえ人生で打ちのめされても、這い上がれるだけの力を持っていたいと思っている。

それと同じで、周りの人が思ったような成果を上げられなかったときも、否定的に考えず、肯定的に考えよう。いつだって明日はあるのだ。

「つらい体験」で冒険心が旺盛になる

「死ぬほどつらい経験は人を強くする」とニーチェは語った。カニエ・ウェストやケリー・クラークソンが同じメッセージの歌をつくり、私たちが心のなかで何度もこの言葉をつぶやくのには、理由がある。たいていの人には、困難を乗り越えた結果、自信をつかんだ覚えがあるからだ。

ここで、「アウトワード・バウンド・プログラム」の例を見てみよう。このプログラムでは、青年や成人たちが経験豊富なリーダーらの指導のもと、荒野で数週間のアウトドア生活を送る。半世紀前に始まった当時から、「アウトワード・バウンド」(船が外海へ向けて出航する瞬間にちなんで名づけられた)は、アウトドアで厳しさや困難を経験することで、「忍耐強さ」と「たくましい精神」が培われる、という前提のもとに運営されている。

実際に数多くの研究によって、このプログラムは独立心や、自信、積極性を養い、「人生で起こるほとんどのことは、自分の力でどうにかできる」という信念が培われることが明らかになっている。さらにプログラムに参加した半年後も、その信念は弱まるどころか、逆に強くなる場合が多いことがわかった。

とはいえ、死ぬほどつらい経験によって、人が「弱くなる」場合もあることは否定できない。例の実験で、電気ショックを回避できずに受けるしかなかった犬たちのことを思い出してみよう。3分の1の犬たちはたくましくがんばったが、残りの犬たちは回避できない電気ショックを受けたことで、なにかためになることがあったという証拠はひとつもない。それどころか、ほとんどの犬は実験後に、苦しみへの耐性が弱くなったことがわかっている。

つまり、人は死ぬほどつらい経験をして強くなる場合もあれば、逆に弱くなってしまう場合もあるということだ。ではいったい、どのような場合には苦しみが「希望」につながり、どのような場合には苦しみが「無力感」につながるのだろうか？

心を「強くする」経験、「弱くする」経験

数年前、スティーブ・マイヤーと学生たちが、40年前にセリグマンとマイヤーが行ったのとほぼ同じ実験を計画した。実験用のラットをふたつのグループに分け、ひとつめのグループのラットたちには、電気ショックを与えるが、前足を使って小さなランニングホイールを回転させれば、電流はつぎのショックまでは一時的にストップする。

ふたつめのグループのラットたちにも同じ回数と量の電気ショックを与えるが、こちらのグループにはホイールが与えられず、電流をストップすることはできない。

今回の新しい実験が以前の実験と大きく異なる点は、まず第一に、ラットたちが生後わずか5週間だったこと。これは人間の青年期に相当する。第二に、今回の効果測定は、実験の

5週間後、ラットたちが成体になってから行われたこと。5週間後の時点で、こんどは両方のグループにホイールのない状況で（電流をストップできない）、電気ショックを与えた。そしてその翌日、社会性探究テストでの行動を観察した。

その結果、つぎのことがわかった。最初の実験で若いときに制御できないストレス（電気ショック）を経験したラットたちは、5週間後に成体になってから、ふたたび制御できないストレスを経験したとき、臆病な行動を取った。この結果は不思議ではない。ラットたちは「無力感」を学習したのだ。

それとは対照的に、最初の実験で若いときに制御可能なストレス（ホイールを回せば電流をストップできる）を経験したラットたちは、冒険心が旺盛になり、もっとも驚いたことに、成体になった時点で、「学習性無力感」に対して免疫力を持っているように見えた。

つまりこのようなラットたちは、高いレジリエンスを身につけて成長したために、ある程度の制御できないストレスを与えられても、「無力感」に陥ることはなかったのだ。

言い換えれば、若いラットたちが（死ぬほど）つらい経験をしても、自分の力でそのストレスを制御できた場合には、そのおかげでかえって強くたくましくなったということになる。

この仕組みが「逆境に強い脳」をつくる

このスティーブ・マイヤーによる新しい実験のことを知り、どうしてもマイヤーの話を直接聞きたくなった私は、コロラドへ飛んだ。

さっそくマイヤーの案内で、研究所のなかを見て回った。例の小さなホイールのついた特殊なラット用ケージが、実際にいくつも並んでいるのも見た。その後、さきほどの若いラットを使った実験を担当した大学院生が、関連する脳の回路や神経伝達物質について説明を行った。

そしてついに、マイヤーとじっくり話す機会を得た私は、今回の実験のことだけでなく、彼の長く輝かしいキャリアで成し遂げたあらゆることを踏まえて、「希望」の神経生物学について説明してほしいと頼んだ。

マイヤーは少し考えてから言った。

「簡単に説明しよう。嫌な経験に対して反応する脳の領域はたくさんある。たとえば扁桃体《へんとうたい》だ。それどころか、全体がストレスに反応する辺縁《へんえん》領域もある」

私はうなずいた。

「こうした辺縁系の構造は、前頭前皮質など上位の脳の領域によって制御されている。だから、頭のなかでなにかを判断したり、考えや意見が浮かんだりすると――たとえば『ちょっと待てよ、これならどうにかできる!』とか『そんなにまずい事態じゃないぞ!』なんて思ったりすると、前頭前皮質の抑制構造が活性化して、メッセージを送る。『まあ落ち着いて! そんなにあわてなくていい。一緒に手を打とう』」

なるほど。しかし、まだわからないことがあった。なぜあえて若いラットたちを対象に実験を行ったのだろう?

「ここからはもう少し説明が必要だ。我々は脳の神経回路には可塑性《かそせい》があると考えている。したがって、まだ若いときに大きな逆境を経験して、それを乗り越えた場合、それ以降にまた逆境が訪れると、対処のしかたが変わってくる。ただし、それは非常に大きな逆境を経験した場合に限られる。ちょっと困った程度のことでは、脳に変化は起こらないからね」

では、「あなたなら困難を克服できる」といくら励ましても、脳にそのような変化は起こらないのだろうか?

「そのとおり。あなたなら逆境を乗り越えられる、と言われるだけじゃダメなんだ。脳の神経回路の再配線が起こるには、下位の抑制領域と同時に、制御回路が活性化する必要がある。それは実際に逆境を経験して、それを乗り越えたときに起こることなんだ」

では、自分ではどうすることもできない困難が長く続いた場合は、どうなるのだろうか?

「貧困状態の子どもたちのことは、とても心配だ」マイヤーは言った。「そういう状況では、無力感を味わうばかりで、困難を乗り越えられる経験がほとんどない。だから、『これならできる。あれならうまくやれる』と学習する機会がないんだ。子どものころになにかを乗り越えた、うまくできたという経験は、ずっとあとにまで効果をおよぼすと私は考えている。だから、自分の行動と自分が経験するできごとには、望ましい意味で関連性があることを学ぶ必要がある。つまり『自分がこうすれば、きっとこうなるはずだ』と思えるようにならないといけない」

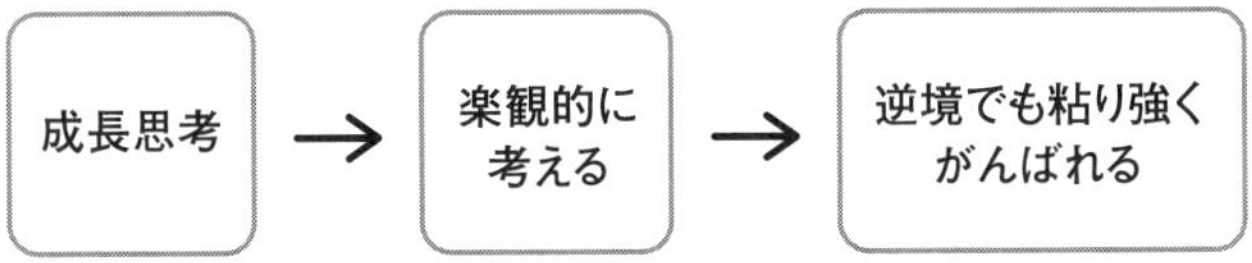

成長思考をすると楽観的になり、粘り強くなる

脳は「筋肉」のように鍛えられる

私がこれまでに示したエビデンスは、すべてつぎのことを示している。能力を「固定思考」でとらえていると、逆境を悲観的に受けとめるようになる。そのせいで、困難なことはあきらめてしまうだけでなく、やがて最初から避けるようになる。

それとは逆に、「成長思考」でいると、逆境を楽観的に受けとめられるようになり、そのおかげで粘り強くなれる。新しい試練が訪れても臆せずに立ち向かうため、さらなる強さが培われる。

「希望」の持ち方を学びたい人は、ぜひ各ステップを上の図の順番どおりに試し、「この効果をさらに高めるために、なにができるだろう?」と考えてみよう。

そのための私からの**第一の提案は、「知能」や「才能」についての考え方をあらためること**だ。

キャロル・ドゥエックと共同研究者たちは、知能やあらゆる才能は努力によって向上するということを人に説明するとき、まず脳の話から始める。たとえば、イギリスの一流の科学雑誌「ネイチャー」で発表された、青年期の脳の発達に関する研究を詳しく紹介するのだ。

この研究に参加した青年の多くは、研究開始時の14歳から終了時の18歳までの４年間に、ＩＱスコアが向上した。

ＩＱスコアは一定のままではなく変化するという事実を知ると、たいていの人は驚くが、ドウェックはさらに、この青年たちの脳の構造に大きな変化が見られたことを説明する。

「数学の学力が伸びた生徒は、脳のなかでも数学に関連する領域が強化されており、英語の学力が伸びた生徒は、言語に関連する脳の領域が強化されていました」

それに加えて、脳はきわめて適応性に優れていることを説明する。

筋肉を鍛えれば強くなるのと同じで、新しい課題を克服しようとがんばっていると、脳はそれに応じて変化する。

それどころか、脳が完全に「固定」してしまうことは一瞬もなく、私たちが生きているかぎり、神経細胞は互いに新しい結合を増やし、既存の結合を強化する能力を持っている。

しかも、成人後はミエリンと呼ばれる物質を増加させる能力を維持している。ミエリンは絶縁《ぜつえん》被《ひ》覆《ふく》のように、中枢神経の外側を覆っている物質で、神経細胞を保護し、神経細胞間のシグナル伝達を行うものだ。

「悲観的な考え方」をやめる

第二の提案は、楽観的に考える練習をすること。

認知行動療法が「学習性無力感」に対して有効であることから、やがて「レジリエンス・トレーニング」が開発された。このトレーニングプログラムは、要するに、予防を目的とした認知行動療法と言える。

ある研究では、このトレーニングを修了した子どもたちは、その後の2年間において、悲観的になる傾向が低く、うつ病の症状もほとんど見られなかった。また、悲観的な傾向の強い大学生たちを対象とした同様の研究では、トレーニング後の2年間は不安症の症状が軽減し、3年間はうつ病の症状が軽減した。

もしこの章を読んで、自分は極度の悲観主義者だと思った人には、認知行動療法の療法士（セラピスト）を見つけることをお勧めしたい。このようなアドバイスでは不満に思われるかもしれないことは、私自身、よく認識している。

ずっと以前、まだ10代のころ、私は悩みごとがあって、新聞の人生相談に投書をした。すると、返事が届いた。

「セラピーを受けなさい」

私は怒りのあまり、その手紙を破り捨てた。どうしてもっとちゃんと答えてくれないんだろう？　どうしてもっと手っ取り早くて直接的な解決方法を教えてくれないんだろう？

けれども、「希望の科学に関する論文を20ページ読めば、悲観主義的な根深い偏見を取り除くことができるでしょう」などと言うのは、あまりにも考えが甘すぎる。認知行動療法やレジリエンス・トレーニングについては、ここで簡単に説明をすませることはできない。

しかしポイントは、「心のつぶやき（考え方、物事の受けとめ方）は、よい方向に変えることができる」ということ。そして、目標に向かって進んでいくときに、ネガティブな心のつぶやきに邪魔をさせないようにする方法も、身につけることができるということだ。指導を受けて練習を行えば、困難な状況に陥っても、自分の考え方や感じ方を変えることができる。そしてもっとも重要なのは、行動を変えることができるということだ。

「他人の力」を使って立ち直る

PART3「『やり抜く力《グリット》』を外側から伸ばす」へ進むまえに、「希望」の持ち方を学ぶためのもうひとつの提案をして締め括りたい。**第三の提案は、ひとに助けを求めること**だ。

数年前、私はロンダ・ヒューズに出会った。以前、大学で数学を教えていた人だ。ロンダの一家にはそれまで大学進学者はひとりもいなかったが、ロンダは小さいころから速記よりも数学のほうがずっと好きだった。ロンダは大学に進学し、やがて数学で博士号を取得した。そして、大学の教員職に応募して79回も不採用通知を受け取ったあと、ついに80回目に採用された。

ロンダが私に連絡をくれた理由のひとつは、グリット・スケールに出てくるある表現について、言いたいことがあったからだった。

「『私は挫折をしてもめげない』という表現が出てきますが、あれは好きになれません。だっておかしいでしょう。挫折をしてもめげない人なんているでしょうか？　私には無理です。だからこう変えるべきだと思うんですよ。『私は挫折をしても、めげたままではいない。私は立ち直る』」

たしかに、ロンダの言うとおりだった。私はさっそく多くの表現に手直しを加えた。

しかし、ロンダが話してくれたことでもっとも重要なことは、彼女はいつも自分ひとりの力で立ち直ったわけではなかったということだ。むしろロンダは、ひとに助けを求めることは、「希望」を持ち続けるためのよい方法だと思っていた。

ここでロンダから聞いた話をひとつ紹介したい。

「私は大学でよい指導者《メンター》に恵まれたんです。その先生がいち早く、私自身が自覚するまえに、私は将来、数学者になるべきだと見抜いてくれたんです。

あるとき、その先生の数学のテストでひどい点を取りました。そこからすべてが始まったと言えるでしょう。私は先生のオフィスに行って、号泣しました。すると突然、先生は跳びはねるように席を立って、部屋から出て行ってしまいました。

しばらくして、先生は戻ってきてこう言ったんです。

『君は大学院に行って数学をやるべきだ。だけど、いまの授業の取り方は完全にまちがっている』

そして先生は、私が本来学ぶべきだった科目とその順序を細かく指示し、ほかの先生方にも相談に乗ってもらえるように頼んでくれたんです」

約20年前、ロンダは数学者仲間のシルヴィア・ボーズマンとともに「エッジ・プログラム」を創設した。EDGE（エッジ）とは、「Enhancing Diversity in Graduate Education」（大学院教育のダイバーシティ向上）の略で、そのミッションは、数学の博士課程に進む女性やマイノリティの学生を支援することだ。

「数学者になるには、特別な才能が必要だと思われています」共同創設者のシルヴィアは言った。「そして数学の才能は、生まれつきある人にはあっても、ない人にはないと思われています。でもロンダと私はずっとこう言い続けているんです。『数学の能力は、自分で伸ばすものですよ。あきらめないで！』」

そして、ロンダはこう語った。

「長年この仕事を続けてきたあいだには、もう辞めよう、もうあきらめて、もっとラクな仕事をしよう、と思ったことが何度もありました。でもいつも誰かが、がんばって続けなさいと励ましてくれたんです。誰にでも、そういう人が必要だと思いませんか？」

PART 3

「やり抜く力《グリット》」を外側から伸ばす

Grit

第10章
「やり抜く力」を伸ばす効果的な方法
――科学では「賢明な子育て」の答えは出ている

「身近な人のやり抜く力を伸ばすには、どうすればよいのでしょうか？」

毎日一度は、必ず誰かにそう訊かれる。

ときにはコーチや、起業家や、ＣＥＯから相談を受ける。先週は小学４年の学級担任の教師から、先々週はコミュニティカレッジの数学の教授から相談があった。陸軍や海軍の司令官たちからも、この質問を受けたことがある。しかし何と言ってもいちばん多いのは、子どもの能力が十分に発揮されていないと悩む親たちだ。

実際の親ではない人も、相談してくる人たちはみな、親と同じように考えている。

Parenting（子育て、親業）という言葉はラテン語に由来し、「引き出す」という意味をもっている。子どもや生徒の興味をうまく引き出して、自分から進んで練習に励み、目的に向かって希望を失わずに進んでいくように導くためには、どうすればよいのか。そのためにアドバイスを求めるのは、まさに親心と言えるだろう。

「やさしい育て方」と「厳しい育て方」はどっちがいいか？

逆に私のほうから、「やり抜く力を育むには、どうするのがよいと思いますか？」と質問すると、さまざまな答えが返ってくる。たとえば、「やり抜く力」は逆境という厳しい試練によって培われると考える人がいる。また、「死ぬほどつらい経験は人を強くする」というニーチェの格言を引用する人もいる。

そのような言葉から連想するのは、しかめ面をした母親や父親だ。自分が試合に出ているわけでもないのに、「ちがう、なにやってるの！」「そんなんじゃ勝てないぞ！」とわめき散らしたり、子どもに無理やり何時間もピアノやヴァイオリンの練習をさせたり、Ａマイナスを取ったお仕置きに、子どもを外出禁止にしたりするような厳しい親たち。

この育て方について、一世紀前にさかのぼって意見を求めるとすれば、行動主義心理学の創始者で、ジョンズ・ホプキンス大学の心理学科長を務めたジョン・ワトソンの意見が参考になるだろう。

１９２８年の著書で、育児書のベストセラーとなった『子供は如何《いか》に育てらるべきか』において、ワトソンはつぎのような子どもに育てるべきだと熱弁をふるっている。

「勉強にも遊びにも没頭し、少しくらい困難なことにぶつかっても、すぐに克服する。（中略）成長しておとなになったら安定した職業に就き、どんな逆境にも負けない強靭な精神力を身につけている」

そのためのアドバイスはつぎのとおりだ。

「子どもを抱きしめたり、キスしたりしてはならない。ひざに座らせるのもよくない。どうしてもというなら、子どもが寝る前のあいさつをしたときに、額にいちどだけキスする。朝は握手する。子どもが難しい課題に挑戦して、みごとにやってのけたときは、頭を軽く撫《な》でてやってもよい」

さらに、子どもには「生まれた直後」から自分の力で問題に取り組ませること。子守りは何人かを交替で勤務させ、子どもが特定のおとなに対して不健全な愛着を抱くのを防ぐこと。さもないと、子どもが甘やかされてしまい、「世界を征服しよう」という気概を持てなくなる、と述べている。

いっぽうで、逆の意見の人たちもいる。

親が子どもに無条件の愛情を注ぎ、しっかりと手を差し伸べてこそ、粘り強さと情熱を持った子に育つと固く信じている人たちだ。そのような人たちは、親は子どもに対してもっと寛容でやさしくあるべきだと考え、子どもはおおいに抱きしめ、のびのびと育てるべきだと主張する。

そして、子どもは本来チャレンジが好きなのだから、親が無条件の愛情を注いでやれば、子どものやる気や意欲はおのずと湧いてくると指摘する。親があなしなさい、こうしなさいと要求を押しつけなければ、子どもは自分の興味のあることに取り組む。やがて自分から練習に取り組み、挫折を経験してもへこたれずにがんばる子になる、という考えだ。

育て方の優劣を決める「エビデンス」

では、いったいどちらが正しいのだろうか？　「やり抜く力」は容赦なく高い水準を求められ、試練を乗り越えるなかで培われるのだろうか？　それともやさしく手を差し伸べられ、見守られることによって育まれるのだろうか？

科学者としては、この件に関してはさらなる研究が必要だと言いたいところだ。子育ての研究は多く、「やり抜く力」についても多少の研究は行われているが、子育てと「やり抜く力」の関連性についての研究は、いまだ例がない。

しかし、10代のふたりの子どもを持つ親としては、研究結果が出るまで手をこまねいて待っているわけにはいかない。身近な人間の「やり抜く力」を育むにはどうすればよいのか、と私にたずねる親御さんたちと同じように、私もまさに待ったなしの対応を迫られている。

娘たちは日々成長しており、夫と私はよかれ悪しかれ、親としての務めを果たさなければならない。さらに大学では教授として、また研究所長として、私は多くの学生たちと接している。彼らの「やり抜く力」も育んでやりたい。

そこでこの議論に決着をつけるための足がかりとして、私は両派の意見について科学的根拠を探すことにした。昔ながらの厳しい子育てを支持する人からは、フットボールの元選手で記録破りのクォーターバックとして有名な、スティーブ・ヤングの話を聞くように勧められた。

ヤングはまさに「やり抜く力」の鉄人だ。敬虔なモルモン教徒の家庭で育ったヤングは、毎朝、新聞配達をし、教会の聖書講座に出てから学校に行った。汚い言葉を遣うのも、飲酒も、いっさい厳禁だった。

いっぽう、もっとのびのびとした子育てを支持する人からは、鋭い舌鋒で知られるイギリスのスタンダップ・コメディアン、フランチェスカ・マルティネスの話を聞くように勧められた。作家の父と環境保全活動家の母は、マルティネスが16歳のとき、自分の意思で退学を決めても反対しなかった。さらに、彼女が『普通ってなに?!（What the **** is Normal?!）』（未邦訳）という過激なタイトルの回顧録を出版しても、目くじらひとつ立てなかった。

「やめられなかった」から成功した

では、スティーブ・ヤングの話から始めよう。

スティーブはサンフランシスコ・フォーティナイナーズの伝説のクォーターバックで、NFL最優秀選手に2度も選ばれた。1995年の第29回スーパーボウルでは、6本のタッチダウンパスを決めて最多記録を樹立し、スーパーボウル最優秀選手に輝いている。さらに、NFL史上最高のQBレーティングを記録するなど、数々の偉大な業績を遺して引退した。

「いまの私があるのは、両親のおかげです」とスティーブは語った。「子どもをしっかりとしつけ、厳しく育てる。誰もがそういう親に恵まれることを願ってやみません」

つぎの話を読めば、彼の言いたいことがよくわかる。

高校のフットボールチームでスター選手として活躍し、全米の大学から熱心な誘いを受けたが、スティーブは8番手のクォーターバックとして、ブリガム・ヤング大学に進学した。ほかにクォーターバックが7名もいたためほとんど試合に出られなかったスティーブは、降格され、「ハンバーガー・スクワッド」に加えられた。できの悪い選手の集まりで、ディフェンスラインの戦略的プレーの練習用に使われる。

「もう本当にやめて、家に帰りたかった」当時を思い出して、スティーブは語る。「前期は大学にかよってはいましたが、いつでもやめて出て行けるように荷造りしていました。あるとき、家に電話して父に言ったんです。『コーチは僕の名前すら知らないんだ。体がでかいから、ディフェンスの体当たりの練習台に使われるだけ。父さん、こんなの最低だよ。こんなことがしたくて来たんじゃない。だから、家に帰りたいと思ってるんだ』」

スティーブが「究極のタフガイ」と呼ぶ父は、こう答えた。

「やめたっていいさ。……だが、家には帰ってくるな。意気地なしをこの家に住まわせるわけにはいかない。そんなことはおまえだって、子どものころからよくわかっているはずだ」

スティーブは、やめなかった。

シーズン中ずっと、スティーブは誰よりも早く練習を始め、誰よりも遅くまで残った。シーズン最後の試合が終わると、スティーブは自主練習のレベルを上げた。

「フィールドハウスの向こうに、大きなネットが下がっていたんだ。センターがいるつもりで、その後ろで腰を落とす姿勢をとり、スナップ〔両足の間から後方の味方にボールを渡す〕をやって、3ステップのドロップをやって、ネットに放り込んだ。1月の初めから2月の終わりまで、ここでスパイラル〔ボールに回転をかけて投げる〕を1万回以上やった。さすがに腕が痛くなったけど、どうしてもクォーターバックになりたかった」

2年生になると、スティーブはクォーターバックの8番手から2番手に上がった。3年生になると、クォーターバックとしてスタメンに選ばれた。そしてついに4年生のとき、全米でもっとも優秀なクォーターバックとして、デイビー・オブライエン賞を受賞した。

「能力」があるんだから続けなさい

これ以外にも、スティーブは長いアスリート生活のあいだに自信を打ち砕かれたことが何度もあった。そのたびに心底やめたいと思い、父に悲痛な思いを訴えたが、父は絶対にやめさせてくれなかった。最初の試練は、中学で野球をやっていたときだった。

「私は13歳でした。1年間ずっとヒットを打てなくて、どんどんみじめになりました。何度試合に出ても、1本も打てないんですから」

シーズンが終わったとき、スティーブは父親にやめたいと訴えた。

「父は私の目をまっすぐに見据えて言いました。『やめてはいけない。おまえには能力があるんだから、できるようになるまで練習するんだ』」

父とスティーブは一緒に練習を始めた。

「雨ですごく寒くて、地面は雪でぬかるんでいたし、本当につらかった。それでも父が投げるから、ひたすら打ったんです」

そんな努力の甲斐《かい》があって、スティーブは高校3年のころには野球部のキャプテンを務め、打率3割8分4厘の強打者となっていた。

粘り強く努力を続ければ、いずれ報われる日がくる。そうやってスティーブが身をもって学んだ教訓こそが、サンフランシスコ・フォーティナイナーズでベンチを温め続けた4年間の心の支えとなった。スティーブはトレードを要求せず、スターティングクォーターバックのジョー・モンタナに教えを乞い、練習に励んだ。モンタナはキャプテンとしてチームを率い、スーパーボウルで4回の優勝を勝ち取った名将だ。

「自分がどこまでやれるかを試したいなら、たとえどんなにつらくても、ここに残ってがんばるしかなかったんだ。何度もやめてやろうと思ったよ。観客の野次が耳鳴りみたいに聞こえるような気がして、眠れない夜が何度もあった。だけど怖くて、父に電話できなかったんだ。何て言われるかわかり切っていたから。『最後までやり抜くんだ、スティーブ』」

「最後までやる習慣」を身につける

スティーブ・ヤングの猛烈な成功物語をここまで読んだあなたは、「やり抜く力」の強い子どもの親は、やはり子どもに盲従を強いるのだと思ったかもしれない。ものごとを親の基準でしか考えず、子どもの希望や願いなどお構いなしだと思ったかもしれない。

しかし最終的な判断を下すまえに、スティーブの両親、ルグラン・ヤングとシェリー・ヤングの話を聞いてみよう。

ところで、そのまえにひとつ耳に入れておいていただきたい情報がある。スティーブの父ルグランは、本名よりも子どものころのあだ名を気に入っている。その名も「グリット」――彼の生きる姿勢をよく表している。

スティーブの弟のマイクは、父親のことをこう語っている。

「父はとにかく努力家で、タフで、絶対に弱音を吐きません。このあだ名は本当に父にぴったりです」

私はスティーブの両親に、電話で取材を申し込んだ。有名な息子の話を、そして彼をどのように育てたかを聞くためだ。さぞかし厳格で堅苦しい感じなのではないか、と私は身構えていた。ところが母親のシェリーは開口一番、こう言った。

「お話しできてとてもうれしいです！　スティーブは自慢の息子なんですよ！」

おまけに父のグリットは、「やり抜く力《グリット》を研究しているあなたが、なぜもっと早くうちに連絡してこなかったのか、不思議でなりませんでしたよ」と冗談を言った。

それで肩の力が少し抜けた私は、ふたりの話にじっくりと耳を傾けた。ふたりとも、子どものころから働き者だったという。シェリーが言った。

「私たちは田舎から都会に出てきた最初の世代ですからね。期待も大きかったんです」

シェリーは10歳のころには、さくらんぼ摘みを手伝っていた。グリットも同じで、野球のグローブやユニフォームを買うために、芝刈りや新聞配達をしたり、農作業を手伝ったりしてお小遣いを稼いだ。

やがてシェリーとグリットが結婚し、子育てが始まると、ふたりはあえて自分たちの子ども時代と同じように、厳しく育てようと決心した。グリットは言う。

「私の目標は、子どもたちに規律を学ばせること。そして、何でも一生懸命やることを学ばせることでした。私もそう教えられ、学んできました。そういう習慣は、努力によって身につくものです。放っておいても自然にできるようにはなりません。だから、〝始めたことは最後までやり遂げる〟ということを子どもたちに教えるのは、親の大事な役目だと思っていました」

スティーブも弟たちも、「始めたことはどんなことでも、必ず最後までやり遂げなければならない」と徹底的に教え込まれた。両親ともに厳しかった。

「練習は絶対にさぼるな、と言いました。『もううんざりだ』なんて弱音を吐くな。自分でやると決めたことはしっかりやること。練習に行きたくないと思うこともあるだろうが、それでも絶対に行きなさい、と」

厳しくしつつも温かく支える

ずいぶん厳しいと思うだろうか？　実際、厳しかった。しかしもう少し詳しく話を聞いてみると、両親は厳しくも温かく、しっかりと子どもたちを支えていたことがわかる。

中学3年生のとき、全米最大のユースフットボールリーグ「ポップ・ワーナー」の試合でタックルされたときのエピソードをスティーブが話してくれた。試合後、スティーブが母親の姿を探していると、ハンドバッグを抱えた母が、さっと横を通り過ぎた。母はすごい勢いで相手チームの少年に歩み寄り、肩パッドをぐいとつかんで言った。

「首にタックルをかけるのはルール違反でしょう。こんどスティーブにあんなまねをしたら承知しないわよ」

またシェリーとグリットは、子どもたちの精神面のケアにも気を配っていた。たとえば、スティーブはとりわけ不安を強く感じる子どもだった。グリットが言う。

「スティーブには、どうしてもやりたがらないことがありました。たとえば小学2年生のときは、学校に行きたくないと言いました。12歳のときには、ボーイスカウトの合宿に行くのを嫌がりました。それにあの子は、絶対に友だちの家に泊まりませんでした。なぜか嫌がったんです」

そう聞いても、オールスターチームの勇猛果敢なクォーターバックとして活躍したスティーブ・ヤングと、両親の語る弱気な少年のイメージは、どうしても結びつかない。両親もなぜ長男のスティーブだけがおびえやすい性格なのか、さっぱりわからなかった。

あるとき、父親のグリットがスティーブを学校へ迎えに行き、親戚の家に連れて行こうとした。するとスティーブは泣きじゃくり、止まらなくなってしまった。よその家に連れて行かれるのが、心底恐ろしかったのだ。グリットは仰天した。

それで両親はどう対応したのだろう？ 私は話の続きが気になった。「めそめそするな。しっかりしろ」と息子を叱咤激励したのだろうか？ それともなにかお仕置きをしたのだろうか？

どちらも「ノー」だ。スティーブが「学校に行きたくない」と言ったとき、グリットが息子とどんな会話をしたかを知れば、グリットがお説教や批判などせずに、息子の話を聞きだし、ちゃんと耳を傾けていたことがわかる。

「だから息子に訊きました。『もしかして、誰かにいじめられてるのか？』『ううん』『先生のことは好き？』『先生は大好きだよ』『じゃあ、どうして学校に行きたくないんだい？』『わかんないよ。ただ行きたくないんだ』」

そこで母のシェリーが、教室の後ろで座っていることにした。何週間もかかったが、とうとうスティーブも安心して、ひとりで学校へ行けるようになった。

「原因は分離不安だったんです」シェリーが言った。「当時はそんな言葉は知りませんでしたけれど。でも、息子が不安で体じゅうこわばっているのがわかりました。これはどうにかしないといけない、と思ったんです」

「自分で決められる」感覚を持たせる

後日、大学1年の前期につらい思いを味わったときの話を、スティーブに詳しく話してもらったとき、私はこう言った。

「もしそのエピソードしか聞かなかったら、みんなあなたのお父さんはとんでもない暴君だと思うでしょうね。家に帰りたいと息子が必死に頼んでいるのに、帰って来るな、とはねつけるなんて」

すると、スティーブは言った。

「まあ、そうかもしれません。でも何でも、表面的なことだけじゃわからないでしょう?」

私は続きを待った。

「父は私のことを、よく理解していました。私がいますぐにでも家に飛んで帰りたいと思っていたのも、父はよくわかっていたんです。でもそれを許したら、私は恐怖に負けて呑まれてしまう。あれは愛のムチだったんですよ。むごいけれど、愛情があってのことです」

しかし、愛情ゆえの厳しさと残酷な仕打ちは、紙一重の部分もあるのではないだろうか？　そのちがいはどこにあるのだろう？

「決めるのは自分だとわかっていましたから」スティーブは言った。

「父は私に、自分と同じようになってほしい、と思っていたわけではありません。大切なのは、親が子どもに安心感を与えることです。父は私が小さいころから、『お父さんはおまえをコントロールして、自分のような人間にしようなんて思っていない。何でも言うとおりにやらせて、自分が実現できなかった望みをかなえてほしい、なんて思っていない』とわからせてくれました。それどころか、『いつも全力で応援するよ』と伝えてくれたんです」

さらにスティーブは続けた。

「愛情ゆえの厳しさの根底にあるのは、無私無欲の思いです。それがいちばん重要だと思います。本当は親の身勝手なのに、おまえのために厳しくするのだと言っても、子どもはちゃんと嗅ぎつけますよ。私の両親は、ありとあらゆる方法で伝えてくれました。『おまえが自分の道で成功するのを、楽しみにしているよ。自分たちのことなど二の次だ』と」

親が愛情深くて「どっしり」と構えている

スティーブ・ヤングと両親のエピソードによって、「愛情ゆえの厳しさ」という言葉は、矛盾をはらんでいるわけではないと納得しただろうか。ではこんどは、フランチェスカ・マルティネスとその両親、ティナとアレックスの話を紹介しよう。

イギリスの新聞「オブザーバー」で、イギリスでもっとも面白いコメディアンのひとりに選ばれたフランチェスカは、世界じゅうで人気を博し、公演チケットは完売してしまう。汚い言葉遣いや飲酒は厳禁のヤング家の人たちとはちがって、フランチェスカはしょっちゅう悪態をつき、ショーのあとはお酒を楽しむ。フランチェスカは両親と同様に、ずっとベジタリアンで無宗教。政治的には進歩主義の左寄りだ。

フランチェスカは2歳のとき、脳性まひと診断された。ティナとアレックスは、脳に障害のある娘は「通常の暮らしは営めない」と宣告されたが、「この娘が成長してどんなおとなになるかは、どんな医者にだってわかるはずがない」と意に介さなかった。

コメディの世界でスターの座を獲得するのは、誰にとっても並大抵の努力ではすまないはずだ。ましてやフランチェスカは、ステージまで歩いて行くのもひと苦労で、子音をはっきりと発音するのも大変なのだから、道はいっそう険しかったはずだ。

下積み時代には、フランチェスカもほかのコメディアン志望者と同じように、ギャラなしでたった10分のステージに立つために、片道4時間かけて車で劇場にかよい、多忙で冷淡なテレビ局のプロデューサーたちに、数えきれないほど売り込みの電話をかけた。しかも、彼女の場合はほかのみんなとちがって、ショーのまえには毎回、呼吸法と発声のトレーニングが欠かせなかった。フランチェスカは私に言った。

「努力家で情熱的なのは、自分の力というより、親ゆずりだと思っています。私の家族は本当に愛情深くて、どっしりと構えているんです。私がどこまでも挑戦を続けられるのは、家族の惜しみないサポートと明るさのおかげです」

とはいえ、学校のカウンセラーたちは、普通に歩いたりしゃべったりできない女の子がコメディアンを目指すのは、いかがなものかと考えた。そして、彼女がそのために学校をやめてしまうことを、もっとも危惧《きぐ》していた。カウンセラーたちはため息をついて言った。

「ねえ、フランチェスカ。もっとまともな職業を考えましょう。たとえばコンピューター関連とか」

フランチェスカは事務職につくなんて、考えただけでもゾッとした。「いったいどうすればいいの?」と両親に相談した。

「自分の夢を追い求めればいいんだよ」父のアレックスは言った。「もしうまく行かなかったら、また考えればいい」

「母も同じように励ましてくれました」フランチェスカは言った。「私が16歳のとき、テレビの仕事をするために高校を中退したときも、両親は基本的に賛成だったんです。週末のクラブ通いも許してくれました。だからいつも友だちと一緒に、うさんくさい男たちに囲まれて、きわどい名前のカクテルを飲んで遊んでました」

自尊心が「自分ならできる」という自信につながる

私は父親のアレックスに、「自分の夢を追い求めればいい」と娘にアドバイスした理由をたずねた。すると、それに答えるまえに、あることを教えてくれた。じつはそれ以前に、フランチェスカの兄のラウルにも、高校中退を許していたのだ。著名な肖像画家に弟子入りするためだった。

「私たちはどちらの子にも、医者になれとか、弁護士になれとか、そういう押し付けはいっさいしませんでした。自分が本当にやりたいと思うことをやっていれば、いずれそれが職業になると、心から信じているからです。フランチェスカも兄のラウルも、とてつもない努力家です。でもふたりとも、自分の打ち込んでいることに情熱を持っているからこそ、粘り強くがんばれるのです」

母親のティナもまったく同じ考えだった。

「大切なのは、その子に合った環境をつくってやることです、成長を促し、その子のニーズに耳を傾け、応えてやれるように。子どもたちのなかには、将来という種が眠っています。私たちが信じてあげれば、その子なりの興味が芽生えてくるのです」

フランチェスカは、そんな「ありえないほどクールな」両親が無条件に支えてくれたからこそ、絶望的な状況でも、希望を持ち続けることができたという。

「つらいときもあきらめずに続けられるかどうかは、『私ならできる』と思えるかどうかにかかっています。その信念はどこから来るかといえば、自尊心から。自尊心があるのは、それまでの人生で、周りの人たちが自信を持たせてくれたおかげです」

これまでの話を聞くかぎり、アレックスとティナは典型的な「寛容な育て方」を行ってきたように思える。自分たちでもそう思っているかどうか、たずねてみた。

「いや、僕は甘やかされた子どもが大嫌いでね」とアレックスは答えた。「子どもはなによりも愛され、受け入れられることが重要です。でもそれだけでなく、ものごとの良し悪しをはっきりと教える必要があります。『こら、そんな棒で妹の頭を叩いたらだめだ。そうだ、一緒に使いなさい。だめだよ、欲しいからって何でも手に入ると思ったらまちがいだ』とね。しっかりと分別をつけなければなりません」

たとえば、こんなこともあった。フランチェスカは医師に命じられた理学療法のエクササイズを嫌がったが、アレックスは無理にでもやらせた。そのせいで、父と娘は何年も言い争いが絶えなかった。フランチェスカは、なぜできないことを無理にやらされるのか、理解できなかった。いっぽうアレックスは、ここは断固たる態度でのぞむのが、親としての責任だと信じていた。

このことについて、フランチェスカは著書でこう述べている。

「それからの数年は、うれしいこともいろいろあったけれど、父との激しいケンカが絶えなかった。私はしょっちゅう泣きわめいてドアを叩き、ものを投げ散らかした」

自由を与えると同時に「限度」を示す

親としては、あれほど激しく娘と衝突せずに、もっとうまく対処できなかったのか、といまになって思う部分もあるようだ。なぜしつこく理学療法のエクササイズをやらせるのか、その理由をもっときちんと説明すればよかったのではないか、とアレックスは考えている。

それはそうかもしれない。しかし、このフランチェスカの子ども時代のエピソードが私にとって非常に印象的なのは、「自分の夢を追い求めればいい」と娘を応援するやさしい親でも、本人にとってやるべきことは無理にでもやらせるのが親の務めだ、と考えるということを示しているからだ。そうなると、アレックスとティナに対する「常識にとらわれない型破りな親」という一面的な見方が、にわかに不完全に思えてきた。

たとえば、アレックスの作家としての仕事に対する姿勢にも、それがよく表れていた。

「仕事はとにかく、最後までやり切らないといけない。若いころはよく『小説を書いてるんだ』なんて言う人がいました。そういう人にかぎって『そう、僕は物書きなんだ。まだひとつも書き終えてないんだけど』なんて言うんです。だったら物書きとは言えないんですよ。ただ机のまえに座って、適当に書き散らしているだけじゃね。立派な口を叩くなら、ちゃんと有言実行して、最後までやり切らないといけない」

ティナも同じ意見で、子どもには自由を与えるのと同じくらい、きちんと限度を示すことも必要だと考えている。彼女は環境保全活動に加えて講師の仕事もしているが、子どもになにかをやらせるときに、子どもの機嫌を損ねないように、なだめすかして哀願する親たちの姿をたくさん目にしてきた。

「うちの子どもたちには、決まりごとを守らせ、やっていいことと悪いことをはっきりと区別させました。もちろん親として理由は説明しましたが、子どもたちもちゃんとわきまえていました」ティナはさらに続ける。「それから、うちにはテレビがありませんでした。テレビをぼーっと観ていると、受け身で催眠状態になりやすいと思ったんです。テレビのせいで、人と会話したり一緒に過ごしたりする時間が減るのは、よくないと思いました。子どもたちはどうしても観たい番組がある場合は、近所の祖父母の家に行っていました」

膨大な研究の「パターン」と一致した見解

私たちは、スティーブ・ヤングとフランチェスカ・マルティネスの話から、なにを学べるだろうか？　また、ほかの「やり抜く力」の鉄人たちの話に出てくる親たちの姿から、どんなことが見えてくるだろうか？

私はひとつのパターンがあることに気づいた。子どもを「やり抜く力」の強い子に育てたいと望む親にとっては、そのパターンは青写真として、さらには子育てのなかで直面するさまざまな問題に答えを出すためのガイドとして、役に立つかもしれない。

ただし、詳しい話をするまえに念のためもういちど言っておくと、科学者として確固たる結論を出すためには、もっと多くの研究データを集める必要があると私は考えている。あと10年もすれば、「やり抜く力」を伸ばす育て方について、いまよりもはるかに多くのことがわかっているはずだ。

しかし子育ては待ったなしの喫緊《きっきん》の課題だから、いまの私の考えを述べることにする。それでもある程度、自信を持っているのは、私の発見したパターンは、子育てに関する（ただし、「やり抜く力」についてではない）数多くの緻密な研究の結果と一致しているからだ。

さらに、「子どもを抱きしめてはいけない」と忠告したジョン・ワトソン以来、人間のモチベーションに関して解明された多くのことを鑑《かんが》みても、そのパターンは理にかなっている。

そして最後に、そのパターンは、世界的なアスリートや、芸術家や、学者らを対象に、心理学者のベンジャミン・ブルームの研究チームが30年前に実施したインタビュー調査の結果とも一致している。

ブルームの研究では、子育ては明確な課題として取り上げられてはいなかったが（両親は、研究対象である個人の略歴が正しいかどうかを確認するためのオブザーバーとしての役割しか担っていなかった）、最終的に、「育て方の重要性」はその研究において、主要な結論のひとつとなった。

では、私の見解を述べたい。

第一に、「やさしい育て方」と「厳しい育て方」は、どちらか一方しか選択できないようなものではない。「愛情ゆえの厳しさ」について、「愛情をもって子どもの自主性を尊重する」か、「断固たる態度で親の言うことを聞かせる」か、そのふたつのあいだの妥協点《だきょうてん》を探ることだと考えるのは、まちがっている。現実的に考えて、それらが両立できない理由などひとつもないからだ。

実際、スティーブ・ヤングの両親も、フランチェスカ・マルティネスの両親も、まさにその両方を行っていた。ヤング家の両親は厳しいだけでなく、愛情深かった。マルティネス家の両親は愛情深いだけでなく、厳しかった。

どちらの家庭も、子どもの興味を第一に考えるという意味においては「子ども中心」だったと言えるが、「なにをすべきか」「どれくらい努力すべきか」「いつならやめてもよいか」など重要なことは、必ずしも子どもに判断を任せなかった。

どんな子育てがいいか「一目瞭然」の研究結果

283ページの図は、現在の心理学における育て方の分類を示している。4つに分かれたうち右上の部分に相当するのは、温かくも厳しい親たちだ。専門用語では、「毅然とした育て方」というのだが、右下の「独裁的な育て方」とやや混同しやすい。

したがって、わかりやすくするために、本書では「毅然とした育て方」を「賢明な育て方」と呼ぶことにする。なぜならこのカテゴリーに該当する親たちは、子どもの心理的要求を正確に判断しているからだ。また、子どもの能力を最大限に引き出すには、愛情と自由を与えるとともに、限度を示すことも必要であることをよく理解している。そのような親の毅然とした態度は、権力ではなく知識と知恵にもとづいている。

あとの部分には、代表的な3つの育て方が当てはまる。

たとえば左下は「怠慢な育て方」だ。ここには、子どもに対してなにも要求せず、支援もしない親たちが該当する。「怠慢な育て方」をした場合は、情緒的に非常に有害な状態が生じるが、ここでは詳述しない。「やり抜く力」の強い子を育てようという親たちに関係のある問題とは、およそ考えにくいからだ。

右下の「独裁的な育て方」には、子どもに厳しい要求を突き付けるだけで、手を差し伸べない親たちが相当する。ジョン・ワトソンが子どもをたくましく育てるために提唱した方法が、まさにこれに当たる。それとは逆に、左上の「寛容な育て方」には、子どもに支援は惜しまないが、あまり要求しない親たちが当てはまる。


2001年、心理学者のローレンス・スタインバーグは、アメリカ青年心理学会の会長就任演説において、育て方の型に関するこれ以上の研究は、一時的に停止してはどうかと提案した。

というのも、「子どもに厳しい要求をしながらも、支援を惜しまない育て方」が有効であることを示す科学的根拠はすでに十分にあるため、もっと争点の多いほかの研究課題に取り組んだほうが有益ではないかと考えたのだ。

実際、過去40年間で、入念な計画のもとに研究が次々に行われたが、心理学的に賢明な親

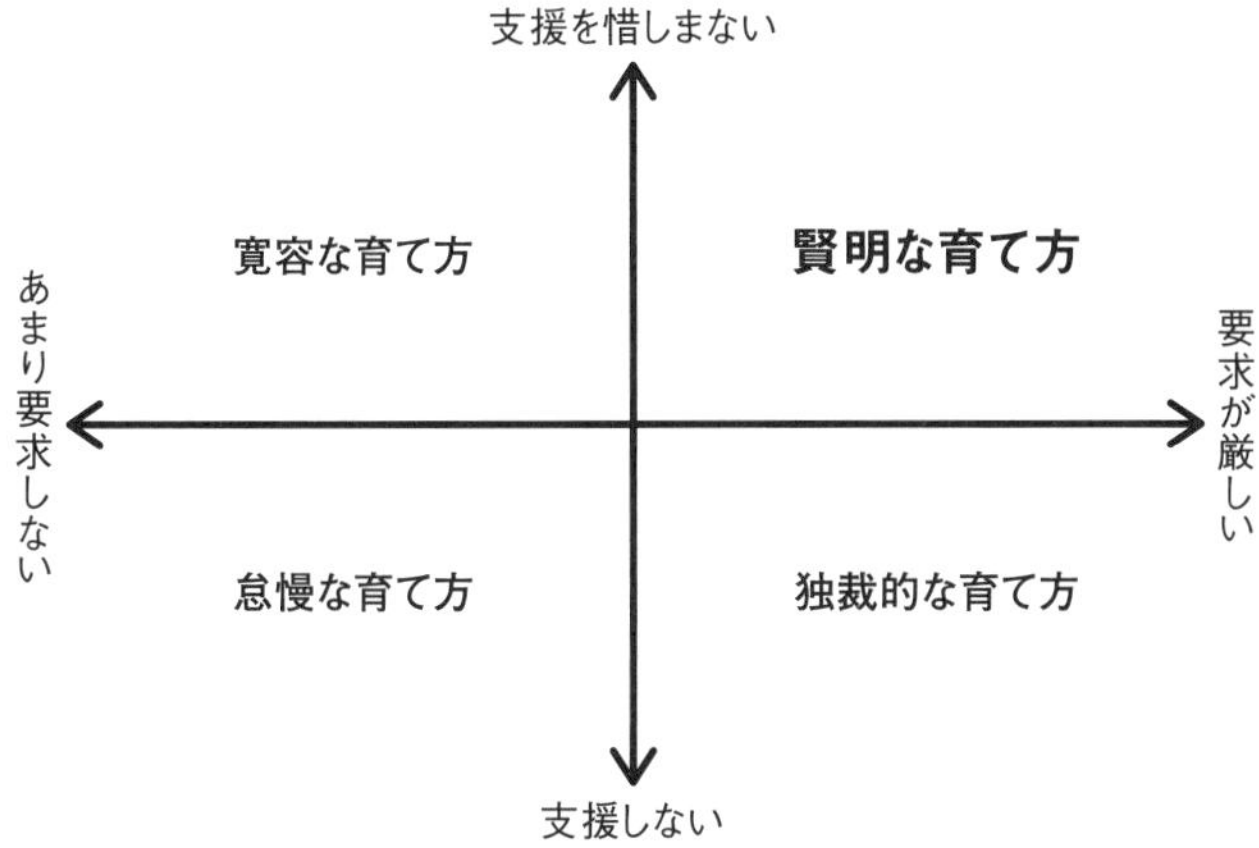

子育ての「4つのパターン」

の家庭で育った子どもたちは、さまざまな面で優れていた。

たとえば、スタインバーグのある研究では、約1万名のアメリカのティーンエイジャーたちが、親の行動に関するアンケート調査に回答した。

その結果、性別、民族性、社会的地位、婚姻区分にかかわらず、「温かくも厳しく子どもの自主性を尊重する親」をもつ子どもたちは、ほかの子どもたちよりも学校の成績がよく、自主性が強く、不安症やうつ病になる確率や、非行に走る確率が低いことがわかった。

さらに、この研究が実施されたほかの国々でも、また子どものどの発達段階においても、ほぼ例外なく同じパターンが見られることが明らかになった。縦断調査の結果は、そのような子育ての効果は10年以上におよぶことを示している。

「賢明な育て方」診断テスト

子育て研究による大きな発見のひとつは、親が子どもにどんなメッセージを伝えようとしているかよりも、子どもがそのメッセージをどう受け取っているかのほうが重要だという点だ。「テレビを見せない」「汚い言葉遣いを許さない」など、いかにも独裁的な育て方に見えることでも、子どもが必ずしもそれを威圧的だと思うかどうかはわからない。

それと同じように、子どもの高校中退を許すなど、いかにも寛容な親のように見えても、たんにその親は、「なにを重要だと思うか」についての価値観が、一般とは異なるにすぎない場合もある。

言い換えれば、スーパーのシリアル売り場の通路で子どもを叱っている親がいても、批判的な目で見ないことだ。ほとんどの場合、子どもが親とのやりとりをどう受けとめるかは、他人にはわからない。結局、重要なのはその子がどう思うかだ。

あなたは「心理学的に賢明な親」だろうか？　つぎに子育て研究が専門の心理学者ナンシー・ダーリングが開発した「育て方診断テスト」を掲載する。これを試せば、自分の子育てがどの型に属するかがわかる。つぎのうち、あなたの子どもがまよわずに「当てはまる」と答えるであろうコメントは、いくつあるだろうか？

なお、♣印のコメントは◆のコメントとは逆の方向性を示しているので、子どもの答えが

「当てはまる」になるようなら、その育て方はむしろ心理学的に賢明でないことになる。

寛容——温かい

◆困ったときは、親を頼りにできる。
◆親は私との会話の時間をつくってくれる。
◆私は親と一緒に楽しいことをして過ごす。
♣親は私の悩みごとを聞いてくれない。
♣私ががんばっても、親はほとんどほめてくれない。

寛容——子どもの自主性を尊重

◆親は、私にも自分の意見を持つ権利があると信じている。
♣親は、自分たちの言うことが正しく、私は文句を言わずに従うべきだと思っている。
◆親は私のプライバシーを尊重してくれる。
◆親は私にたくさんの自由を与えてくれる。
♣私がなにをしてよいかは、ほとんど親が決める。

厳格

◆親は私に家族のルールに従うことを求めている。

♣親は私が悪いことをしても叱らない。
◆親は「こうすればもっとよくできるはずだ」という方法を指摘する。
♣まちがったことをしても、親から罰を与えられることはない。
◆親は、たとえ大変なときでも、私がベストを尽くすのを期待している。

「親をまねる」という強力な本能

親から支援を受け、自主性を尊重されながらも高い水準を要求されて育つことには、たくさんの利点があるが、とりわけ「やり抜く力」にはおおいに関連性がある。賢明な育て方は、子どもが親を見習うように促すのだ。

もちろん、小さい子どもたちはみんなある程度、母親や父親のまねをする。子どもにはほかに基準がないから、周りの人の発音や習慣や態度をまねする以外にない。子どもは家族のしゃべり方をまねし、同じものを食べて育つ。だんだん好き嫌いも似てくる。

小さい子がおとなの行動をまねる本能は、非常に強力だ。たとえば、いまから50年以上前にスタンフォード大学で行われたある心理学の実験では、未就学児童たちに、おとながいろいろな玩具を使って遊ぶようすを見せ、そのあと実際に同じ玩具で遊ぶ機会を与えた。

半数の子どもたちは、おとながひとりで静かに組立玩具《ティンカートイ》を使って遊ぶようすを見た。部屋には子どもと等身大の人形（空気で膨らませたもの）もあったが、おとなはそれには見向きもしなかった。

あとの半数の子どもたちは、同じおとながティンカートイのブロックを組み立て終わると、そのすぐあとに、部屋にあった人形を激しく攻撃するようすを見た。おとなは人形をこぶしや木槌《きづち》でなぐり、高く放り投げ、叫んだりわめいたりしながら、人形を乱暴に蹴って部屋じゅうを走り回った。

その後、子どもたちに玩具で遊ぶ機会が与えられると、おとなが静かに遊ぶようすを見た子どもたちは、同じように静かに遊んだ。それとは対照的に、おとなが人形をなぐったり蹴ったりするのを見た子どもたちは、同じように乱暴にふるまった。多くの子どもがおとなの乱暴な行為をまねるようすが、「そっくりそのまま」だったと報告書に記されている。


しかし、「まねをする」のと「見習う」のとでは雲泥の差がある。

成長するにしたがって、私たちは自分自身の行動を振り返ることができるようになる。また他人の行いを素晴らしいと評価したり、軽蔑したりするようになる。

温かくも厳しく子どもの自主性を尊重する親に育てられると、子どもは親を手本とするだけでなく、尊敬するようになる。そうすると、ただ親の言いつけを守るだけでなく、親の意図に納得して従うのだ。

またとくに、親と同じものに興味をもって熱心に取り組むようになる。スティーブ・ヤングの場合、父親もまたブリガム・ヤング大学で傑出したフットボール選手だったのは、たんなる偶然ではない。フランチェスカ・マルティネスも、作家の父の影響で、子どものころから文章を書くのが好きだった。

「やり抜く力」の鉄人の多くは、親を手本にしている

ベンジャミン・ブルームが、世界トップクラスのスポーツ選手や芸術家を対象に行った研究でも、それと同じパターンが見られた。ブルームの研究でも、子どもに対して厳しくも支援を惜しまない親たちは、ほぼ例外なく、子どもたちにとって努力の手本となっており、親自身が「努力家で、なにかに挑戦するときは全力を尽くし、楽しみよりもやるべきことを優先させ、遠い目標に向かって努力する」姿を子どもに見せていた。さらに、「そのような親たちの多くは、自分の好きな活動に、子どもたちを積極的に参加させていた」。

ブルームの報告書の結論のひとつは、つぎのとおりだ。

「親が興味を持っていることは、子どもにも自然と伝わる。たとえばピアニストの親たちは、子どもがテニスの練習に行くときは送り迎えを誰かに任せても、子どもがピアノのレッスンに行くときは、必ず自分で送り迎えをしていた。テニスに熱心な家庭は、ちょうどその逆だった。このような例は、ほかにもたくさんあった」

私が「やり抜く力」の鉄人たちに行ったインタビューでも、多くの人が誇りと畏敬の念を

こめて、自分がもっとも尊敬し、影響を受けたロールモデルは親だと語った。そして、親と同じようなことに興味を持つようになった人が非常に多いのも、顕著な特徴だった。このように「やり抜く力」の鉄人たちは、親のやることをただまねるようになっただけでなく、親を手本とするようになったのだ。

この論理は、心理学的に賢明な親の子どもが、必ずしも「やり抜く力」が強くなるとは限らないという結論にもつながる。というのも、心理学的に賢明な親たちが、必ずしも「やり抜く力」の面でも手本を示すとは限らないからだ。図（283ページ）の右上のカテゴリーに該当する、厳しくも支援を惜しまない親であっても、自分自身の長期的な目標に向かって、「情熱」と「粘り強さ」をもって取り組む姿を子どもに見せているとは限らない。

もしあなたが自分の子どもの「やり抜く力」を引き出したいなら、まず、「自分が人生の目標に対してどれくらいの情熱と粘り強さをもって取り組んでいるか」、つぎに、「子どもが自分を手本にしたくなるような育て方をしていると思うか」、考えてみよう。

もし前者の質問に対する答えが「大きな情熱と粘り強さをもっている」、後者に対する答えが「とてもそう思う」であれば、あなたはすでに「やり抜く力」を伸ばす育て方をしている証拠だ。

「高い期待」と「惜しみない支援」を組み合わせる

とはいえ、「やり抜く力」の基盤を築くのは、母親や父親だけではない。

核家族の枠を超えた広い範囲にも、身近なおとなはたくさん存在する。私たちおとなはみな、つぎの世代を育むという意味において、自分の子ども以外の若い人たちに対しても「親」としての役目を負っている。他人の子どもたちに対しても、厳しくも支援を惜しまないメンターの役割を務めることによって、私たちは絶大な効果をもたらすことができる。

実際に、新しい研究によって、子育てに匹敵する優れた教授法が明らかになっている。心理学的に賢明な教師は、生徒たちの人生に素晴らしい影響をもたらすことができるのだ。

ハーバード大学の経済学者、ロン・ファーガソンは、教え方が上手な教師と下手な教師の比較に関して、私が知るかぎりもっとも多くのデータを収集している学者だ。最近、ファーガソンはビル＆メリンダ・ゲイツ財団の協力のもと、合計1892の学級を対象に、教師と生徒たちに関する共同研究を実施した。

生徒たちは、厳しい教師のことをつぎのように語った。「うちの先生は全力を尽くさないと許してくれません」「このクラスの生徒は、みんな先生の言うことに従います」。そのような教師の学級では、生徒の学力が毎年、目に見えて伸びていることがわかった。

いっぽう生徒の自主性を尊重し、支援を惜しまない教師については、生徒たちはつぎのように語った。

「先生は私が困っていることがあると、すぐに気づいてくれます」「先生は私たちの考えを聞きたがってくれます」。そのような教師の学級では、生徒たちの満足度が高く、勉強に積極的に取り組み、大学への進学希望率も高いことがわかった。

研究の結果、教師のなかにも、賢明な教師もいれば、寛容な教師も、独裁的な教師も、怠慢な教師もいることがわかった。そして、どんな教師よりも生徒の学力を伸ばすだけでなく、生徒の満足度を高め、勉強に対する積極的な取り組みを促し、将来に大きな希望を抱かせるのは、賢明な教師であることが明らかになった。

この「フィードバック」で意欲が激変する

最近、心理学者のデイヴィッド・イェーガーとジェフリー・コーエンが実験を行い、「高い期待を伝えるメッセージ」と「惜しみない支援」を組み合わせた場合の効果を検証した。

実験では、中学1年生を受け持っている教師たちが、生徒たちの作文に対して、フィードバックの言葉を書くように指示された。「ここをこうしたらさらによくなる」という提案とともに、いつも書いているような励ましの言葉を書くのだ。教師たちはいつもどおり、生徒たちの作文の余白にコメントを書き込んだ。

つぎに、教師たちがコメントを書き込んだ作文はすべて回収され、無作為にふたつの山に分けられた。半分の作文には、それぞれつぎのメッセージの書かれたふせんが貼り付けられた（こちらはプラセボ対照実験の対照群用のふつうのメッセージ）。

「作文へのフィードバックとして、いろいろコメントを書き入れました」

いっぽう、もう半分の作文にはつぎのメッセージの書かれたふせんが貼り付けられた（こちらは処置群用の賢明なフィードバック）。

「あなたならもっと作文が上手になると思うので、いろいろコメントを書き入れました。期待していますす」

教師から生徒たちに作文を返却する際は、教師にはどの生徒の作文にどちらのふせんがついているかをわからないようにするため、また、生徒には自分とはちがうメッセージを受け取った生徒もいることに気づかないようにするため、作文はフォルダーに入れた状態で返却された。そして、「作文を手直ししたい生徒は、ぜひ翌週に再提出してください」と伝えた。

その結果、「対照群用のふつうのメッセージ」を受け取った生徒たちのうち、作文を手直しして翌週に再提出した生徒は40％だった。それに対し、「処置群用の賢明なフィードバック」を受け取った生徒たちの場合は、その割合は2倍も多く、80％にものぼった。

さらに、別の生徒たちを対象に同じ実験を行ったところ、「賢明なフィードバック」を受け取った生徒たちは、「ふつうのメッセージ」を受け取った生徒たちにくらべて、自分の作文に加えた修正点が2倍も多かったことがわかった。

当然ながら、日々のふれあいのなかで交わされる言葉や、しぐさや、行動のほうが、ふせんのメッセージなどくらべものにならないほど、温かみも、敬意も、期待も伝わるのはまちがいない。しかしこれらの実験は、ちょっとした短いメッセージが、相手のやる気をどれだけ高めることができるかを、如実《にょじつ》に示している。

「無理」という思い込みがなくなる体験を持つ

「やり抜く力」の鉄人たちは、誰もがみな賢明な父親や母親に育てられたわけではないが、私がインタビューで話を聞いた人たちは、必ず人生のなかで「誰か」に出会っていた。絶妙のタイミングと適切な方法で彼らを導き、目標を高く持ってがんばるように励ましてくれた人に。そしてなによりも必要だった「自信」と「支援」を与えてくれた人に。

ではここで、コーディ・コールマンの例を考えてみよう。

コーディは2年前、私にメールで連絡をくれた。私のTEDトーク「成功のカギは、やり抜く力」を観て、もしよければいちど会って話したいと言ってきたのだ。おそらく自分の経験が参考になるのではないか、と考えたという。

コーディはマサチューセッツ工科大学（MIT）で電気工学とコンピューターサイエンスを専攻し、ほぼ満点に近いGPA（成績平均点）を獲得して、卒業を間近に控えていた。しかしメールによれば、そんなみごとな成績を収めることができたのも、けっして才能や機会に恵まれたせいではなく、ひたすら情熱と粘り強さをもって何年も努力を積み重ねた結果だという。

「いいですよ、会って話しましょう」と私は返事をした。そのとき聞いた話を紹介したい。

コーディが生まれたのは、ニュージャージー州トレントンから約50キロ東にある、モンマス郡矯正施設だった。彼の母親はFBIによって精神異常と診断され、コーディが生まれたときには、上院議員の娘を殺害すると脅迫した罪で刑務所に入っていた。父親には一度も会ったことがない。

やがて、祖母がコーディと兄弟たちの監護権を取得した。そのおかげで命拾いをしたようなものだったが、残念ながら祖母は「賢明な親」とは言い難かった。孫たちを温かくも厳しく育てたいという思いはあったかもしれないが、気力も体力も衰えていくいっぽうだった。そんな祖母に代わって、コーディが弟たちの面倒を見るようになった。料理も洗濯もやった。

「うちは貧しかったんです」コーディは言った。「学校でフード・ドライブ〔低所得世帯や施設に保存食を配布する助け合い運動〕が行われると、うちは地域でいちばん貧乏だったので、食料品が届けられました。さびれた地域で、僕の学区はどの教科も平均以下の学力でした」

コーディはさらに続けた。「さらに困ったことに、僕は運動も勉強も得意ではありませんでした。英語は補習を受けていました。数学の点数も、よくて平均くらいでした」

では、なにがきっかけだったのだろう？

「ある日、いちばん上の兄が——僕より18歳も年上なんですが——帰ってきたんです。中学

3年の夏でした。兄はヴァージニア州から車でやって来て、一緒に2週間過ごしました。それで別れぎわに車のなかで、兄が僕にたずねました。『大学はどこへ行きたいの?』僕は言いました。『わからないけど……いい大学に行きたいな。プリンストンとか』。でも、すぐにあわてて取り消しました。『でも僕がプリンストンみたいな大学に入れるわけないんだけど』」

すると、コーディの兄がたずねた。

「何でプリンストンに入れるわけないなんて思うんだ? 学校の成績だってまあまあいいじゃないか。上を目指してもっとがむしゃらに努力すれば、プリンストンにだって手が届くよ。失うものなんかないんだから、がんばれよ」

「その瞬間、僕の頭にスイッチが入ったんです」コーディは言った。「どうせ無理だと思い込んでいたのに、やればできるかも、と思えるようになったんです。最難関の大学には入れないかもしれないけど、努力すればチャンスはある。でも努力しなければ、最初からチャンスはないんだと思ったんです」

「支えてくれる人」との出会いが成功をもたらす

夏休みが終わって高校1年生になると、コーディは一心不乱に勉強に打ち込んだ。2年生ではオールAの成績を獲得した。高校3年になると、コーディは、コンピューターサイエンスとエンジニアリングで最高峰の大学を目指すことに決めた。その結果、彼の志望校はプリンストンからMITに変わった。まさにそんなとき、コーディはシャンテル・スミス先生に出会った。稀《まれ》にみるほど賢明なひとりの数学教師が、コーディを養子に迎えたのだ。

コーディを自動車の教習所にかよわせてくれたのは、シャンテルだった。募《つの》金を募って、大学の学生寮の備品を買いそろえるお金をつくってくれたのも、シャンテルだった。

寒さの厳しいボストンの冬を越せるように、セーターや帽子や手袋や温かい靴下を送ってくれたのも、シャンテルだった。毎日、元気でいるかと心配し、休暇のたびにコーディが帰ってくるのを楽しみにしてくれたのも、祖母の葬儀にともに参列してくれたのも、シャンテルだった。

クリスマスの朝、目が覚めたら、自分の名前の書かれたプレゼントがいくつも置いてある——そんなうれしい驚きも、シャンテルの家に来て初めて味わった。イースターエッグに絵を描いたのも初めてだったし、家で誕生日パーティをしてもらったのも、24歳で、生まれて初めての経験だった。

MITに入学したあとは、けっして順風満帆とは言えなかったが、思いがけない困難にぶつかっても、コーディには強力な応援団が現れた。学部長や教授たち、友愛会の先輩や、ルームメイトや友人など、多くの人が力になってくれた。子ども時代とは打って変わって、MITでは周囲の人たちが温かく見守ってくれた。

コーディはきわめて優秀な成績で大学を卒業すると、大学院へ進学し、電気工学とコンピューターサイエンスで修士号を取得した。大学院でも完璧な成績を取り、博士課程への進学を勧められるいっぽうで、シリコンバレーの企業の採用担当者からもオファーが次々に舞い込んだ。

すぐに高収入を得られる仕事に就くか、大学院の博士課程に進むかで悩んだコーディは、これまでの人生を振り返って、いま自分がこうしていられるのはなぜかと考えた。そして翌年の秋、コーディはスタンフォード大学の大学院博士課程に進学し、コンピューターサイエンスを専攻した。彼が大学院への出願の際に提出した小論文は、つぎの一文で始まる。

「私の使命はコンピューターサイエンスと機械学習に情熱をもって取り組み、社会全体に利益をもたらすこと。また成功者として手本を示し、社会の将来の発展に寄与することです」

「しっかりと見る」ことで変化を起こす

コーディ・コールマンは、残念ながら、賢明な両親にも祖父母にも恵まれなかった。しかし彼には兄がいて、絶妙のタイミングで大切なことを言ってくれた。高校では稀にみるほど賢明な、素晴らしい数学の先生に出会い、大学では教授たちやメンターや仲間たちに見守られた。みんなが彼に可能性を示し、前に進むために力を貸してくれた。

「コーディがあんなに立派になって成功したのは、あなたのおかげですね」と私が言うと、シャンテルは「とんでもない」と首を振った。

「本当はコーディのほうが、私の人生に多くのものをもたらしてくれたんです。コーディは私に、不可能なことなどなにもない、どんな目標も達成できるのだと、教えてくれました。あんなに心のやさしい子はめったにいませんよ。あの子に〝お母さん〟と呼ばれるほど、私にとって誇らしいことはありません」

先日、地元のラジオ局の番組が、コーディにインタビューを行った。番組の終わりに、コーディは以前の自分と同じように、恵まれない境遇を乗り越えようとがんばっている視聴者へのメッセージを求められた。

「ポジティブでいること」とコーディは言った。「どうせできるわけがないとか、無理に決まってるとか、そういうネガティブな思い込みを捨てて、とにかくやってみることです」

そして、最後におとなたちに向けて、こう言って締め括った。

「子どもの人生をよい方向に変えてやらなくては、なんて気負わなくていいんです。心から相手のことを思って、しっかりと見守っていれば、ちゃんとそれが伝わって、よい変化が起こります。その子の人生にいまなにが起きているのか、理解しようと努めてください。そして一緒に乗り越えよう、と手を差し伸べてください。それこそ僕が身をもって経験したことです。そのおかげで、すべてが変わったのです」

第11章

「課外活動」を絶対にすべし

――「1年以上継続」と「進歩経験」の衝撃的な効果

ある日、当時4歳だった娘のルーシーがキッチンのテーブルに座って、レーズンの小さな箱を開けようとしていた。お腹が空いてレーズンを食べたいのに、箱のてっぺんの部分がどうしてもうまく開けられない。1分ほどすると、娘はためいきをついて箱を置き、向こうへ行ってしまった。

そのようすを隣の部屋から見ていた私は、ぎょっとして思わず息を呑んだ。レーズンの箱も開けられないなんて、何て根気がないんだろう！　こんな調子で大きくなったら、「やり抜く力」が身につくはずがない。私はルーシーのあとを追いかけて、「もういちどやってみようよ」と励ました。温かくも厳しく言って聞かせようと、がんばってみた。しかし、娘は頑として「もういい」と言って聞かなかった。

近所にバレエスタジオを見つけ、娘をかよわせることにしたのは、それからまもなくのことだ。私も多くの親たちと同じように、バレエや、ピアノや、フットボールなど、体系的な練習が必要な課外活動は「やり抜く力」を伸ばすのに効果的だと思っている。こうした課外活動には、ほかの活動にはない重要なふたつの特徴がある。

ひとつは、親以外のおとなの指導を受けること（温かくも厳しい指導者が望ましい）。もうひとつは、このような活動に取り組めば、興味を深め、練習に励み、目的を持ち、希望を失わずに取り組むことを学べるからだ。バレエスタジオ、リサイタルホール、道場、競技場などは、いずれも「やり抜く力」を鍛える場所と言える。

「大変」なのに「楽しめる」唯一の行動

とはいえ、課外活動の効果を示す科学的根拠はまだ十分とは言えない。スポーツや音楽などの習いごとや、ディベートチームでの活動や、学校新聞の編集や、アルバイトなどの活動に、子どもたちを無作為に振り分けて観察した実験など、例を挙げたくてもひとつも思いつかない。

だが、少し考えればその理由はわかるはずだ。子どもがどんな活動をするか（あるいはしないか）を適当に決めてもらってかまわない、という親などいるわけがないし、倫理上の理由からも、研究者が子どもたちに習いごとや活動を強制する（あるいは禁じる）ことはできないからだ。

しかしひとりの親として、また社会科学者としての立場から言えば、子どもがある程度大きくなったら、学校の勉強以外に、楽しんで取り組めるような習いごとや活動を見つけて、かよわせることをお勧めしたい。もし魔法の杖があったら、私は世界じゅうのすべての子どもたちに、自分の好きな課外活動をひとつはやらせてあげたいと思う。そして高校生になったら、最低でもひとつの活動に1年以上は取り組ませたい。

まるで子どもの1日のスケジュールは分刻みで決めておくべきだ、と言っているように聞こえるだろうか？　そんなつもりはまったくない。けれども、週にある程度の時間は、子どもが興味を持ったことにしっかりと取り組ませたほうが、子どもはたくましく成長すると私は考えている。


そのような大胆な提案をするのはいいが、さきほど述べたとおり、科学的根拠はまだ不十分だ。しかしこれまでに行われた研究は、私の目から見ても、きわめて示唆《しさ》に富んでいる。身近な例を考えても、子どもたちがバレエやヴァイオリンやフットボールで賢明な教師やコーチの指導を受けたおかげで、「やり抜く力」を身につけたという説得力のあるケースがきっとあるはずだ。

ある研究では、まず子どもたちにポケベルを持たせ、一日じゅうポケベルが鳴るたびに、「いまなにをしているか」と「いまどんな気分か」を報告させた。すると、授業を受けているときは、子どもたちは「大変」で「やる気が出ない」と回答した。いっぽう友だちと遊んでいるときは、大変なことはなにもなく、「すごく楽しい」と回答した。

では、課外活動のときはどうだろう？　子どもたちはスポーツや音楽、学芸会の演劇のリハーサルなどに取り組んでいるときは、「大変」だけれど「楽しい」と答えた。このように、子どもたちが大変なこと（チャレンジ）にやる気をもって取り組むのは、課外活動以外には見当たらない。

つまり、この研究の結論はつぎのとおりだ。学校の勉強は大変で、多くの子どもにとっては、本質的に面白いものではない。友だちにメールを打つのは楽しいが、やりがいはない。では、バレエはどうだろう？　バレエは大変だけれど楽しいのだ。

「2年以上」「頻繁な活動」をした子は将来の収入が高い

なにかをしているときにどう感じるかも大切だが、長期的な効果はどうだろうか？　課外活動を続けると、何らかの測定可能な効果が生じるのだろうか？

課外活動を積極的に行っている子どもたちのほうが、課外活動をあまり行っていない子どもたちよりも、学校の成績がよく、自尊心も高く、問題を起こすことも少ないなど、さまざまな点で優れていることを示す研究は、枚挙にいとまがない。

そのうちの数例は長期研究であり、子どもたちが成長しておとなになったときに、どんな影響が表れているかを調査したものだ。長期研究はいずれも同じ結論に達していた。課外活動に多く参加するほど、よい結果が出ていたのだ。

研究でさらに明らかになったのは、課外活動をやり過ぎるケースはめったに見られないことだ。現在、平均的なアメリカのティーンエイジャーは、テレビやゲームに1日3時間以上も費やしている。さらにSNSをチェックしたり、友だちにペットの猫の動画をメールで送ったり、話題のファッションをチェックしたりしているうちに時間はどんどん過ぎていく。チェスクラブや、学校の演劇や、習いごとや部活動に参加する時間がなくなってしまうのも当然だろう。おとなの指導のもとで体系的な練習に取り組んでスキルを磨く経験をする機会が、ほとんどないのだ。

それでは「やり抜く力」は身につかないのではないのだろうか? 数カ月どころか、何年もかかってようやく達成できるようなことに取り組まなくていいのだろうか?「やり抜く力」がひとつの目標にじっくりと取り組むことを意味し、課外活動は「やり抜く力」を身につけるのに役立つなら、課外活動は1年以上続けた場合にとくに大きな効果が得られるのも、理にかなっている。

実際に、私が「やり抜く力」の鉄人たちに行ったインタビューのなかでも、「来年までにはもっとうまくなりたい」と思ってがんばったことで、努力を続ければ結果が出ることを学んだ、というエピソードはたびたび出てきた。

長期間の課外活動の効果を示す、さらに有力な証拠として、コロンビア大学の心理学者、マーゴ・ガードナーと共同研究者らによる研究がある。ガードナーらは1万1000名のアメリカの10代の若者たちを対象に、26歳になるまで追跡調査を行った。高校で課外活動に2年間参加したケースと1年間参加したケースを比較し、おとなになった時点で、その効果にどのようなちがいが見られるかを検証したのだ。

結果はつぎのとおりだった。高校で課外活動を1年以上続けた生徒たちは、大学の卒業率が著しく高く、コミュニティのボランティア活動への参加率も高いことがわかった。

さらに、課外活動を2年以上続けた生徒に限って、1週間あたりの課外活動時間数が多かった生徒ほど、就業率も高く、収入も高いことがわかった。

「成績」では成功はまったく予想できない

課外活動に少し手を出すのではなく、最後までやり通すことの重要性を最初に研究した科学者のひとりに、ウォーレン・ウィリンガムがいる。

1978年、ウィリンガムは「性格的特徴研究プロジェクト」の責任者を務めていた。青年期に見られる成功の決定要因を明らかにするための試みとしては、こんにちでも類を見ないほど野心的な研究だ。

プロジェクトは非営利団体「教育試験サービス」(ETS)の資金提供によって運営された。ETSは、ニュージャージー州プリンストン市郊外の広大な敷地に本部を構え、統計学者や心理学者など1000名以上の科学者が、学業や仕事における成功を予測するためのテストを開発している。

SAT（大学進学適性試験）やGRE（大学院進学適性試験）やTOEFLも、ETSが作成・実施しているテストであり、ほかにも全37科目のアドバンスト・プレイスメント・テストの作成・実施を行っている。

つまり、「クリネックス」がティッシュの代名詞であるように、「ETS」は標準テストの代名詞なのだ。もちろん、標準テストを作成している団体はほかにもあるが、ほとんどの人は名称を挙げようと思っても、なかなか思いつかないだろう。

ではそのETSが、標準テスト以外にどんな点を調べようとしたのだろうか？

ウィリンガムをはじめETSの科学者たちは、高校の成績と試験のスコアだけでは、おとなになってからの成功を予測できないことを、ほかの誰よりも知り尽くしていた。実際、成績と試験のスコアがまったく同じふたりの生徒に、おとなになってから大きな差が表れるのは、よくあることだ。

そこでウィリンガムが突きとめようとしたのは、「成績と試験のスコア以外に、将来の成功の決め手となる性格的特徴とはなにか」という問題だった。

それを調べるため、ウィリンガムの研究チームは、数千名の生徒を対象に、高校の最終学年から5年間の追跡調査を行った。

はじめに、各生徒の大学への入学願書、アンケート調査への回答、作文などの本人が書いた文章、インタビューの記録メモ、学校の成績表などが収集された。つぎに、それらの情報にもとづき、100項目以上もの個人的な特徴について、数値による段階評価が行われた。たとえば、親の職業や社会的地位などの家庭環境や、将来の職業として本人が興味を持っていることや、大学への進学希望、学生時代に達成したい目標など、さまざまな項目が網羅されていた。

「最後までやり通す」ことが決定的要因だった

やがて、生徒たちが大学課程を修了すると、つぎの3つの基準に該当する、成功の客観的な測定値が集められた。

「学業において優秀な成績を収めたか」
「若手としてリーダーシップを発揮したか」
「科学、テクノロジー、芸術、スポーツ、文章力、スピーチ、起業家的発想、社会奉仕などにおいて顕著な成果を収めたか」

ある意味で、「性格的特徴研究プロジェクト」は競馬のレースに似ていた。研究開始時に数値評価が行われた100以上もの項目のうちどれかが、その後の人生の成功を左右する最大の要因——ダークホースにちがいないのだ。

ただし、最終データが収集される数年前に書かれた初回の報告書を読めば、ウィリンガムがこの問題に関して、まったく先入観にとらわれていなかったことは明らかだ。各要素について、項目に加えた論理的根拠や測定方法なども含め、系統的な説明を行っている。

しかし、ついに5年分のデータがそろったとき、ウィリンガムは自分の結論に対し、明確な自信を持った。一頭の駿馬《しゅんめ》が大差で圧勝したのだ。

それは、「最後までやり通す」という特徴だった。

ウィリンガムの研究チームは、「最後までやり通す」という性格的特徴について、つぎの方法で数値評価を行った。

「〝最後までやり通す〟という項目については、高校のときに何らかの活動にしっかりと継続的に取り組んだか、それともさまざまな活動に気ままに手を出したかについて、具体的な根拠にもとづいて数値評価を実施した」

この項目でトップの数値評価を獲得した生徒たちは、高校でふたつの課外活動に参加し、両方とも数年間継続したうえに、どちらも顕著に進歩した（たとえば、「学校新聞の編集長になった」「バレーボールでMVPに選ばれた」「美術作品で受賞を果たした」など）。

ウィリンガムが報告書で例に挙げた生徒は、「学校新聞の編集委員を3年間務めたのち、編集長となったうえ、陸上部にも3年間在籍して、重要な大会で優勝を飾った」。

それとは対照的に、複数年にわたって続けた活動がひとつもない生徒たちは、「最後までやり通す」項目で最低評価が付けられた。なかには高校時代に参加した活動がゼロという生徒も数名はいたが、大部分の生徒は、ひとつのクラブやチームで1年ほど活動しただけで、翌年はまったく別のことを始めるといったことを繰り返していた。

「1年以上継続」「進歩」を経験した人が成功する

「最後までやり通す」という項目における数値評価の高さは、生徒の数年後の成功を如実に示していた。

高校の成績とＳＡＴのスコアが同じレベルの生徒たちのその後のようすを比較した場合、高校の課外活動を最後までやり通した生徒は、ほかのどの項目で高評価を獲得した生徒よりも、優秀な成績で大学を卒業したことがわかった。

指名や選挙などでリーダーに選ばれる確率の高さも、「最後までやり通す」の項目において高評価を獲得した生徒たちがずば抜けていた。

科学、テクノロジー、芸術、スポーツ、文章力、スピーチ、起業家的発想、社会奉仕などにおいて、もっとも顕著な成果を残す確率の高さについても、１００以上の全項目中「最後までやり通す」の項目で高評価を獲得した生徒たちがずば抜けていた。

ここで注目すべき点は、高校で「どんな活動に打ち込んだか」は問題ではないことだ。テニスでも、生徒会でも、ディベートクラブでも何でもいい。重要なのは、やろうと決めたことを、1年たってもやめずに翌年も続け、そのあいだに何らかの進歩を遂げることなのだ。

ビル・ゲイツが考案した「マイクロソフトの採用基準」

私が「性格的特徴研究プロジェクト」のことを知ったのは、「やり抜く力」の研究を始めて数年後のことだった。その研究報告書を初めて手にしたとき、私はいっきに読み通し、ひと息ついて、もういちど最初から読み直した。

その夜は眠れなかった。まんじりともせずに考え続けていた。何てことだろう！「最後までやり通す」というのは、「やり抜く力」にそっくりだ！

私はどうにかしてすぐにでも反復実験を行い、ウィリンガムの研究結果を確認しようと考えた。そう考えたのは、ひとつには現実的な動機があったからだ。

グリット・スケールに限らず、自己評価式のアンケート調査は、よい結果を出そうとして適当に回答するのも簡単だ。しかし調査研究では、よい結果を出したことで参加者がなにか得をするわけではないし、（入社試験や入学試験など）「やり抜く力」の強さをアピールしたほうが得になるような状況でグリット・スケールが使用される可能性も考えにくい。

したがって、ウィリンガムが行ったような方法で「やり抜く力」を数値評価すれば、参加者がよほどでたらめなウソでもつかない限り、現実に即した結果が得られると思われた。

ウィリンガム自身の言葉によれば、「なにかを最後までやり通す能力があることを示す明確な兆候を見つけることは、生徒たちの成績や経歴を調べるのに有効な方法」なのだ。

しかし、さらに重要な目標は、「最後までやり通す」という性格的特徴には、「やり抜く力」と同じように、「挫《くじ》けそうになっても、あきらめずに努力を続ける」という特徴が含まれるかどうかを確認することだった。

新たに長期的研究を行うにあたり、私は世界最大の慈善基金団体「ビル&メリンダ・ゲイツ財団」に支援を求めることにした。まもなく、ゲイツ財団が大学中退率の高さに大きな関心を持っていることがわかった。

現在、アメリカの短期大学および大学の中退率は、世界でもっとも高いレベルにある。授業料の上昇に加え、学資援助のシステムが複雑きわまりないのがおもな原因だ。さらに、学力が著しく不十分でついていけないという別の問題もある。

しかし、経済的に厳しく、SATのスコアが低い生徒たちは、誰もがみな中退してしまうわけではない。どんな生徒ならがんばって卒業し、学士号を取得できるのか。どんな生徒は卒業できないのか。それを予測するのは、社会科学においてもっとも大きな懸案事項のひとつであり、いまだに納得のいく回答を出した者はいない。

ビル・ゲイツとメリンダ・ゲイツとのミーティングで、私は自分の見解を述べる機会に恵まれた。そこで私は、高校のときに大変なことを最後までやり通すことを学ぶのが、おとなになってから大変なことをやり遂げるために、なによりの下地になると思うと述べた。

すると、そのあとの会話のなかで、ビルも以前から、才能以外の能力の重要性を高く評価していたことがわかった。

彼が以前マイクロソフト社で、ソフトウェアプログラマーの採用に、いまよりもっと直接的に関わっていたころには、選考試験の課題として、単調なトラブルシューティングにひたすら何時間も取り組む問題を出題していた。

この試験で問われるのは、IQやプログラミングスキルの高さではない。それよりも、粘り強く黙々と問題に取り組み、最後までやり遂げる能力を試すものだ。ビルが採用したのは、課題を最後までやり遂げたプログラマーだけだった。

「複数の活動」を最後までやり通す

ゲイツ財団の寛大な支援を得て、私は1200名の高校3年生を対象にアンケート調査を実施した。ウィリンガムの研究と同様、「なにか課外活動を行っているか（行っている場合は、具体的に回答する）」「課外活動を行っている場合は、どのような実績を収めたか」について、質問を行った。

この調査に使用した313ページの表は、格子状《グリッド》であることから、研究所ではしだいに「グリット・グリッド」と呼ぶようになった。

ウィリンガムの研究事例にならって、私の研究チームでは「複数年におよぶ活動」（2つまでカウントする）と「実績」を数値化することでスコア（評価点）を算出した。

具体的には、2年以上行った活動がある場合は、ひとつにつき1ポイントを獲得する（1年しか行っていない場合は0ポイントとなり、その時点で計算作業は終了）。

複数年にわたって活動を行い、そこで何らかの実績を収めた場合は（生徒会の役員を1年務めたあと、翌年は会計係を担当するなど）、2ポイント目が加算される。

最後に、実績が著しく顕著な場合は（生徒会長を務めた、バスケット部のMVPや月間最優秀スタッフ賞を受賞したなど）、3ポイント目が加算される。

以上の評価点を合計すると、生徒たちは最低0ポイント（複数年にわたる活動がひとつもない場合）から最高6ポイント（複数年にわたる活動がふたつあり、その両方で優れた実績を収めた場合）を獲得することになる。

結果は予想どおり、グリット・グリッドで高い評価点を獲得した生徒たちは、「やり抜く力」も強いことがわかった。また、教師たちについても、同様の結果が見られた。

そのあとは、しばらく期間を置いた。

アンケート調査に参加した生徒たちの大半は、高校を卒業後、全米各地の大学に進学した。調査の2年後、1200名の参加者のうち、短大もしくは大学に在籍していたのは、わずか34％だった。そして私たちの予想どおり、グリット・グリッドのスコアの高い生徒たちほど、在籍率が高いことがわかった。グリット・グリッドで満点の6点を獲得した生徒のうち69％は、2年後も在籍していた。これに対し、6点中0点だった生徒のうち、2年後も在籍していたのは、わずか16％にすぎなかった。

活動の「継続」と「達成」を知るグリット・グリッド

学校の授業以外に、多くの時間を費やした活動を挙げ、参加した学年に○を記入してください。スポーツ、課外活動、ボランティア活動、調査・学術的活動、アルバイト、趣味など、種類は問いません。活動の数がひとつの場合は、2行目と3行目は空欄のままにしてください。

活動	参加した学年				実績、受賞、リーダーのポジションなどの経験があれば記入
	中3	高1	高2	高3	

この調査で高い評価点を出した高校生ほど「やり抜く力」が強く、2年後の大学の在籍率も高かった

私たちは別の研究でも同じグリット・グリッドを用いて、新人教員たちを対象に、大学時代の課外活動に関する調査を行った。その結果は驚くほど酷似していた。新人教員のうち、大学時代に複数の活動を最後までやり通し、実績を収めた人は、教職を辞めずに続ける確率が高いだけでなく、生徒たちの学力を向上させる能力も高いことがわかった。

いっぽう、新人教員の過去のSAT（大学進学適性試験）やGPA（成績平均点）のスコアや、リーダーシップ能力に関する面接評価などは、教員としての粘り強さや能力との測定可能な関係は、まったく見られなかった。

やり通すことで「やり抜く力」を鍛えられる

以上のことを考慮すれば、私がこれまでに示した科学的根拠は、ふたとおりに解釈することができる。私はここまで、課外活動は生徒たちが長期的な目標に向かって、「情熱」と「粘り強さ」を身につけ、育むのに役立つと述べてきた。しかし同時に、課外活動を最後までやり通すことは、「やり抜く力」の強い生徒たちにしかできないと言うこともできる。

このふたつの解釈は矛盾するものではない。それどころか、両方（鍛錬と選抜）の効果が表れている可能性も十分にある。

私がもっとも有力だと思う考え方は、「青年期に何らかの活動を最後までやり通すことは、やり抜く力を要するとともに、やり抜く力を鍛えることにもなる」ということだ。

そう思う理由のひとつは、一般的に、「人は自分の性格に適した状況に引き寄せられるが、その結果、さらにその特徴が強化される」と考えられているからだ。

この人格形成の理論は、ブレント・ロバーツによって「対応原則」と名付けられた。ロバーツはパーソナリティ心理学の第一人者であり、人の考え方や、感じ方や、行動に持続的な変化をもたらす要因を研究している。

ブレント・ロバーツがカリフォルニア大学バークレー校の大学院で心理学を専攻していた当時は、人間の性格は幼年期でほぼ固まってしまい、あとは変わらないというのが一般的な見解だった。しかしそれから、ロバーツをはじめとするパーソナリティ研究者たちは、何千人もの人びとを対象に数十年にわたる縦断研究を行い、十分なデータを収集した。その結果、人間の性格は、実際には幼年期を過ぎても変化することが明らかになった。

「対応原則」が示唆《しさ》しているのは、私たちは自分の性格特性に合った状況に引き寄せられるが、そのような状況に身を置くことで、その性格特性がさらに育まれ、強化され、増幅されるということだ。この関係は、好循環と悪循環のどちらにもつながる可能性がある。

たとえば、ロバーツが行ったある共同研究では、ニュージーランドの数千名の青年たちが、やがて成人して就職するまで追跡調査を行った。その結果、敵愾心《てきがいしん》の強い青年たちの多くは社会的地位の低い職業に就いており、生活費を稼ぐのにも苦労していた。そうした状況のせいで、さらに敵愾心が強くなり、ますます就職が難しくなっていた。

それとは対照的に、人付き合いのよい青年たちは、人格形成の好循環を経験していた。好青年たちは社会的地位の高い職業に就き、経済的な安定も手にしていた。そして、そのおかげでますます社交的な性格になっていた。

「やり抜く力」については、「対応原則」の研究はまだ行われていない。

だが、ここはひとつ考えてみよう。自分でレーズンの箱を開けられず、「こんなのムリだもん！　もういいや！」とつぶやいた女の子は、何でもすぐにあきらめる悪循環に陥ってしまうかもしれない。新しいことに手を出してはすぐにやめることの繰り返しでは、好循環に入るチャンスを逃してしまう。

　好循環とは、「もがきながらも努力を続けることが進歩につながり、それによって自信が生まれ、もっと大変なことにも挑戦できるようになる」ことだ。

　では母親が、大変なのは承知のうえで、小さな娘にバレエを習わせた場合はどうだろう？　レオタードに着替えてレッスンを受けるのは、娘にとっては面倒で、最初のうちは楽しいとは思えないかもしれない。しかもこのあいだのレッスンでは、「腕の伸ばし方がちがう」と先生に叱られて、ちょっぴりつらかったようだ。

　しかしそんな女の子が、厳しい指導のもとで何度も練習を続けるうちに、ある日のレッスンで、ついにうまくできたときの達成感を味わったとしたら？　小さな勝利が励みになって、ほかにも難しいことを練習してみようと思うのではないだろうか。大変なことにも果敢に挑戦するようになるのではないだろうか。

研究結果に合致する「ハーバード大の合格基準」

　ウォーレン・ウィリンガムが「性格的特徴研究プロジェクト」に関する研究論文を発表した年に、ビル・フィッツシモンズがハーバード大学の入学試験事務局長に就任した。

　その2年後に私がハーバード大学に出願したとき、私の応募書類を審査したのがフィッツシモンズだった。なぜそれがわかったのかというと、学部生のときに参加した地域奉仕活動で、たまたま一緒になったのだ。

「おお、君か！　ミス・スクールスピリット！」

私が自己紹介をすると、フィッツシモンズは大声で言った。そして、私が高校のときに行ったさまざまな活動を、驚くべき正確さで列挙した。

先日、私はフィッツシモンズに電話をして、課外活動を最後までやり通すことについて、どのような見解を持っているかたずねてみた。すると予想どおり、彼はウィリンガムの研究を熟知していた。それで、彼はウィリンガムの結論に賛成したのだろうか？　ハーバードの入学試験事務局は実際に、SATのスコアと高校の成績以外の要素も考慮しているのだろうか？　なぜそれが気になったのかというと、例の論文を発表した当時、ウィリンガムは、大学の入学試験事務局は課外活動を最後までやり通すことの重要性をよく認識していない、と考えていたからだ。

フィッツシモンズの説明によれば、ハーバード大学には毎年、数百名の生徒がずば抜けて優秀な成績によって入学を許可される。どの生徒も早くから卓越した学業成績を収めており、将来、世界的な学者になることが期待される者たちだ。

しかしフィッツシモンズの言葉を引用すれば、ハーバード大学は「自分が好きなことや、価値があると信じている活動に、わき目もふらず熱心に取り組み、厳しい鍛錬と努力を重ねてきた生徒たち」も同じくらいたくさん入学させているという。ただし入学試験事務局は、その生徒たちが、大学入学後もずっと同じ活動を続ける必要性があるとは考えていない。

「たとえば競技スポーツの場合、途中で負傷したり、よく考えてやめる決断を下したり、選抜チームに入れなかったりする場合もある。しかし、多くの学生を見てきてわかったことは、高校時代にそれだけ必死に部活に打ち込んで、鍛錬を積んできた生徒なら――それだけやり抜く力が強ければ――どんなことをやっても同じように熱心に取り組める、ということだ」

「最後までやり通す経験」から人格が形成される

そしてフィッツシモンズは、ハーバード大学は実際に「最後までやり通す」ことを重視していると語った。私が最近の研究でウィリンガムの研究結果が正しいことを確認したと話したところ、ハーバード大学でも非常によく似た評価方法を採用しているという。

「ハーバードの入試事務局で行っているのも、君がグリット・グリッドを使って行っているのと、まったく同じような方法なんだよ」

それを聞いて、フィッツシモンズが以前、1年以上も前に読んだ私の入学願書の内容を、なぜあれほどはっきりと覚えていたのか、ようやく合点がいった。彼は私の成績だけでなく、私が高校時代に課外活動にも熱心に取り組んだことを評価し、これなら大学生活の厳しい試練を乗り越え、さまざまなチャンスをつかめるだろうと判断したのだ。

「40年以上も入学審査にたずさわってきて思うのは、ほとんどの人は生まれながらにとてつもない可能性を持っているということだ。だから問題は、やり抜く力を発揮して、ひたすら地道な努力を積み重ねることで、その可能性を最大限に生かせるかどうかにかかっているんだ。最後に大きな成功を収めるのは、そういう人たちだからね」

そこで私は、課外活動を最後までやり通すことは、「やり抜く力」のある証拠にはなるとしても、「やり抜く力」を育む効果はない可能性も考えられるのではないか、と指摘した。

それに対してフィッツシモンズは、そういう考え方もわからなくはないが、やはり、課外活動をやり通すのは、たんに「やり抜く力」がある証拠だけではない、という考えをあらためて主張した。

「活動に取り組んでいくうちに、周りの人から多くのことを学ぶ。いろいろな経験を重ねるうちに、自分にとってなにが重要なのか、その優先順位がわかってくる。そういうなかで人格が育まれる。ときには、学生が親やカウンセラーの勧めで活動を始めるケースもある。しかし、そういう活動をとおして学生たちは重要なことを学ぶし、そこで学んだことはほかでも生きてくる。学生たちがアドバイスにしたがって思い切って活動を始めてみると、親やカウンセラーが思ってもみなかったほど、熱心に取り組むようになるケースも多い」

課外活動をしなければ「やり抜く力」は下がるのか?

このときのフィッツシモンズとの会話で、私がもっとも驚いたのは、課外活動で「やり抜く力」を育む機会に恵まれない生徒たちのことを、彼が深く憂慮していることだった。

ハーバード大学の政治学者、ロバート・パットナムらの研究によれば、この数十年、アメリカの裕福な家庭の高校生たちの場合、課外活動への参加率は継続的に高い傾向にある。それに対し、貧しい家庭の高校生たちの課外活動への参加率が急激に低下しているのだ。

家庭の経済状況によって、生徒たちの課外活動への参加率に大きな差が出ているのにはいくつかの要因がある、とパットナムは指摘している。ひとつには、サッカーなど合宿等にお金のかかるスポーツ活動は、平等な参加が難しくなっている。参加費用が無料であっても、すべての親が子どもにユニフォームを買ってやる余裕があるわけではない。

また、練習や試合のたびに子どもを車で送り迎えする余裕がない親たちもいる。音楽の場合は、個人レッスンや楽器の購入にかかる費用を考えると、手が届かない場合もあるだろう。

おそらくパットナムには想像に難くないはずだが、家庭所得とグリット・グリッドのスコアには、懸念すべき相関関係が見られる。私の研究に参加した高校3年生のうち、国から給食費の援助を受けている生徒たちは、恵まれた家庭の生徒たちにくらべて、平均でグリット・グリッドのスコアが1ポイント低いことがわかった。

「難しいこと」を続けると、貪欲に取り組めるようになる

本章で紹介した研究はいずれも、実験にもとづいているわけではない。いつか、科学者が

子どもたちに無作為に習いごとを割り当てる方法を編み出し、倫理上の問題を解決して、たとえばバレエを何年間も習わせるような日が来るのか——そして、バレエの厳しい稽古をとおして学んだことが、代数をマスターするのに役立つことを、科学的に証明できる日が来るのか——私にはわからない。

しかし実際に、短期的な実験では、大変なことに取り組むことで、ほかの大変なことにも取り組めるようになることが、すでに証明されている。

ヒューストン大学の心理学者、ロバート・アイゼンバーガーは、この分野の第一人者だ。彼は数十例の研究において、ラットを無作為にふたつのグループに分け、片方のグループには大変なこと（レバーを20回押したらエサを1個与えるなど）をさせ、もう片方のグループには簡単なこと（レバーを2回押したらエサを1個与えるなど）をさせた。

つぎに、すべてのラットに別の難しい課題をやらせた。すると、このような実験を何度繰り返しても同じ結果が出た。簡単にエサをもらえたラットたちにくらべて、同じエサをもらうのに何倍も苦労したラットたちのほうがつぎの課題にも元気よく粘り強く取り組んだのだ。

アイゼンバーガーの実験で私が気に入っているのは、なかなか独創的な実験だ。

彼は実験用ラットのエサやりには、①「エサを金網つきの容器に入れ、金網のすき間からエサをかじらせる方法」と、②「ただケージの床にばらまく方法」のふたつの方法があることに気づいた。

同じように大変な課題を与えても、ふだんから手間のかかる①の方法でエサを与えられているラットたちのほうが、我慢強く取り組むのではないか、とアイゼンバーガーは考えた。そして実験を行ってみると、結果はまさにそのとおりだった。

まず、すべての若いラットに、幅の狭い板の上を通っていくとエサがもらえることを覚えさせた。つぎに、ラットたちをふたつのグループに分けた。半分のラットは金網つきのエサ入れのあるケージに入れ、すき間からエサをかじらせ、もう半分のラットにはケージの床にエサをばらまいた。

1カ月後、すべてのラットに、空腹な状態で幅の狭い板の上をとおってエサを取りに行かせたところ、金網のすき間からエサをかじっていたラットたちのほうが、ケージの床にまかれたエサを食べていていたラットたちよりも、貪欲《どんよく》にエサを食べに行った。

「勤勉さ」は練習によって身につけられる

アイゼンバーガーは妻が教員だったため、学校の生徒たちを対象に、同じ実験を短期間で行う機会を得た。たとえばある実験では、小学2年生と3年生の生徒たちに、まず簡単な課題（ものがいくつあるか数える、絵を覚える、形合わせのゲームをするなど）をやらせて、ごほうびに小銭を与えた。

子どもたちが簡単な課題に慣れて上達したところで、何人かの子どもたちには、もっと難しい別の課題をやらせた。いっぽう残りの子どもたちには、別の課題でも簡単なことをやらせた。どちらのグループの子どもたちにも、小銭を与え、「よくできました」とほめた。そのあとで、両方のグループの子どもたちに、リストに並んでいる単語を紙に書き写すという単純な課題を与えた。その結果は、ラットの実験結果とまったく同じだった。難しい課題を与えられていた生徒たちのほうが、ずっと簡単な課題を与えられていた生徒たちよりも、単語を書き写す課題に黙々と熱心に取り組んだのだ。

アイゼンバーガーは「勤勉さは練習によって身につけることができる」と結論を下した。そして、セリグマンとマイヤーによる「学習性無力感」(回避できないストレスを繰り返し与えられた動物は、なにをやっても無駄だと思い、逃げる努力すら行わなくなる)の研究に敬意を表し、アイゼンバーガーはこの現象を「学習性勤勉性」と名付けた。

この研究の重要な結論は、「努力と報酬の関連性は学習することができる」ということだ。どうやらラットも人間も含めて動物は、体験をとおして「努力と報酬の関連性」を学ばない限り、放っておくと怠けてしまうようにできているらしい。動物は進化の過程において、必死な努力をしなくてすむときは、なるべく手を抜くようになったのだ。

「つい子どもをほめてしまう」という問題

「学習性勤勉性」に関するアイゼンバーガーの研究論文を初めて読んだ当時、長女のアマンダは幼児で、次女のルーシーはまだ赤ちゃんだった。娘たちに対する自分の接し方を振り返って、私は反省した。私は学習に必要な条件をつくっていなかった。つまり、「がんばったらごほうびがもらえる」(「がんばらなければ、ごほうびはもらえない」)というルールを、子どもたちに認識させる環境をつくっていなかった。

子どもにとって望ましい適切なフィードバックを与えることが、私にはなかなかできなかった。娘たちがどんなことをしても、ついほめてしまった。「やり抜く力」を鍛えるのに課外活動が効果的な理由のひとつは、まさにこの点にある。コーチや教師たちは、他人の子どもたちを預かって「やり抜く力」を引き出すのが仕事だからだ。

娘たちを毎週送り迎えしたバレエ教室には、素晴らしい先生がいた。先生のバレエへの情熱は、生徒たちにもしっかりと伝わった。親の私と同じくらい子どもたちのことを思ってくれたが、私よりもずっと厳しかった。

たとえば、レッスンに遅れてのんびり教室に入ってくる生徒がいると、先生はその子だけでなく全員に、「ほかの人の貴重な時間をムダにしないように気をつけなさい」と厳しく注意した。また、レオタードやバレエシューズを家に忘れてきた生徒には、教室の片すみでレッスンを見学させ、その日は最後まで練習に参加させなかった。

また、生徒がまちがった動作をしたときは、細かく指導し、納得のいくレベルに達するまで、何度でも繰り返し練習させた。ときにはレッスンの最後に、先生がバレエの歴史について短い講義を行い、バレエダンサーの一人ひとりが、伝統を受け継ぐ責任を担っていることを子どもたちに説明した。

厳しすぎる？　そうは思わない。要求のレベルが高い？　それはまちがいない。だからこそアマンダとルーシーは、家庭よりもむしろバレエ教室で貴重なことを学んだのだ——興味を掘り下げること、うまくできないことも一生懸命に練習すること、自分ががんばっていることには個人の枠を超えたより大きな目標があると認識すること、そして、苦しい日々のあとには素晴らしい日々がやってくることを信じて、何度でもやってみよう、と希望を持つことを。

おとなも子どもも「やり抜く力」が身につく4つのルール

わが家には「ハードなことに挑戦する」というルールがあり、3つの条件がある。

1．家族全員（パパもママも）、**ひとつはハードなことに挑戦しなければならない。**

「ハードなこと」というのは、日常的に「意図的な練習」を要することだ。

私は「心理学の研究はもちろん、ヨガにもがんばって取り組む」と家族に宣言した。夫は「不動産開発業でますます実績を上げる。ランニングもがんばる」と宣言した。長女のアマンダは「ピアノの練習」を選んだ（アマンダはバレエを何年も続けたが、とうとうやめたのだ。ルーシーもバレエをやめた）。

2. やめてもよい。

ただしやめるには条件があり、シーズンが終わるまで、たとえば授業料をすでに支払った期間が終わるなど、区切りのよい時期がくるまではやめてはならない。始めたことは最後までやり通すべきであり、最低でもある程度の期間は、一生懸命に取り組む必要がある。

言い換えれば、きょう先生に怒鳴られたから、競争で負けたから、明日は朝練があって寝坊できないのがつらいから、などという理由でやめてはならない。嫌なことがあっても、すぐにやめるのは許されない。

3. 「ハードなこと」は自分で選ぶ。

選ぶのを他人任せにしない。自分が少しも興味を持っていないのに、ハードなことに取り組んでも意味がないからだ。わが家では娘たちにバレエを習わせたとき、世の中にはほかにもさまざまな習いごとがあることを説明し、よく話し合ったうえで決めた。

じつは、次女のルーシーの場合、「ハードなこと」がこれまでに5回以上も変わっている。いつも最初の意気込みはすごいのだが、そのうち「やっぱりこれじゃない」と思うことの繰り返しで、バレエ、体操、陸上、手芸、ピアノを習ったあと、ついにヴィオラに落ち着いた。ヴィオラを始めて3年になるが、興味はなくなるどころか、ますます大きくなるいっぽうだ。昨年は、学校のオーケストラと市のオーケストラに入部した。先日、「そろそろハードなことをほかの目標に変えたいんじゃない?」と訊いたら、ルーシーはあきれ顔で私を見つめ返した。

アマンダは来年、ルーシーは再来年、高校生になる。高校生になった時点で、わが家のルールには4つめの条件が加わる。

4．新しいことでも、いまやっていること（ピアノやヴィオラ）でもかまわないが、最低でもひとつのことを2年間は続けなければならない。

横暴だろうか？　私はそうは思わない。このことについて、最近アマンダとルーシーが言ったことが、親の機嫌を取るためのウソやごますりではないならば、ふたりとも不満には思っていないはずだ。

娘たちは「やり抜く力」の強いおとなになりたいと思っている。そしてほかのスキルと同じように、「やり抜く力」を身につけるには練習が必要なことも知っている。そして、そんな機会が与えられた自分たちがいかに幸運であるかも、よくわかっている。

子どもが自分の道を自分で選ぶ能力を損なわずに「やり抜く力」を育みたいと願う親御さんたちには、ぜひ「ハードなことに挑戦する」ルールをお勧めしたい。

第12章 まわりに「やり抜く力」を伸ばしてもらう

——人が大きく変わる「もっとも確実な条件」

私が初めて、最初から最後まで観戦したフットボールの試合は、2014年2月2日の第48回スーパーボウルで、シアトル・シーホークスがデンバー・ブロンコスと対戦し、43対8で圧勝した。

勝利の翌日、シーホークスのコーチ、ピート・キャロルが、サンフランシスコ・フォーティナイナーズの元選手によるインタビューを受けた。

「あなたとシーホークスのGM、ジョン・シュナイダーは選手を探すにあたって、どんな哲学を持っていますか？　シーホークスのメンバーとしていちばん大切な特徴は何ですか？」

「我々が探しているのは、不屈の闘志をもった選手です。それがなければ始まりません。つまりは、やり抜く力の強い者たち。絶対に成功してみせる、実力を証明してみせる、という気概のある選手たちです。そういう人間は打たれ強いですからね。挫折を味わっても、必ず立ち直ります。困難やさまざまな障害にぶつかっても、けっして挫《くじ》けません。我々がやり抜く力と呼んでいるのは、そういう態度のことです」

ピートのこのコメントにも、前日のシーホークスの圧倒的なパフォーマンスにも、私は驚かなかった。なぜならその9カ月前、ピートが私に電話で連絡してきたからだ。彼は私のTEDトークを観たばかりだった。電話をかけてきたのには、ふたつの理由があった。

ひとつは、「やり抜く力」のことをもっと知りたかったから。私が6分間のTEDトークでは語り切れなかったことを、さらに聞いて学びたいと思っていた。

もうひとつは、私のトークを観て苛立《いらだ》っていたからだ。論旨にではなく、中盤過ぎのある言葉に引っかかったのだ。それは、「やり抜く力」を鍛える方法については、残念ながら現時点では、科学的にわかっていることはほとんどない、と述べたことだ。

それを聞いた瞬間、ピートは椅子からがばっと立ち上がり、スクリーンの私に向かって思わず叫んでしまったらしい。「やり抜く力」を鍛える――それこそまさに、シーホークスの文化そのものだ、と。

結局、私たちは電話で1時間近くも話した。私はフィラデルフィアのオフィスで自分のデスクに向かい、ピートとチームのスタッフたちは、シアトルで会議用のスピーカーフォンを囲んでいた。私が研究によって明らかになってきたことを話すと、ピートはシーホークスでの取り組みと目標について話してくれた。

「スーパーボウルの試合をぜひ観に来てほしい。我々がやっているのは、選手たちが不屈の闘志をもってがんばれるように手助けをすることなんだ。だから選手たちに、粘り強く努力することを教える。みんなの情熱を解き放つ。まさにそれに尽きるよ」

「やり抜く力」の強い集団の一員になる

自覚のあるなしにかかわらず、私たちは自分が属している文化、自分と同一視している文化の影響を、あらゆる面で強く受けている。

文化とは、根本的には、人びとの集団に見られる共通の行動規範や価値観のことだ。言い換えれば、人びとが明確な理由をもって、「自分たちはこういうやり方で行こう」という同意のもとに集まるところには、独特の文化が存在する。世間の一般的なやり方とのちがいが著しいほど、集団の結束は強くなる。心理学ではそのような集団を「内集団」〔連帯感や共同体意識をもった排他的集団〕と呼ぶ。

シアトル・シーホークスも、KIPP《キップ》〔242ページ参照〕も、まるでひとつの国のように確固たる文化をもっている。シーホークスの選手は、自分はただのフットボール選手ではなく「シーホーク」だと思っている。KIPPの生徒は、自分はただの生徒ではなく「キップスター」だと思っている。シーホークたちも、キップスターたちも、独自の流儀と信念を持っている。

企業もまた、従業員たちに対して文化的に大きな影響力をもっている。たとえば、デュポン社に勤めていた私の父は、自分のことを「デュポンター」と言っていた。家にあった鉛筆はすべてデュポンの特製品で、「安全第一」などの標語が刻まれていた。テレビでデュポンのコマーシャルが流れると、父の顔はぱっと明るくなり「より良い暮らしのために、より良い製品を」と、キャッチフレーズを一緒につぶやくこともあった。

自分がある文化に属しており、その文化が実際に自分の一部になっていることに、人はどのようにして気づくのだろうか？　人が文化を受け入れるときには、その「内集団」に絶対的な忠誠を誓うことになる。たとえば、「どちらかといえばシーホーク」とか、「ややデュポンター」など、中途半端な状態はあり得ない。集団の一員であるかないか、どちらかしかない。つまり、どの内集団に属するかは非常に重要なことなのだ。

文化と「やり抜く力」の関係について、結論を述べよう。

自分の「やり抜く力」を強化したいなら、「やり抜く力」の強い文化を見つけ、その一員となること。あなたがリーダーの立場にあり、組織のメンバーの「やり抜く力」を強化したいなら、「やり抜く力」の強い文化をつくりだすことだ。

「偉大な選手」になるには「偉大なチーム」に入るしかない

先日、私はダニエル・チャンブリスに電話した。第3章に登場した社会学者で、以前、競泳の選手たちを対象に6年間の研究を行った人物だ。

例の画期的な研究を発表してから30年以上たった現在、研究結果について、以前とは異なる見解を持つようになった部分があるかどうかを、ダンに訊いて確かめたかった。

たとえば、世界のトップで活躍する人を見ると、私たちはすぐに「才能」のせいだと思いがちだが、それはまちがっていると、いまでも考えているだろうか？

地元の水泳クラブからスタートして、だんだんと腕を上げ、州や国の代表選手となり、ついにはオリンピックの代表に選ばれ、世界のトップで争うレベルに到達するには、ただがむしゃらに何時間も練習するのではなく、質の高い練習が必要だと、いまでも考えているだろうか？

選手たちがとてつもない偉業を達成したのは、じつは、やろうと思えばできるようなことを、こつこつと無数にこなし続けた地道な努力の結果だと、いまでも考えているだろうか？

ダンの答えは、いずれも「イエス」だった。

「だがもっと重要なことがありました」ダンは言った。「偉大な競泳選手になるには、偉大なチームに入るしかないんです」

そう聞くと、不思議に思う人もいるかもしれない。まず偉大な選手にならなければ、偉大なチームには入れないのではないだろうか？　たしかに、誰もが偉大なチームに入れるわけではない。本当に優れたチームの数は限られており、試験もあれば厳しい基準もある。エリートチームほど、自分たちの基準の高さを死守しようとする。

ダンが言いたかったのは、チーム特有の文化と選手とのあいだには、互恵的な効果が生じるということだ。自身も競泳選手の経験があり、その後も研究者として、長年、競泳選手たちを観察してきたダンは、偉大なチームと偉大な選手のあいだには、因果関係を示す両方向の矢印が存在することに気づいたのだ。

実際に、彼は人格形成の「対応原則」を目撃した。ある特徴によって集団に選ばれた者が、その集団に属したことによって、その特徴がさらに強化されるという現象だ。

「オリンピック選手の研究を始めたときは、驚きましたよ。毎朝4時に起きて水泳の練習に行くなんて、信じられない。よほど非凡な人間にしかそんなことはできないはずだと思ったんです。でもそうじゃなかった。周りの誰もが4時起きして練習に行くような環境にいたら、自分だって自然とそうなる。それが当たり前になるんです。習慣になるんですよ」

ダンは、一段階も二段階も格下のチームから選抜されて入ってきた新しい選手たちを何人も観察してきた。新入りの選手たちは、あっというまにチームの規範を守り、基準を満たすようになった。

「たとえば私自身は、あまり自分に厳しいほうじゃない。しかし周りのみんなが論文を書いたり講演を行ったり、いつも猛烈に仕事をしているから、こちらも自然とそうなる。やはり、人は周りのやり方に合わせるようにできているんです」

たしかに、集団に溶け込もう、周りのやり方に合わせようとする人間の欲求は、非常に強力だ。心理学の歴史でももっとも重要ないくつかの実験でも、個人があっというまに、たいていは無意識のうちに集団に溶け込み、新しい行動のしかたや考え方を身につけることが証明されている。最後にダンはこう言った。

「やり抜く力を身につけるにも、大変な方法とラクな方法があるということでしょう。大変な方法は独力でがんばること。ラクな方法は同調性を利用するんです。集団に溶け込もうとする人間の基本的な欲求をね。やり抜く力の強い人たちに囲まれていると、自分も自然とそうなるんです」

まわりの価値観が「自分の信念」に変わる

しかし短期的な同調効果については、文化が「やり抜く力」におよぼす影響力としては、私はあまり考慮に値しないと考えている。

私がおおいに興味を持っているのは、「文化には長期的に私たちのアイデンティティを形成する力がある」という考え方だ。長期的に条件がそろえば、自分が所属する集団の規範や価値観は、やがて自分自身の規範や価値観になる。自分の一部となり、つねについてまわる。集団の流儀や信念だったものが、自分自身の流儀や信念になるのだ。

アイデンティティは私たちの性格のあらゆる面に影響をおよぼすが、「やり抜く力」とはとくに関連が深い。ときに「やり抜く力」を発揮できるかどうか（もういちど立ち上がる、猛暑に負けずに最後までやり通す、ひとりでは5キロしか走れなくてもチームメイトと一緒に8キロ走るなど）は、ひとえにアイデンティティの問題にかかってくる。

情熱や粘り強さは、冷静な損得勘定からは生まれない場合もある。そういうときに底力を発揮するのは、「自分はこういう人間だ」という矜持《きょうじ》にほかならない。

スタンフォード大学の名誉教授で、意思決定論や組織論が専門のジェームズ・マーチは、それをつぎのように説明している。

人間はときに費用・便益分析によってものごとを決断する。つまり、私たちはものごとを決断するときに、それによってどんなメリットあるいはデメリットが生じるかを計算し、その見積りがどれくらい合っているかを考える。昼食になにを注文するか、あるいは何時に寝るかを決めるときも、よい点と悪い点を比較してから決める。いたって論理的だ。

しかしマーチは、人はときには後先のことなど考えずにものごとを決めると言う。そういうときは、「どんなメリットがあるか？」「どんなデメリットがあるか？」「どんなリスクがあるか？」とは考えない。

それよりも、「自分はどんな人間なのか？」「この状況をどう考えるべきか？」「私のような人間は、こんなときはどう振る舞うべきか？」と考えるのだ。

フィンランド人の傑出した力「シス」の秘密

フィンランドの人口は約５００万人。ニューヨーカーの数よりも少ない。世界の北の果てにあり、真冬の日照時間はわずか6時間。この北欧の小さな国は、隣接する強大な国々から度重なる侵略を受けてきた。「気象的な悪条件と苦難の多い歴史は、フィンランド人の国民性に影響を与えたか?」というのはよい質問だ。いずれにせよ、フィンランド人が自分たちのことを、世界でもっとも「やり抜く力」の強い国民だと考えているのはまちがいない。

フィンランド語で「やり抜く力」にいちばん近いのは、「sisu」(シス)という言葉だ。しかし、意味はそっくり同じではない。「やり抜く力」が、もっとも重要な目標の達成を目指す「情熱」と、最後までやり抜こうとする「粘り強さ」を表すのに対し、「シス」は「粘り強さ」を表している。詳しく言えば、フィンランド人が祖先から脈々と受け継ぎ、生まれながらに備わっていると信じている、強靭な精神力を意味する。じつは文字どおりには、「肝《きも》」を意味する言葉だ。

1939年の冬戦争で、フィンランドはソビエト軍の侵略を受けた。ソビエト軍はフィンランドの3倍の兵力と、30倍の戦闘機と、100倍の戦車を有していた。にもかかわらず、フィンランド軍は7カ月にわたって独立を死守した。これはソビエトはおろか、世界各国の予想をはるかに上回った。1940年には「タイム」誌にシスの特集記事が掲載された。「フィンランド人には『シス』と呼ばれる資質がある。勇猛果敢さと不屈の精神をあわせ持ち、どんなに脱落者が出てもあきらめず、絶対に勝つという意志を持って闘い続ける。『シス』は『フィンランド人の精神』と訳されるが、胆力と言うほうがふさわしい」

さらに同年、「ニューヨーク・タイムズ」にも「シス——フィンランドを物語る言葉」という特集記事が掲載された。記者に対し、あるフィンランド人がつぎのように語っている。

「フィンランド人は頑固者で、逆境に打ち勝てば不運を乗り越えられると信じている」

肚のなかに「エネルギーの源」があると考える

数年前、私がある講演でシスについてふれたとき、聴衆のなかにたまたまエミリア・ラハティというフィンランド人の若い女性がいた。講演後、エミリアは私のところへ駆け寄ってきて、私の第三者の視点によるシスのとらえ方はまちがいなく正しい、と言ってくれた。シスに関しては早急に体系的な調査を行い、フィンランド人がシスについてどう考えているのか、どのようにして国民のあいだに浸透したのかを探る必要がある、と私たちは考えた。

翌年、エミリアは大学院に進学し、私のもとでシスの研究を行って修士論文を書くことになった。エミリアが1000名のフィンランド人を対象に「シスについてどのように考えているか」について調査を行ったところ、ほとんどの人が「シスは伸ばせる」と成長思考で考えていることが明らかになった。

「シスは意識的な努力によって身につけ、伸ばすことができると思いますか？」という質問に対し、83％の人がイエスと答えた。回答者のなかには、つぎのような例を挙げた人もいた。

「たとえば、フィンランドのボーイスカウトやガールスカウトの林間合宿では、13歳の子どもたちが10歳の子どもたちの面倒をみます。そういった活動もシスを育み、鍛えることにつながっているでしょう」

フィンランド人に限らず、特定の国の人びとには生まれつき胆力が備わっていて、いざというときに発揮されるという考え方は、科学者としては真に受けるわけにはいかない。けれども、シスからはおおいに学ぶべき教訓がふたつある。

ひとつは、「自分はどんなに大きな逆境でも乗り越えられる人間だ」と思っていると、まさしくそれにふさわしい行動を取るようになること。もしあなたがシスの精神を備えたフィンランド人なら、どんな困難にぶつかっても、必ず立ち上がる。それと同じように、もしあなたがシアトル・シーホークスの一員なら、絶対に勝ち抜こうとする。成功に必要な特徴を備えており、挫折を経験しても、そのまま引きさがったりはしない。

もうひとつは、肚《はら》のなかに実際にエネルギーの源が存在すると考えるのは不合理だが、比喩としてこう考えることはこのうえなく適切だということ。ときには、「もうあとがない」というほど切羽つまった状況に苦しむことがあっても、「とにかく一歩でもいいから前に進もう」と努力を続けていけば、どう考えても無理そうなことを成し遂げる方法が必ず見えてくる。

「徹底的なコミュニケーション」が人を変える

何世紀も前から、シスはフィンランドの文化に不可欠な概念となっている。しかし、もっと短い期間でも、文化を創造することはできる。「やり抜く力」がどのように形成されるかを調査していくうちに、私は「やり抜く力」がずば抜けて強いリーダーを擁《よう》する組織にいくつか出会った。強いリーダーはいずれも、「やり抜く力」の文化を築き上げていた。

たとえば、ＪＰモルガン・チェースの最高経営責任者、ジェイムズ・ダイモンの例を考えてみよう。25万名以上もの従業員を抱える組織のトップとして、ダイモンは「我々は一致団結している」と語るが、組織のもっと下の従業員たちも、つぎのような発言をしている。

「顧客のために毎日行っている業務をとても重要だと思っています。この会社にはどうでもいい人なんていません。すべての従業員が、業務の一つひとつが、重要なんです。このような偉大な企業の一員であることを誇りに思っています」

ダイモンはＪＰモルガン・チェースのＣＥＯに就任して10年以上になる。２００８年の金融危機の際には、他行がつぎつぎと破綻《はたん》に追い込まれるなか、ＪＰモルガン・チェースはダイモンの舵取《かじと》りによって危機を乗り越えたどころか、50億ドルの収益を達成した。

偶然にも、ダイモンが卒業したプレップスクール〔大学進学準備校〕、ブラウニング・スクールの校訓が「やり抜く力《グリット》」の古英語である「grytte」だった。１８９７年の全校生徒アルバムには、その言葉に込められた意味がこう記されている。「断固たる信念、勇気、決意――なにを成すにもそれのみが、真の成功という王冠をもたらす」

私はダイモンに電話をして、ＪＰモルガン・チェースで創り上げた文化について語ってもらった。ダイモンは言った。

「思わぬ障害や、失敗や、挫折を乗り越えることを学ぶ必要があります。失敗はどうしたって起こるものです。そのときにどう対処するかによって、成功するかどうかが決まると言っても過言ではありません。それには揺るぎない決意が必要です。そして責任を果たさねばなりません。あなたはそれを『やり抜く力』と呼んでいますが、私は『不屈の精神』と呼んでいるんです」

ダイモンにとっての「不屈の精神」は、フィンランド人にとってのシスと同じだ。ダイモンは33歳のとき、シティバンクをクビになった。その経験からどんな教訓を学ぶべきかを、それから丸1年かけてじっくりと考えたことでリーダーとして成長したという。

「不屈の精神」に対するダイモンの信念は厚く、JPモルガン・チェース銀行全体のコアバリューにも採用した。

「いちばん大事なのは、我々は時間とともに成長しなければならないということです」

しかし実際に、ひとりのリーダーが巨大企業の文化に影響を与えることは可能なのだろうか？　JPモルガン・チェースの企業文化は、親愛の情を込めて「ジェイミーのカルト」と呼ばれることもある。だが、ダイモンに会ったことのない従業員は何万人もいるのだ。

「もちろん可能です。それには徹底的なコミュニケーションが必要です。なにを伝えるか、どう伝えるかが重要なのです」

さらに、コミュニケーションの頻度も重要だ。ダイモンは全米を飛び回って各地の従業員たちを一堂に集め、熱弁をふるっているという。

何でも試して「うまくいったこと」を続ける

アンソン・ドーランスの場合は、もっと少人数の集団で「やり抜く力」を浸透させるのに苦労した。正確に言えば、総勢31名の女性たち――ノースカロライナ大学チャペルヒル校の女性サッカーチームのメンバーだ。ドーランスは女性サッカー史上最多勝コーチで、31年間で22回の全国優勝を果たしている。1991年の第1回FIFA女子ワールドカップでは、アメリカ合衆国女子代表チームの監督として、チームを優勝へと導いた。

ドーランスはかつて選手時代、ノースカロライナ大学の男子サッカーチームのキャプテンを務めていた。顕著な才能はなかったが、練習でも試合でも1分も気を抜かずに、全力で攻撃的なプレーを見せた。チームメイトはそんな彼に賞賛をこめて、「ハック&ハッスル」というあだ名をつけた。

あるとき、ドーランスは父親に言われた。

「アンソン、才能がなくてもおまえほど堂々と自信を持っている人間は、ほかに見たことがないよ」

それに対し、ドーランスはすかさず答えた。

「ほめ言葉として受け取っておくよ、父さん」

その後、コーチとして長年の実績を築いたドーランスは、こう語っている。

「才能はめずらしいものではない。偉大な選手になれるかどうかは、才能を伸ばすためにどこまで努力できるかにかかっている」

ドーランスを尊敬する人で、彼が空前の成功を収めた秘訣はスカウトの手腕にあると思っている人は多い。

「それは誤解です」ドーランスは私に言った。「スカウトにかけては、うちよりもうまい大学はいくつもあります。我々が大きな成功を収めているのは、入ってきた選手たちを鍛え上げるからです。それが我々の文化なんです」

そして文化を築くというのは、つねに実験を積み重ねることだと語る。

「我々は何でも試します。それで効果があるとわかったら、継続して行うんです」

たとえば、「やり抜く力」に関する私の研究を知ったドーランスは、チームの全員にグリット・スケールに回答させ、各選手に自分のスコアを伝えた。

「正直、衝撃を受けました。ほんの1、2の例外を除けば、グリット・スケールのスコアは、選手たちのやり抜く力に対する私自身の評価と、ほぼ同じでした」

いまでは毎年春に、チームの全員にグリット・スケールへの回答を義務付けている。それによって選手たちに、「成功する人間に重要な特徴をよく理解させる」のがねらいだ。

各選手に自分のスコアを伝える理由を、ドーランスはこう話している。

「グリット・スケールの結果には、選手の特徴が表れます。ときには本人が自覚していない特徴が明らかになることがあります」

選手たちに毎年グリット・スケールに回答させるのは、自分の現在の「やり抜く力」を、過去と比較できるようにするためだ。

「強靭な精神力」の有無がわかるビープ・テスト

もうひとつ継続している実験は、シーズンの初めに行う「ビープ・テスト」だ。全選手が横一列に並び、ビーッという電子音を合図にダッシュして、つぎの音が鳴るまでに20メートル離れた2本のラインのあいだを往復する。電子音の間隔が短くなっていくなか、スピードを上げてひたすら全力疾走を繰り返すテストだ。しだいに、ひとりずつ脱落する選手が出てくる。最後にはみんな極限の疲労で四つん這いになってしまう。

このビープ・テストでどこまで持ち堪えたかも、その他の練習メニューや試合内容と同じように記録される。結果はただちにロッカールームの壁に貼り出され、全員が見られるようにする。

ビープ・テストは、もとはカナダの運動生理学者らが、最大有酸素容量のテストとして開発したものだ。しかしドーランスがこのテストを行うのは、体力測定のためだけではない。

1940年にハーバード大学疲労研究所がトレッドミル・テストを開発し、肉体的な苦痛にどれだけ耐えられるかによって「粘り強さ」を測定したように、ドーランスはビープ・テストはふたつの特徴を見きわめるのに役立つと考えている。

「テストのまえに、私がこのテストによってなにを見きわめようとしているのかを、選手たちに説明します。テストの成績がよかった者は、夏のあいだ練習に励んだ証拠ですから、自己鍛錬ができるということ。あるいは強靭な精神力の持ち主で、多くの人間が耐えられないような苦痛にも耐えられるということかもしれない。もちろん理想的には、その両方であることが望ましい」

最初のビープ音が鳴る直前、ドーランスは掛け声をかける。

「さあ、これは精神力のテストだ。気合いを入れろ!」

暗唱で「言葉の力」を自分のものにする

「やり抜く力」の文化を築くために、ドーランスがほかにも心がけているのは、JPモルガン・チェースのジェイムズ・ダイモンと同じく、綿密なコミュニケーションを図ることだ。大学で哲学と英語を専攻した者として、ドーランスは言葉の力を重視している。

ドーランスは何年もかけて12のコアバリューの標語を練り上げた。ただのサッカー選手ではない、名門ノースカロライナ大学の選手としての心がまえを説いたものだ。

「偉大な文化を築きたいと思ったら、全員が遵守《じゅんしゅ》すべきコアバリューを持つことが不可欠です」

チームのコアバリューのうち半分は、チームワークに関するもの。あとの半分は「やり抜く力」に関するものだ。コアバリュー全体で、「切磋《せっさ》琢磨《たくま》」という文化を定義している。

「しかし多くの企業がコアバリューを掲げていますが、有名無実の場合も多いですね」と私が指摘すると、ドーランスは言った。

「まあ、わが社の一員として刻苦《こっく》精励《せいれい》すべし、なんて言っても、みんなやる気は出ませんよ。あまりにも陳腐ですからね」

コアバリューを陳腐なものにしないためにドーランスが見出した解決策は、ある意味ではとても意外だが、彼が文系出身であることを考えれば、納得がいくかもしれない。

ドーランスがひらめいたのは、ロシアの詩人、ヨシフ・ブロツキーに関する記事を読んでいたときだった。ブロツキーはソビエトから追放され、アメリカで市民権を得て、1987年にはノーベル文学賞を受賞した。コロンビア大学で客員教授を務めていたブロツキーは、毎学期、大学院の学生たちにロシアの詩をいくつも暗唱させた。ほとんどの学生はこの要求を理不尽で時代遅れだと感じ、ブロツキーの研究室に乗り込んで行って抗議した。

それに対し、ブロツキーは「好きにすればいいでしょう。しかし課題の詩をすべて暗唱しない限り、博士号は取得できないと思いなさい」とつっぱねた。学生たちはすごすごと引きさがり、詩を暗唱するしかなかった。だがそれによって、大きな変化が起こった。学生たちは努力して一篇の詩を暗唱できるようになったとたん、「ロシアの息吹を、魂を、心と体で感じた」。紙の頁に横たわる屍《しかばね》に、命が吹き込まれたのだ。

ドーランスはこのエピソードを読み流したりはしなかった。自分のもっとも重要な目標との関連性を、たちどころに理解したからだ。彼はなにを読んでも、なにを見ても、なにをするときも、つねに自分に問いかけていた――私が望む文化の醸成に、これを役立てることはできないだろうか？

アンソン・ドーランス監督のもとでサッカーをする選手は、毎年、3つの文学作品からの引用文を暗唱しなければならない。いずれも各コアバリューの意味を深く理解させるために、監督が選んだものだ。選手たちにはつぎのメッセージが通知される。

「シーズン前に、チーム全員のまえで課題を暗唱してもらう。さらに、選手ミーティングでも毎回、暗唱してもらう。ただ丸暗記するだけでなく、意味も理解するように。内容をじっくりと考えてほしい」

したがって、選手たちは4年生になると、12のコアバリューをすべて暗唱できるようになる。第一のコアバリューは「我々は弱音を吐かない」であり、それに対応してアイルランドの劇作家、ジョージ・バーナード・ショーの文章が引用されている。

「人生の真の喜びは、自分自身の行動によって幸せをもたらすことである。つねに病気や不満の種に怒ってばかりいる、身勝手な愚か者に成り下がり、世の中は自分を幸せにしてくれない、などと嘆くことではない」

失敗しても「やり抜く力」を持ち続けられるか？

「やり抜く力」のことで話したい、とピート・キャロルから電話で連絡を受けたあの日から2年後、私はシアトルへ向かう機内にいた。ピートから、シアトル・シーホークスはＮＦＬでもっとも「やり抜く力」の強い文化を築いていると聞き、ぜひこの目で確かめたいと思ったのだ。

シアトルに到着し、シーホークスのトレーニング施設が近づいてくると、私の好奇心は膨れ上がった。ＮＦＬの優勝決定戦に何年も連続して進出するのは至難の業だが、シーホークスは困難をものともせず、その年もみごとにスーパーボウルまで勝ち進んだ。

前年の優勝の際は、熱狂したシーホークスのファンたちが大挙してパレードに集結し、青と緑の紙吹雪が大空に舞った。広場や街路は人混みで埋め尽くされ、シアトル市史上最大のイベントとなった。

そんなお祭り騒ぎから一転、ことしのシーホークスの敗北に、ファンたちは怒号を上げ、泣きわめき、歯ぎしりをして悔しがった。スポーツコメンテーターらが「ＮＦＬ史上最悪の采配」と評したほどだった。

あらましを説明しよう。残り時間26秒、ボールはシーホークス側にあり、勝利を決めるタッチダウンまで1ヤードに迫っていた。ピート以外の誰もが、ランニングプレーを想定していた。エンドゾーンが迫っているだけではない。シーホークスにはマーショーン・リンチがいるのだから。「ビースト・モード」の異名をもつリンチは、NFL最高のランニングバックとして賞賛を集めている。

ところが、シーホークスのクォーターバック、ラッセル・ウィルソンはパスを送った。ボールはインターセプトされ、ニューイングランド・ペイトリオッツの優勝が決まった。

私が最初から最後までアメフトの試合を観戦したのは、この第49回スーパーボウルで3回目だった。2回目はその前週のNFC優勝決定戦で、シーホークスが優勝した。

だから、最後の場面でランニングプレーでなくパスをさせたのは、コーチの典型的な判断ミスなのか、私には専門的な意見は述べられない。

それよりも、シアトルに到着した私がもっとも興味を持っていたのは、ピートの反応、そして全チームの反応だった。

ピートが崇拝するバスケットボールのコーチ、ジョン・ウッデンはよく言っていた。

「成功には終わりがない。失敗は致命的ではない。大切なのは勇気だ」

私が知りたかったのは、勝利のあとだけでなく敗北を喫したあとも、「やり抜く力」の文化がしっかりと息づいているかどうかだった。ピートとシーホークスの選手たちは、闘い続ける勇気を奮い起こすことができたのか。それを知りたかったのだ。

「言葉遣い」を変えて、価値観を変える

いま思い出しても、あのときはまだ騒然とした雰囲気が漂っていた気がする。

到着後、まずは約束どおり、ピート・キャロルのオフィスでミーティングをした。角部屋だがとくに広くもなく贅沢《ぜいたく》でもない。ドアはいつも開かれており、大音量のロックが廊下にまで響き渡っている。

腰かけたピートは、身を前に乗り出して言った。

「アンジェラ、きょうはどんなことでお役に立てるかな？」

私は訪問の目的を説明した。きょうの私は人類学者の気分だった。シーホークスの文化の調査にやって来たのだ。私の目的を知ったピートは、たちまち興奮して言った。

「文化を形成するのは、たったひとつじゃない、無数のことなんだよ。無数の細かいこと。そして、本質にも形式にも関わることなんだ」

それはシーホークスの選手たちのようすを一日見れば納得するだろう。やるべきことは無数にあるが、一つひとつは簡単なことばかり。だがそういう簡単なことこそ、失敗したり、忘れたり、怠けたりしがちだ。そして、やるべきことが無数にあるといっても、そこにはいくつか共通のテーマがあった。

もっともわかりやすいのは、言葉遣いだ。コーチのひとりはこう言っていた。

「私はキャロル語が堪能《たんのう》なんです」

「キャロル語」が堪能ということは、すなわち「シーホーク語」が堪能ということだ。

「中途半端は許さない」「なにをするにも最善を尽くせ」「シーホークスの一員であることを一瞬も忘れるな」「ポジティブな言葉で考えろ」「チーム第一」

選手やコーチやスカウト担当者らが、そういう標語を熱心に口にするのを、その日だけでも何度も聞いたが、驚いたのは誰ひとり、一言一句、言いまちがえなかったことだ。

じつは、ピートにはこんな口癖がある、「同義語は許さない」。それはピートが「言いたいことを効果的に伝えようと思ったら、厳密に言葉を選ぶ必要がある」と考えているからだ。

そんなわけで誰もが「キャロル主義」の標語を織り交ぜながら熱心に語ってくれた。63歳のヘッドコーチ、ピート・キャロルのとてつもないエネルギーには、10代の猛者たちのパワーもおよばないほどだが、みんな「シーホーク・ファミリー」の一員として、ピートと同じくらい熱心に標語の意味を説明してくれた。

たとえば、「Compete」（競争する、張り合う）という言葉は、ふつうの意味で使われているのではない。「他人に打ち勝つ」という意味（私の苦手な考え方）ではないのだ。シーホークスでは、「Compete」は「最善《エクセレンス》」を意味する。

「Compete はラテン語に由来するんです」マイク・ジェルヴェが説明してくれた。競技サーファーからスポーツ心理学者に転身し、ピートのパートナーのひとりとして、シーホークスの文化の構築に尽力している。

「文字どおりには〝ともに闘う〟という意味です。つまりもともとは、他人を打ち負かすという意味はないんですよ」

マイクの説明によれば、一人ひとりの選手を、そしてチーム全体をエクセレンスの状態に導くためには、ふたつの重要な要素がある。それは、「惜しみなく行き届いた支援と、進歩をめざす飽くなき挑戦」だ。

それを聞いて、ピンとくるものがあった。温かくも厳しい子育ては、心理学的に賢明であると同時に、子どもが親を手本として見習うようになる。温かくも厳しい指導法にも同じ効果があるのは、理にかなっている。

なるほど、わかってきた。このチームにとっては、ただほかのチームに勝つだけでなく、明日の自分が少しでも進歩しているように、きょうの自分の能力を伸ばすことが大事なのだ。エクセレンスとは、そういうことだ。つまりシーホークスでは、「Always compete」というと、「最高の自分を引き出せ。最善を尽くせ」という意味になるのだ。

ささいなことでも「最善」を尽くす

あるミーティングのあと、アシスタントコーチが、廊下で私のあとを追いかけてきた。

「Finishing の意味は、もう誰かご説明したでしょうか?」

フィニッシング?

「我々の信念のひとつに、『Finishing strong』という考え方があるんです」

そして、具体的に説明してくれた。シーホークスは、どの試合も最後まで全力を尽くす《フィニッシング・ストロング》、最後の一秒まで全力でプレーする、さらにシーズンの最後まで全力を尽くす、練習のたびに全力を尽くす、という意味だ。

「でもなぜ『最後まで全力を尽くせ』なんですか？　『最初から全力で当たれ』でもよさそうですが」私は質問した。

「そうですね」コーチが答えた。「最初に全力を出すのは簡単ですから。それにシーホークスで言う〝フィニッシュ〟はたんに最後のことだけじゃないんです」

もちろん、そうだろう。「フィニッシング・ストロング」は、最初から最後までずっと集中し、どの瞬間もベストを尽くすという意味なのだ。

そのうち、熱弁をふるうのはピートだけではないことがわかってきた。あるミーティングには、20名以上のアシスタントコーチたちが参加していたが、突然、部屋じゅうのみんながいっせいに、声を合わせて完璧なリズムで唱和したのだ。

「弱音を吐くな。文句を言うな。言い訳をするな」

まるでバリトンばかりの聖歌隊のようだった。こんな標語も唱和した。「つねにチームを守れ」「時間前行動」

「時間前行動」と言えば、じつは私はピートの著書を読んで、「時間前行動」をしようと決心したことをみんなに打ち明けた。しかし、時間より早く行動するのはなかなか難しい。そう言うと、クスクスと笑い声が起こった。どうやらこのことで困っているのは私だけではないらしい。でもそんなことを打ち明けたおかげで、コーチのひとりが「時間前行動」がなぜ重要なのか、その理由を教えてくれた。

「相手に対する敬意の表れだからです。ささいなことでも、最善を尽くすのが大事だと考えているんです」

なるほど。ますますよくわかってきた。

「ごほうび」だけではうまくいかない

正午まで、私はチーム全員のまえで「やり抜く力」について講義を行った。午前中はそのまえに、コーチやスカウト担当者を対象に、同じような内容のプレゼンテーションを行った。営業部門などフロントオフィスのスタッフへの講義は、昼食後、午後の予定だった。

講義が終わると、ほとんどの選手が昼食をとりに行ったが、選手のひとりが弟のことで相談に乗ってほしい、とやってきた。弟はとても頭がよい子なのに、あるときから成績が下がり始めたという。やる気を出させるために、選手は最新モデルのXboxのゲーム機を買い、ラッピングされた状態のまま弟の部屋に置いた。「成績表がオールAだったら、ラッピングを破いてもいい」という取り決めだった。最初のうち、作戦は功を奏しているように見えたが、やがて弟はスランプに陥ってしまった。

「こうなったら、Xboxをあげたほうがいいんでしょうか？」選手は私にたずねた。

すると、私が答えるまえに、ほかの選手が横から口をはさんだ。

「ていうか、オールAなんて無理なんじゃないの？」

私は頭を横に振って言った。

「いま聞いた話からすれば、弟さんにはオールAを取れる能力は十分にあるはずよ。実際、以前はオールAだったんでしょう」

「そうなんです、本当に頭のいい子なんです」選手は答えた。

私が考えていると、ピートが勢いよく立ち上がって興奮した声で言った。

「まず、弟にただゲームをあげるなんて絶対にいけない。せっかくやる気を出させようとしたんだろう？　まだスタートだぞ。始まったばかりじゃないか。

では、つぎはどうするか？　君の弟に必要なのは指導だ。また以前のようによい成績を取るには、具体的になにをすればいいか、よくわかるように説明してくれる人が必要なんだ。計画が必要なんだよ！　そのために君の助けが必要なんだ」

そのとき私がふと思い出したのは、今回の訪問のはじめにピートが言ったことだった。

「私はなにか決断をするときや、選手になにか言うときには、必ず『これがもしうちの子だったらどうする？』と考えるんだ。私のいちばんの強みは何だと思う？　よい父親であることだよ。ある意味、それが私の指導法だね」

やがて一日が終わり、私はロビーでタクシーを待っていた。ピートも私を見送るために、一緒に待っていてくれた。すると、まだ大事なことを訊いていなかったことを思い出した。あのとき「最悪の采配」を振るったあと、彼とシーホークスのみんなは、どうやって闘い続ける勇気を奮い起こしたのだろうか？

試合のあと、ピートは週刊誌「スポーツ・イラストレイテッド」の取材に対し、あれは最悪の決断ではなく、ただ最悪の結果に終わったに過ぎないと答えた。どんなネガティブな経験もポジティブな経験もそうであるように、「それは自分の一部になります。私はあの経験をなかったことのように無視したりせず、正面から向き合います。あのときの記憶がよみがえってきたら、冷静に考え、あとはくよくよせず前に進んで行きます。あの経験をバネにして生かすのです」

出発の直前、ふと視線を上げると、ロビーのドアの上部に燦然《さんぜん》と輝く大きな文字が目に入った――「CHARACTER（人格）」。

手にはおみやげにもらったシーホークスの青と緑のバッグを持っていた。中には青いラバーブレスレットがたくさん入っていた。「Love Our Brothers（兄弟を愛せよ）」と緑の文字でプリントされている。シーホークスの文化は、言葉とともにすみずみに息づいていた。

第13章 最後に
——人生のマラソンで真に成功する

本書では、持っている能力を十分に発揮するためには、「やり抜く力」がいかに重要かを説明してきた。本書を執筆したのは、私たちが人生のマラソンでなにを成し遂げられるかは、まさに「やり抜く力」——長期的な目標に向けた「情熱」と「粘り強さ」——にかかっているからだ。やたらと「才能」にこだわっていると、この単純な真実を見失ってしまう。

この本は、あなたを誘ってどこかでコーヒーでも飲みながら、私がこれまで学んできたことをお話しする、そんなつもりで書き進めてきた。その話もそろそろ終わりに近づいている。最後に、いくつかのことをお伝えして締め括りとしたい。

第一に、「やり抜く力」は伸ばせるということ。

それにはふたつの方法がある。

ひとつは、「やり抜く力」を自分自身で「内側から伸ばす」方法。具体的には、「興味を掘り下げる」「自分のスキルを上回る目標を設定してはそれをクリアする練習を習慣化する」「自分の取り組んでいることが、自分よりも大きな目的とつながっていることを意識する」「絶望的な状況でも希望を持つことを学ぶ」などの方法がある。

もうひとつは、「外側から伸ばす」方法だ。親、コーチ、教師、上司、メンター、友人など、周りの人びとが、個人の「やり抜く力」を伸ばすために重要な役目を果たす。

「やり抜く力」が強いほど「幸福感」も高い

第二は、幸福感について。人生で大切なのは成功（スペリング大会で優勝する、ウェストポイントの厳しい訓練をやり遂げる、年間売上で事業部のトップになるなど）だけではない。人は誰でも幸せになりたいはずだ。幸せと成功はつながっているが、ふたつは同じものではない。

では、「やり抜く力」が強くなって、もっと大きな成功をつかんだら、幸せでなくなってはしまわないだろうか、と思う人もいるかもしれない。

数年前、私はこの問いに対する答えを見つけるため、アメリカの2000名の成人を対象にアンケート調査を行った。

359ページのグラフは、「やり抜く力」と人生への満足度の関連性を示している。人生への満足度については、アンケートの質問やコメント（「もしもう一度人生をやり直せるとしても、とくに変えたいと思うところはない」など）についてどう思うかを回答することで、最終的に最低7から最高35のスコアが割り出される。

この研究では、「興奮」などのポジティブな感情や「恥」などのネガティブな感情をどれくらい感じているかについても調査を行った。その結果、「やり抜く力」の強い人ほど、精神的にも健康な生活を送っていることがわかった。グリット・スケールのスコア（「やり抜く力」の強さ）がもっとも高い場合も、幸福感や健康状態とは比例関係にあることがわかった。

私は担当の学生らとこの結果を論文にまとめ、つぎのように締め括った。

「やり抜く力のきわめて強い人の配偶者や子どもたちは、本人と同じように幸せなのだろうか？　同僚や周りの従業員たちはどうだろうか？　やり抜く力がもたらす可能性のあるマイナス面については、今後さらなる調査が必要である」

こうした問題については、まだ答えはわかっていないが、探究する価値があると考えている。「やり抜く力」の鉄人たちは、自分よりも大きな目的のために情熱をもって仕事に打ち込めるのは大きな喜びだと語るが、はたして家族も同じように思っているかどうかはわからない。

たとえば、最重要の目標に向かって邁進《まいしん》してきた年月のかげには、思わぬ犠牲が払われているのだろうか。そのあたりについては、まだ調査を行っていない。

しかし、娘のアマンダとルーシーには率直にたずねてみた。ふたりは「やり抜く力」の強

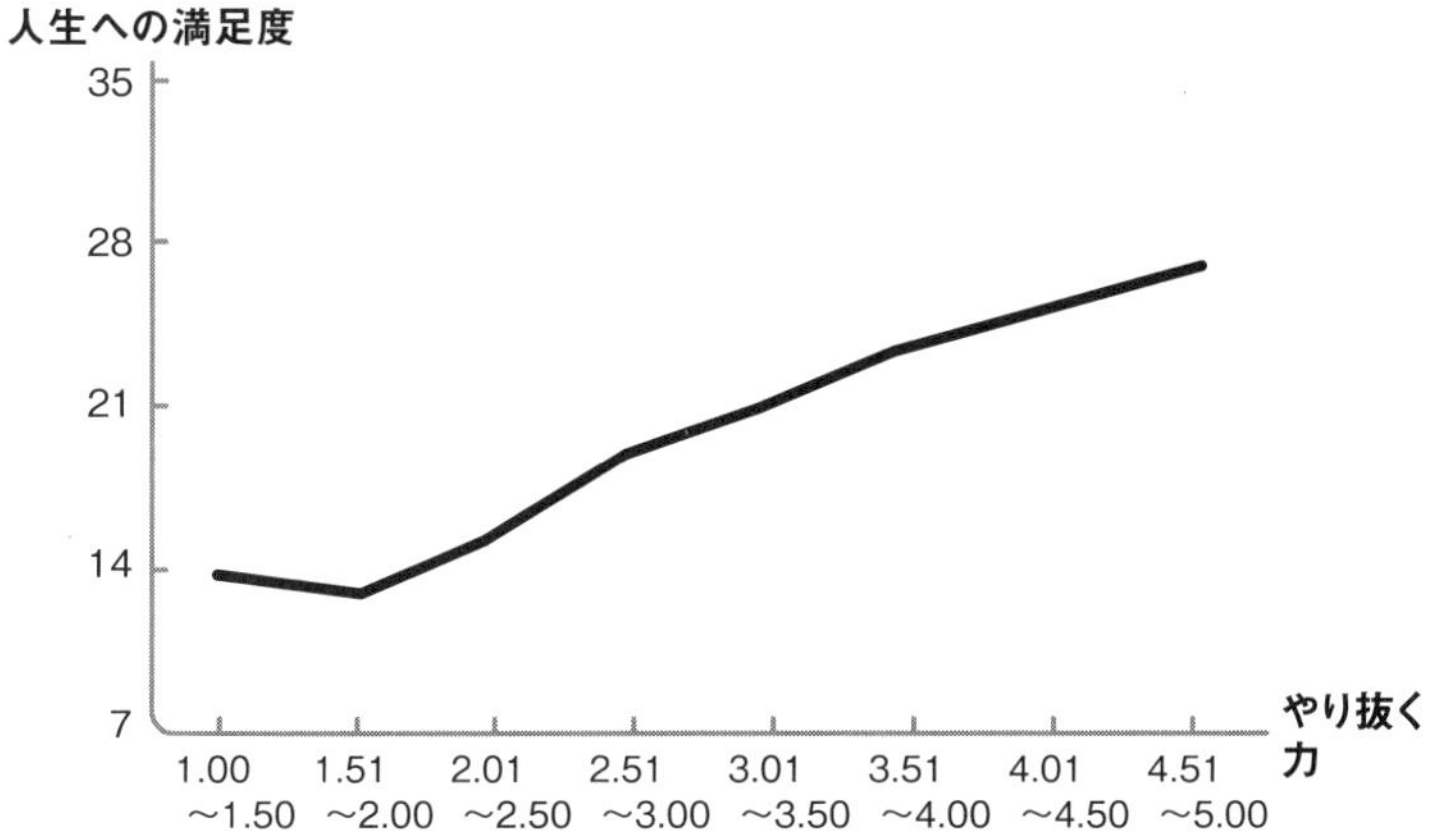

「やり抜く力」は幸福感や健康と比例する

い母親のもとで育つことを、どう思っているのだろうか？　娘たちは、私が思い切って新しいことに挑戦する姿を見てきた。本書の執筆もそのひとつだ。いちばん苦しかったときに私が泣いたのも、ふたりは見ていた。

やろうと思えばできるような小さなこと、しかし継続するのは非常に難しいことを無数に積み上げるには、血のにじむような努力が必要であることを、娘たちは私の姿から学んできた。夕食の最中に、いきなりこんなふうに言われたこともある。

「何でいつも〝意図的な練習〟の話ばかりしなくちゃいけないの？　どうしてママは何でもかんでも自分の研究に結びつけて考えるの？」

アマンダもルーシーも、私にもう少しゆったりとした気分になってほしいと思っている。もっと一緒にテイラー・スウィフトの話がしたいのだ。

しかし娘たちは、母親が「やり抜く力」の鉄人なんかじゃなければよかった、とは思っていない。それどころか、私と同じように自分の道を突き進んで行きたいと思っているようだ。自分だけでなく人びとのためになるような、重要な目標に向かって努力すること。手ごたえを感じること。どんなに大変でも努力を続けること。それらが大きな満足をもたらすことを、娘たちは私の姿から感じ取っていた。そして、自分もそうなりたいと思っている。現状に満足すれば、それなりに楽しめることはわかっている。しかし、自分の潜在能力を最大限に生かすことこそ、かけがえのないことだとわかっているのだ。

「やり抜く力」が強すぎて「困る」ことはない

もうひとつ、まだ研究で解明していない問題がある。

「やり抜く力」が強くなりすぎる場合もあるのだろうか?

アリストテレスは、たとえよい性質でも強すぎたり弱すぎたりするのはよくないとして「中庸《ちゅうよう》の徳」を説いた。たとえば、過度の勇気は「蛮勇《ばんゆう》」になり、勇気がなさすぎれば「臆病」になるという考え方だ。そうすると、優しすぎたり、寛大すぎたり、自制心が強すぎたり、バカ正直だったりするのも、よくないということになる。

この問題については、心理学者のアダム・グラントとバリー・シュワルツが研究した結果、どのような性格的特徴についても、長所が表れる最適なポイントは逆U字形の頂点であり、左右の両極端から見て中間であると考察した。

この「逆U字形」はまさにアリストテレスの説いた「中庸」を表しており、グラントとシュワルツは「外向性」など多くの性格的特徴がこれに当てはまることを発見した。しかし、これまでのところ、「やり抜く力」については「逆U字形」の頂点（中庸）が最適であることを示す現象は確認されていない。

とはいえ、「やり抜く力」についても「逆U字形」が当てはまる可能性がないとは言えないだろう。たとえば、なにかをやめることが最善である場合も「やり抜く力」が強すぎてやめられないというケースが考えられる。さっさと頭を切り替えるべきなのにひとつの考え方に固執したり、自分に合わないスポーツや仕事を続けたり、恋人との関係を長引かせたりしてしまったことが、あなたにもあるかもしれない。

私自身の経験では、自分にはそれほど興味も才能もないと自覚した時点で、ピアノをやめることにしたのは非常によい決断だった。本当はもっと早くやめてもよかったのだ。そうすればピアノの先生も、私が1週間まったく練習をせずに、どの曲もほとんど初見で弾くのを、我慢して聴かなくてもすんだのだから。

フランス語の上達をあきらめたのも、よい決断だった（フランス語の練習は楽しかったし、ピアノよりもずっと早く進歩したのだが）。ピアノの練習時間とフランス語の勉強時間が減ったおかげで、時間をもっと有効に使えるようになった。

だから、始めたことは何でもかんでも最後まで続けようとすると、もっと自分に合っていることを始める機会を見失ってしまう可能性が高い。なにかをやめて、もっと簡単なことを始める場合もあるかもしれないが、自分にとってもっとも重要なことにだけは、しっかりと関心を持ち続けるようにしたい。

「やり抜く力」が強くなりすぎる可能性を私があまり懸念していないのは、そのような可能性はあまりにも現実離れしているからだ。あなたは帰宅したとたんに、パートナーにこんな愚痴をこぼすことがしょっちゅうあるだろうか？

「まったく、うちの連中はみんなやり抜く力が強すぎるよ！　これと決めた目標は絶対にあきらめないんだから。すさまじい執念だよ。もう少し適当にやってくれればいいのに！」

先日、私は300名のアメリカ人の成人を対象に調査を行った。参加者にはグリット・スケールに回答してもらい、そのあとスコアを伝え、感想をたずねた。すると、多くの人は自分のスコアに満足したが、なかにはもっと「やり抜く力」を強くしたいと答えた人たちもいた。ところが、「やり抜く力」をもう少し弱くしたいと答えた人はひとりもいなかった。

このように、ほとんどの人は「やり抜く力」を強くしたいと思っていると、私は確信している。なかにはグリット・スコアが強すぎて外れ値を示し、これ以上「やり抜く力」は必要ないという人もいるかもしれないが……。それはきわめて稀なケースと言えるだろう。

「履歴書」に書く長所、「追悼文」に書く長所

「人生でいちばん重要なのはやり抜く力だと考える理由は何ですか?」これまでにそう訊かれたのは一度や二度ではない。だがじつは、私はそうは思っていない。

自分の子どもたちのことを考えても、おとなへと成長していく過程で身につけてほしいのは、「やり抜く力」だけでないことは断言できる。もちろんなにをするにしても、一流を目指してほしい。しかし、「偉大さ」と「善良さ」は異なるものであり、どちらが大切かといえば、私は「善良さ」のほうが大切だと思っている。

心理学者としても、人の性格のなかで「やり抜く力」は唯一重要なものでもなければ、いちばん重要なものでもないことは証明できる。実際にいくつかの研究において、人びとが他人をどのように評価するかを調査した結果、さまざまな性格の特徴のなかでも、「道徳性」がもっとも重要と考えられていることがわかった。

たしかに、近所にだらしない人が住んでいたら気にさわるが、正直さや、誠実さや、信頼性に欠ける人たちのほうが、もっと頭にくるだろう。

このように、重要なのは「やり抜く力」だけではない。人が成長し、成功するためには、ほかにも必要なものがたくさんある。人の性格は複数の特徴で成り立っているのだ。

「やり抜く力」のことをよく知るには、そのほかの長所との関連性を理解するのもひとつの方法だ。その関連性がよくわかる3つのグループがある。

すなわち、「個人的な長所」「対人関係に役立つ長所」「知性に関する長所」だ。それを「意志力」「心」「頭脳」と呼んでもよい。

「個人的な長所」には「やり抜く力」のほかに、誘惑（携帯メールやテレビゲームなど）を退けるための「自制心」がある。つまり、「やり抜く力」の強い人は「自制心」も強く、逆もまたしかりと言える。

個人的に重要な目標の達成に関わる性格の特徴をまとめて「遂行能力」や「自己管理能力」と呼ぶこともある。また、社会評論家でジャーナリストのデイヴィッド・ブルックスは、そのような能力は就職などに役立つとして「履歴書に書く長所」と呼んでいる。

「対人関係に役立つ長所」には、感謝、社会的知性、（怒りなどの）感情のコントロールなどがある。これらの長所は周りの人との付き合いや助け合いに役立ち、「道徳的性格」と呼ばれることもある。デイヴィッド・ブルックスは、人びとが故人を偲《しの》ぶときには、このような長所をもっとも尊ぶことから、「追悼文に書く長所」と呼んでいる。私たちが誰かのことを「本当にいい人だ」と言うときは、このグループに含まれる長所を指している。

「知性に関する長所」には、好奇心や熱意などがあり、先入観を持たず、積極的にさまざまな考え方と向き合うのに役立つ。

いくつかの長期研究を行った結果、これらの3つの長所のちがいは、異なる結果となって表れることがわかった。成績が抜群に素晴らしいなど、学業成績に関しては「やり抜く力」を含む「個人的な長所」が大きくものを言う。しかし、友人が多いなど、人付き合いのよさに関しては「対人関係に役立つ長所」が重要だ。そして、学習に対する前向きで自立的な姿勢については「知性に関する長所」がもっとも重要であることがわかった。

やはり、人の性格は複数の特徴で成り立っているのであり、どれかひとつだけが重要なのではない。

能力があるのに「ムリ」と思い込んでしまう

また、子どもの「やり抜く力」を育むのは、むやみに高い期待を押し付けることにつながり、かえって害になるのではないか、と訊かれることもある。

「気をつけてくださいよ、ダックワース博士。子どもたちがみんなアインシュタインや、モーツァルトや、ウサイン・ボルトになれると思ってしまったら、どうするんです？」

アインシュタインになれないのに、物理を勉強する価値なんてあるんでしょうか？ ウサイン・ボルトになれないのに、今朝も走るべきでしょうか？ きのうより少しでも速く長く走ろうなんて、努力する意味があるのでしょうか？

そんな質問は、どれもバカげているとしか思えない。

「ママ、ピアノの練習をしたってモーツァルトにはなれないんだから、きょうは練習しないからね」などと、もしうちの娘が言ったら、私はこう答えるだろう。

「ピアノを練習するのは、モーツァルトになるためじゃないわ」

人は誰でも限界に直面する——才能だけでなく、機会の面でもだ。しかし実際には、私たちが思っている以上に、自分で勝手に無理だと思い込んでいる場合が多い。なにかをやって失敗すると、これが自分の能力の限界なのだと思ってしまう。あるいは、ほんの少しやっただけでやめてしまい、ほかのことに手を出す。どちらのケースも、もう少し粘り強くがんばればできたかもしれないのだ。

「やり抜く力」が強いということは、一歩ずつでも前に進むこと。

「やり抜く力」が強いということは、興味のある重要な目標に、粘り強く取り組むこと。

「やり抜く力」が強いということは、厳しい練習を毎日、何年間も続けること。

「やり抜く力」が強いということは、七回転んだら八回起き上がること。


先日、私はあるジャーナリストのインタビューを受けた。最後に、彼は取材メモをしまいながら言った。

「時間があったら、丸一日でもお話ししていただけそうでした。あなたは本当にこのテーマがお好きなんですね」

「もちろん。だって、達成の心理学ほど面白いものなんてあるかしら？　これほど重要なものがほかにありますか？」

彼は笑って言った。

「わかりますよ。僕もこの仕事が大好きですから。でも僕の知り合いでも、40代になっても仕事に打ち込んでいない人があまりに多くて驚きますよ。人生にどれだけ大きなものが欠けているか、きっとわかっていないんでしょうね」

誰でも「天才」になれる

最後にもうひとつ。今年もまた年の初めに、マッカーサー賞（天才賞）が発表された。受賞者のひとりは、ジャーナリストのタナハシ・コーツ。二作目の著書『世界と私のあいだに（Between the World and Me）』（未邦訳）は異例のベストセラーとなった。

8年前、コーツは無職だった。そのあとしばらく「タイム」誌の仕事をしていたが、一時解雇され、あわててフリーランスの仕事を探した。苦しい日々が続いた。心労が重なり、体重が13キロも増えた。

「自分がどんな作家になりたいか、僕にはちゃんとわかっていました。なのに、どう考えてもそういう作家になれそうになかった。どんなにあがいても、スランプで何にも出てこなかったんです」

そんな彼を妻は献身的に支えてくれた。けれども、夫婦には幼い息子がいた。現実問題が厳しく立ちはだかった。

「タクシーの運転手になろうかとも考えました」

しかし、やがてコーツは立ち直り、すさまじいストレスに苦しみながらも本を書き上げた。

「書き方が大きく変わったのが、自分でもわかりました。以前よりも力のみなぎった文章を書けるようになったんです」

マッカーサー賞のウェブサイトに投稿された3分の動画の冒頭でコーツはこう言っている。

「私のすべての作品において、失敗はおそらくもっとも重要な要素です。書くことは、失敗することだからです――何度も何度も、嫌というほど」

そして、コーツは子ども時代を振り返った。子どものときから、好奇心が非常に旺盛だった。治安の悪いボルティモアで育ったため、大きくなるにつれて、いつも身の安全を図るのに必死で、危険を強く意識せざるをえなかった。その意識はいまも持ち続けている。ジャーナリズムの仕事に就いたおかげで、興味のある問題を追求することができると感じている。

動画の終わりのほうで、コーツがこれ以上ないほど的確に、「書く」という仕事について語っている。彼の声の抑揚とリズムが伝わるように、動画の音声を聴き取って、ひとつの詩として書き表してみた。

書くことが大変なのは、
紙の上にさらされたおのれの惨《みじ》めさ、情けなさを

直視しなければならないからだ
そして寝床にもぐる

翌朝、目が覚めると
あの惨めな情けない原稿を
手直しする
惨めで情けない状態から少しはマシになるまで
そしてまた寝床にもぐる

翌日も
もう少し手直しする
悪くないと思えるまで
そしてまた寝床にもぐる

さらにもういちど手直しする
それでどうにか人並みになる
そこでもういちどやってみる
運がよければ

うまくなれるかもしれない
それをやり遂げたら
成功したってことなんだ

コーツはものすごく謙虚なのではないか、と思うかもしれない。実際、そのとおりだ。しかし、「やり抜く力」もものすごく強い。マッカーサー賞の受賞者も、ノーベル賞の受賞者も、オリンピックのチャンピオンも、偉業を達成したのは「やり抜く力」が強かったからだ。偉業を達成した人で「やり抜く力」の強くない人になど、会ったためしがない。

「おまえは天才じゃないんだ」

子どものころ、いつも父にそう言われた。いまにして思えば、父は私だけでなく自分に向かってそう言っていたのだ。

「天才」という言葉を「努力もせずに偉業を成し遂げること」と定義するなら、父の言ったことはまちがっていない。私は天才ではないし、父も天才ではない。

しかし、「天才」とは「自分の全存在をかけて、たゆまぬ努力によって卓越性を究めること」と定義するなら、私の父は天才だ。私も、コーツも天才だ。そしてあなたにも同じ覚悟があれば、あなたも天才なのだ。

訳者あとがき

「グリット」は近年、アメリカの教育界でとくに重要視され、ビジネスやスポーツをはじめ各界で大きな注目を集めている。本書の著者、ペンシルベニア大学心理学教授、アンジェラ・ダックワース氏は、グリット研究の第一人者だ。

「グリット」すなわち「やり抜く力」は、「情熱」と「粘り強さ」のふたつの要素から成る。「情熱」とは、自分のもっとも重要な目標に対して、興味を持ち続け、ひたむきに取り組むこと。「粘り強さ」とは、困難や挫折を味わってもあきらめずに努力を続けることだ。

人びとがそれぞれの分野で成功し、偉業を達成するには、「才能」よりも「やり抜く力」が重要であることを科学的に突きとめた功績により、2013年、ダックワース教授はマッカーサー賞（マッカーサー・フェローシップ）を受賞した。マッカーサー賞は、対象者が米国市民および米国居住者に限られるため、日本ではあまり知られていないが、ノーベル賞に匹敵するほど栄誉ある賞で、「天才賞」とも呼ばれる。

ノーベル賞が過去の功績に対する褒賞であるのに対し、マッカーサー賞では、各分野において、きわめて有意義で創造的な活動を行っている卓越した人物が選考され、社会の発展に寄与するための投資として、マッカーサー基金から5年間でひとり当たり総額62万5000

ドルの奨学金が贈られる（ちなみに、マッカーサー基金は米国屈指の大富豪で実業家のジョン・D・マッカーサーの遺産によって創設されたもので、連合国軍最高司令官を務めたダグラス・マッカーサーとは無関係）。このことからも、ダックワース教授の「やり抜く力」の研究が社会的に重要な意義を持ち、将来的にもますます大きな期待が寄せられていることがうかがえる。

長期的に見た場合、「才能」よりも「やり抜く力」が成功へのカギだという、ダックワース教授の研究結果は、アメリカ社会に大きな影響を与えた。アメリカ合衆国教育省は、「やり抜く力、不屈の精神、粘り強さを育む——21世紀における成功の決定的要因」（Promoting Grit, Tenacity, and Perseverance: Critical Factors for Success in the 21st Century）」と題する報告書を発表し、教育の最重要課題として提唱した。

さらに、オバマ大統領やファーストレディのミシェル夫人も、数多くのスピーチにおいて「やり抜く力《グリット》」に言及し、「レジリエンス」や「断固たる決意」と並ぶ重要な要素として強調している。また、グーグルでは「やり抜く力」の強い人材を積極的に採用し始めた。マイクロソフトのビル・ゲイツや、フェイスブックのマーク・ザッカーバーグをはじめ、多くのビジネスリーダーたちが「やり抜く力」を重要視している。

ダックワース教授は長年の研究成果をまとめた本書を、満を持して今年5月に刊行。すぐに30カ国以上で刊行が決まり、アメリカでは発売以来、「ニューヨーク・タイムズ」のベストセラー上位に毎週連続でランクインしており、早くも大ベストセラーとなっている。

本書の魅力のひとつは、各分野トップのエキスパートたちに共通する練習方法や育成方法を、きわめて具体的に示している点にある。教授自身の「やり抜く力」の研究に加え、恩師のマーティン・セリグマン、共同研究を行ったキャロル・ドウェック、アンダース・エリクソン、ミハイ・チクセントミハイなど、著名な心理学者らの研究をふまえ、包括的な理論を展開する。彼らとの刺激的なやりとりも読みどころのひとつだ。

また、ダックワース教授が実施した「やり抜く力」の鉄人たちへのインタビュー事例が、じつに多彩で面白い。その顔ぶれは10代から90代まで、学問やビジネスの分野にとどまらず、スペリング大会の優勝者、競泳やフットボールの選手やコーチ、音楽家、宇宙飛行士、陶芸家、漫画家、コメディアンなど、多岐にわたる。

そこから見えてくるのは、「天才」としか思えないような人びとは、つねに「もっとうまくなりたい」という強い意欲と、興味と、探究心を持ち続け、地道な努力を長年継続しており、それこそがまさに「超人的」であることだ。そのような超人的な努力を継続し、成功を収めるためにもっとも重要なのが「やり抜く力」であり、本書のPART2と3の各章では、「やり抜く力」を伸ばす方法を詳細に示している。教授自身が10代のふたりの子どもを持つ親として、また、かつて中学校の数学教師として青少年の教育現場で培った経験を生かし、さらに膨大なエビデンスにもとづいて、親、教師、コーチの果たすべき役割や、課外活動や環境の重要性を説明している。

本当にやりたいことが、誰にでもすぐに見つかるわけではない。しかし、大きな目標が決まったときに、粘り強く努力を続けられるかどうかは、子どものころからの経験や教育が大きく物を言う。また、おとなになっても、大きな目標に向かって何年も鍛錬を積むあいだには、挫けそうになることもあるはずだ。そういうときにはどう考えればよいか、どのような行動を取るべきかを、本書は具体的に示している。

本書のもうひとつの魅力は、「やり抜く力」は自分の選んだ道で成功するためだけでなく、人生という長いマラソンを走り続けるために、すべての人にとって重要だと説いている点だ。山あり谷ありの人生を、幸福感を失わずに生きていくには、目の前の困難や挫折を乗り越えるだけでなく、自分なりの大きな目標と、興味と、希望が必要だ。私たちは何歳になっても自分自身の「やり抜く力」を伸ばし、自分の子どもや家族だけでなく、周りの人たちの「やり抜く力」を伸ばすために互いに手を差し伸べ、貢献することができるという力強いメッセージには、勇気が湧いてくる。そのための方法も本書に示されている。

最後に、原著の語句の解釈について、多くの質問に丁寧に答えてくださった、アメリカのカルヴァン・チャンさんに、この場を借りて感謝申し上げます。そして、「やり抜く力」の鉄人、ダイヤモンド社の三浦岳さんには、今回も大変お世話になりました。長い道のりでしたが、本書を翻訳できたことは大きな喜びです。心よりお礼申し上げます。

2016年8月

神崎朗子

［著者］

アンジェラ・ダックワース（Angela Duckworth, Ph.D.）

ペンシルベニア大学心理学教授。近年、アメリカの教育界で重要視されている「グリット」（やり抜く力）研究の第一人者。2013年、マッカーサー賞（別名「天才賞」）受賞。教育界、ビジネス界、スポーツ界のみならず、ホワイトハウス、世界銀行、経済協力開発機構（OECD）、米国陸軍士官学校など、幅広い分野のリーダーたちから「やり抜く力」を伸ばすためのアドバイスを求められ、助言や講演を行っている。

ハーバード大学（神経生物学専攻）を優秀な成績で卒業後、教育NPOの設立・運営に携わり、オックスフォード大学で修士号を取得（神経科学）。マッキンゼーの経営コンサルタント職を経て、公立中学校の数学の教員となる。その後、心理科学の知見によって子どもたちのしなやかな成長を手助けすることを志し、ペンシルベニア大学大学院で博士号（心理学）を取得し、心理学者となる。子どもの性格形成に関する科学と実践の発展を使命とするNPO「性格研究所」の創設者・科学部長でもある。

ダックワース教授の研究は、多数の学術専門誌のほか、「ニューヨーク・タイムズ」「フォーブス」「タイム」をはじめ一般紙誌でも広く採り上げられている。長年の研究成果をまとめた本書は、2016年5月の刊行直後から「ニューヨーク・タイムズ」のベストセラー上位にランクイン。たちまち異例のベストセラーとなり、「CBSニュース」をはじめテレビ等で大きく報じられた。TEDトーク「成功のカギは、やり抜く力」の視聴回数は900万回を超える。夫とふたりの10代の娘とともにペンシルベニア州フィラデルフィア市に在住。

［訳者］

神崎朗子（かんざき・あきこ）

翻訳家。上智大学文学部英文学科卒業。おもな訳書に『スタンフォードの自分を変える教室』『スタンフォードのストレスを力に変える教科書』『フランス人は10着しか服を持たない』『申し訳ない、御社をつぶしたのは私です。』（以上、大和書房）などがある。

＊本書の原注は、以下のURLよりPDFファイルをダウンロードできます。
http://www.diamond.co.jp/go/pb/grit_notes.pdf

やり抜く力
——人生のあらゆる成功を決める「究極の能力」を身につける

2016年9月8日　第1刷発行
2025年2月28日　第18刷発行

著　者——アンジェラ・ダックワース
訳　者——神崎朗子
発行所——ダイヤモンド社
〒150-8409　東京都渋谷区神宮前6-12-17
https://www.diamond.co.jp/
電話／03･5778･7233（編集）　03･5778･7240（販売）
装丁——井上新八
本文デザイン——matt's work
本文DTP——キャップス
校正——円水社
製作進行——ダイヤモンド・グラフィック社
印刷——八光印刷（本文）・新藤慶昌堂（カバー）
製本——ブックアート
編集担当——三浦岳

ISBN 978-4-478-06480-1